ANTONI TÀPIES

Exposición patrocinada por

Caja de Ahorros
del Mediterráneo

MINISTERIO DE EDUCACIÓN Y CULTURA

TÀPIES

Museo Nacional Centro de Arte **Reina Sofía**

7 Marzo - 8 Mayo

2000

R30076P

I.S.B.N. CARS: 84-8026-147-1
I.S.B.N. ALDEASA: 84-8003-965-5
N.I.P.O.: 181-00-010-9
D.L.: M-6135-2000

EXPOSICIÓN

Comisario

Manuel J. Borja-Villel

Coordinación

Belén Díaz de Rábago

Asistencia técnica

Aurora Moreno
Rosario Huarte

Restauración

Eugenia Gimeno
David López
Antonio Rocha
Rosa Rubio

Diseño de montaje

Fernando Marzá

Realización

TEMA S.A.

Transportes

SIT Transportes Internacionales, S.A.
TTI Transporte Internacional, S.A.

Seguros

Alpina - Aon Artscope - Aon Gil y Carvajal - Axa Nordstern Art - Blackwall
Green - Gerling-Konzern - Huntington T. Block - Kuhn & Bülow - Morel &
Cie - Plus Ultra - Smithsonian's Office of Risk and Asset Management - Stai

CATÁLOGO

Dirección editorial

Carlos Ortega

Diseño

Manuel Ferro

Coordinación general

Belén Díaz de Rábago

Producción y coordinación editorial

ALDEASA

Ana Cela
Paloma Castellanos
Mar Sánchez

Traducciones

Aurora García - Juan Larrea - Dwight Porter - Nigel Willians

Maquetación

Ave del Paraíso Ediciones

Fotomecánica

Lucam

Impresión

Tf.

Encuadernación

Ramos

Agradecimientos

El Museo Nacional Centro de Arte Reina Sofía agradece muy especialmente a Teresa y Antoni Tàpies su incondicional apoyo a lo largo de todo
el proceso de la exposición, agradecimiento que hacemos extensivo a
Miquel Tàpies Barba y a todo su equipo de la Fundació Antoni Tàpies de
Barcelona.

También queremos dar las gracias a las siguientes personas e instituciones
sin cuya generosa colaboración no hubiera sido posible esta exposición:

Ena Abensur • Lauro Accorsi • Luis Alberto Accorsi, Anderson Gallery,
Buffalo • Anna Agustí • David K. Anderson, Anderson Gallery, Buffalo •
Plácido Arango • Felix A. Baumann, Kunsthaus, Zúrich • Herbert Beck,
Städtische Galerie im Städelschen Kunstinstitut, Graphische Sammlung,
Frankfurt am Main • Marc Blondeau, Galerie Blondeau, París • Anne
Blümel, Galerie Lelong, Zúrich • Juan Manuel Bonet, IVAM, Valencia •
Claire Both, Musée National d'Art Moderne, Centre Georges Pompidou,
París • Margarita Burbano • Rosamaría Cendrós de Madi • Eduardo
Chillida • James Demetrion, Hirshhorn Museum and Sculpture Garden,
Washington • Peter Dering, Museum Liner Appenzell, Appenzell • Chris-
tine y Jacques Dupin • Paloma Esteban, MNCARS • Gisela Fiedler-Ben-
der, Landesmuseum Mainz, Mainz • Sandra Fortó • Galerie Schmela, Düs-
seldorf • Heinrich Gebert • Jean Hamon • Núria Hernández • Dr. y Sra.
Friedrich Herlt • Núria Homs • Mª Luisa de Lacambra • Enrique López
Contreras • Javier López Granados, Galería Javier López, Madrid • Irving
Ludmer • Isabelle Maeght, Galerie Maeght, París • Mª Teresa Márquez,
Museo de Arte Contemporáneo Internacional Rufino Tamayo, México,
D.F. • Jesús Marull • Haralabos Melenos • Stefano Moreni, Sotheby's,
Milán • Cristina Mulinas, IVAM, Valencia • Museu d'Art Contemporani de
Barcelona • Marie K. Nordmann, Washington University Gallery of Art,
St. Louis • Marilyn Orozco • Juan Carlos Pereda, Museo de Arte Contem-
poráneo Internacional Rufino Tamayo, México, D.F. • Albert Pijuán Prats
• Doris Prade, Städtische Galerie im Städelschen Kunstinstitut, Graphis-
che Sammlung, Frankfurt am Main • Anna Mª Prats • Ylva Rouse, Galería
Javier López, Madrid • Carmen Sánchez, MNCARS • Charo Sanz,
MNCARS • Jérôme Seydoux • Rodolphe Stadler, Galerie Stadler, París •
Werner Spies, Musée National d'Art Moderne, Centre Georges Pompidou,
París • Romy Storrer, Kunsthaus, Zúrich • Carles Taché, Galería Carles
Taché, Barcelona • Sonsoles Vallina • VEBA AG, Düsseldorf • François
Voss • Mark S. Weil, Washington University Gallery of Art, St. Louis •
Miguel Zugaza, Museo de Bellas Artes de Bilbao • Armin Zweite, Kunst-
sammlung Nordrhein-Westfalen

© de las fotografías:
Fundació Antoni Tàpies, VEGAP, Barcelona, 2000.

Créditos fotográficos

Accent Studios, Landesmuseum Mainz (nº 9 y 34); Archivo Fotográfico de
la Fundació Antoni Tàpies (nº 1, 2, 3, 4, 5, 6, 7, 8, 10, 11, 12, 16, 18, 21,
26, 30, 40, 41, 42, 44, 47, 54, 55, 57, 59, 62, 67, 68, 69, 70, 71, 72, 73, 74,
75, 76, 77, 78, 79, 80, 81, 82, 83, 84, 85, 86, 87, 88, 89 y 90); Archivo
Fotográfico de la Kunsthaus de Zúrich (nº 36); Archivo Fotográfico del
IVAM Institut Valenciano de Art Modern, Generalitat Valenciana. Foto
Juan Rosell (nº 58 y 60); Archivo Fotográfico del MACBA (nº 14); Archivo
Fotográfico del Museo de Bellas Artes de Bilbao (nº 28); Archivo Fotográfico del Museo Rufino Tamayo (nº 46); Joaquín Cortés, MNCARS (nº 24);
Elizabeth Davis (nº 33, 50 y 51); Walter Klein, Düsseldorf (nº 23); Galerie
Lelong, Zúrich (nº 64 y 65); Galerie Maegth (nº 53); Gasull (nº 20, 29, 38
y 52); Rocco Ricci (nº 19); Antonio Rubio (nº 49); Service de Documenta-
tion Photographique, Mnam/Cci, Centre Georges Pompidou, París (nº
56). Fotografías personales: Catalá Roca (págs. 60 y 274), Antoni Bernad
(págs. 106 y 349), Manuel Ferro (pág. 295).

Índice

La obra de Antoni Tàpies ha sido mundialmente apreciada y reconocida, desde sus comienzos hasta hoy. Aunque su trayectoria artística ha ido dejando atrás jalones diversos, siempre ha abordado su trabajo con el mismo espíritu de gran creador, profundo en todas sus propuestas, plenas de un compromiso ético y estético que es capaz de revelar la parte menos profanada del sentimiento humano. Eso ha dotado de valores universales a sus piezas maestras que, además, han tenido la virtud de elevar a la máxima expresión del arte materiales despreciados hasta que él se sirvió de ellos. Como en muchas otras cosas, Tàpies ha sido también en esto un pionero, y ha ganado para el diccionario de la plástica contemporánea un vocabulario nuevo como resultado de la introducción de elementos y cosas comunes y ordinarias en la composición del cuadro. Precisamente, en virtud de la experiencia de descubridor que le caracteriza, sus cuadros presentan tantas veces la apariencia de espacios intocados y vírgenes, revelados por vez primera a la vista.

Ésta es la segunda gran exposición que el Museo Nacional Centro de Arte Reina Sofía le dedica a Antoni Tàpies en el espacio de diez años. La primera tuvo lugar en 1990, y entonces lo exhibido enfatizaba el trabajo tridimensional del artista, a partir de una selección que incluía objetos, esculturas y obras en papel y cartón. De la que este catálogo resulta un testimonio viene a ser complementaria de aquélla, es decir que se trata de una exposición antológica del Tàpies estrictamente pintor, en la que se pone de manifiesto cómo, para evitar los academicismos, el artista nunca se ha visto obligado a especular con la realidad visual.

Es para mí un honor presentar esta obra, inmensa, si nos atenemos el impulso poético, espiritual y emocional que la constituye. Para comprender la enorme importancia de la misma para el arte mundial no cabe sino remitirse a la energía que desprende y que ha irradiado en tantos autores de otras estéticas contemporáneas.

En el empeño de realizar esta exposición, el Museo Nacional Centro de Arte Reina Sofía ha contado con el mecenazgo destacable de la Caja de Ahorros del Mediterráneo, entidad que merece aquí todo reconocimiento.

Mariano Rajoy Brey
Ministro de Educación y Cultura

Tan notoria y decisiva es la trascendencia de la obra de Antoni Tàpies en el arte contemporáneo que huelga buscar un porqué para presentar cualquiera que sea el proyecto que se proponga exponer una selección de la misma. Si, como ocurre en este caso, además la muestra posee la envergadura de una antológica que repasa los hitos de su producción, el intento podría quedar completamente empequeñecido ante la mera evocación de sus imponentes fórmulas visuales, ante la sugerencia de sus enigmas insondables, ante la pura observación de los portentosos dispositivos de silencio y lucidez que son sus obras.

Estas palabras tienen, por tanto, otro alcance, nada justificatorio, sino más bien afectivo y admirativo. De admiración y reconocimiento al pintor por haber llevado la expresión de la verdad estética a un punto de sencillez o simplicidad extremo; por haber anudado la materia y la emoción en un diálogo cuya plasticidad ha impresionado para siempre nuestras miradas; por haber observado con la inteligencia de un sabio las realidades más interiores del ser humano y de las cosas que le rodean a fin de asir sus colores y sus formas y trasladar a los cuadros sus texturas y sus pátinas; en fin, por haber devuelto hondura espiritual a la práctica artística, sin haber tenido que renunciar por ello a un humor elegante, sutilísimo, que se insinúa en algunas de sus piezas como el auténtico enunciado de la salud y el gozo puros.

El Museo Nacional Centro de Arte Reina Sofía se siente honrado con la presencia de esta amplia selección de obras de Antoni Tàpies, que se añaden, aunque sea de modo temporal, a las que ya cuelgan permanentemente de las salas donde se exhibe nuestra colección. Una por una suponen, tal si hubieran sido gestadas a partir de un acto religioso, una epifanía de lo trascendente que ya figura en las cosas mismas y en la naturaleza; en su conjunto, constituyen un paradigma de arte responsable con el mundo y con los hombres.

Mi gratitud por todo ello y naturalmente también por su contribución a este catálogo, que se ve enriquecido con cuatro textos suyos, siempre luminosos.

Asimismo, he de agradecer la ayuda incondicional de Teresa Barba, el trabajo del comisario de la exposición, Manuel J. Borja-Villel, y de la coordinadora en el Museo, Belén Díaz de Rábago, y la buena disposición y el apoyo prestado en todo momento por la Fundació Tàpies de Barcelona, así como el generoso patrocinio con el que la Caja de Ahorros del Mediterráneo ha querido participar en nuestra propuesta.

José Guirao Cabrera
Director del MNCARS

Las obras de la exposición de Antoni Tàpies que acoge el Museo Nacional Centro de Arte Reina Sofía constituyen un magnífico reflejo de la visión artística que el autor tiene de la naturaleza de los materiales así como de su transformación.

Las texturas del artista buscando siempre la apariencia y simbología del muro nos llevan a una concepción rica y profunda en interpretaciones. El muro no sólo es la barrera que impide ir más allá; el muro es también la imagen sobre la que Tàpies proyecta cualquier aspecto de la vida, el espejo que muchas veces hay que atravesar.

La obra de Tàpies expresa los problemas que acosan al hombre, enaltece y espiritualiza aquello que por tradición la cultura occidental ha considerdo como pobre y materia de desecho.

La grandeza de Tàpies y su capacidad de trascender de lo físico a lo mágico hacen del artista un auténtico alquimista capaz de romper cualquier barrera temporal, cualquier obstáculo que impida contemplar la realidad del individuo y las circustancias que rodean su existencia.

La Caja de Ahorros del Mediterráneo se siente orgullosa por haber podido colaborar con esta magnífica exposición, a la vez que hace patente su admiración por el artista, un hombre sin el cual no podría explicarse el panorama del arte español de la segunda mitad del siglo XX.

Vicente Sala Belló
Presidente de la Caja de Ahorros del Mediterráneo

INTRODUCCIÓN

Manuel J. Borja-Villel

Si tuviésemos que caracterizar con un único elemento la aportación de Antoni Tàpies a la estética de nuestro siglo, no podríamos sino referirnos al uso especial que hizo de las texturas y materias, lo que que les confirió a sus pinturas un distintivo aspecto de muro, de *tapia*. Ya desde un primer momento, como él mismo explica en su texto *Comunicació sobre el mur*, Tàpies se dio cuenta de la riqueza expresiva que este motivo le proporcionaba. No sólo es la tapia la pared que niega acceso e impide la visión (el cuadro anti-renacentista por excelencia), sino que también es la superficie sobre la que se inscriben los graffiti y las huellas, y que refleja a su vez el paso del tiempo. Pero, sobre todo, dada la identificación que se establece con el propio apellido del artista, esta imagen iba a tener para él un carácter mágico, que impregnaría a partir de entonces toda su pintura.

No existe en Tàpies un análisis formal de las posibilidades estéticas de la materia, sino una búsqueda de sus propiedades mágicas y de transformación. Lo fundamental en estos muros no son los aspectos plásticos derivados de las calidades de textura o de los matices de color, sino que lo esencial para Tàpies es representar la continuidad primera de los elementos materiales: la distinción entre el objeto representado y la materia con la que se representa no es precisa. Estas pinturas, estos muros nos presentan un mundo en constante cambio y metamorfosis, al que el artista-alquimista confiere forma, aunque ésta sea siempre momentánea.

Realizar un cuadro es para Tàpies la posibilidad de ir más allá de sí mismo, de romper con las barreras que nos impone nuestra propia naturaleza y que separan al hombre de su entorno. Supone la necesidad de confundirse en el todo informe de la materia. La obsesiva recurrencia a un número reducido de objetos o motivos, como pueden ser sillas, puertas, ventanas, zapatillas, pies y otros nos habla de la necesidad que este artista siente de que los objetos representados sean inmediatamente identificados y asociados a él. Sus obras incorporan frecuentemente caligrafías y signos muy característicos, especialmente las cruces o las iniciales "A" y "T".

Las obras de Tàpies nos hablan de una concepción del artista como chamán, esto es, el alquimista que es capaz de descubrir la naturaleza de los materiales, de transformar las sustancias y dar sentido a la vida. Como chamán Tàpies busca que sus obras tengan un efecto en sus espectadores, expresando en numerosas ocasiones su voluntad de conseguir obras que actúen como ex-votos y que lleguen a producir efectos curativos en el espectador con sólo aplicarlas a diversas partes del cuerpo. Con todo, la obra de Tàpies está impregnada de una cierta imposibilidad, ya que, como él mismo ha repetido no pocas veces, todo arte no deja de ser un juego, una trampa que para que funcione el espectador debe reconocer y aceptar. De ahí, que no sea extraño observar cómo, una vez representado un objeto, el mismo Tàpies cruce el lienzo con una aspa o con alguna otra línea que anule su "veracidad".

Concebida en parte como retrospectiva esta exposición se centra, sin embargo, en ese elemento de ambigüedad y aun imposibilidad que imprenga la pintura del artista catalán. No hay "papeles" unívocos, ni pureza de las especies artísticas. La pintura ya no es una forma significante. Pasamos de la concepción 'del arte como *fine form* a la de práctica e industria. Son estas múltiples prácticas las que nos hacen ser lo que somos y nos liberan de las generalidades del pasado. Las imágenes que se obtienen no están nunca determinadas por marcos o ventanas, sino que están en un continuo devenir, en una nueva organización que responde a lo que Deleuze denominó *brain-city.* Por edad, Tàpies pertenece a aquella generación de artistas que a finales de los cincuenta y principios de los sesenta utilizaron la repetición para redefinir el automatismo de los surrealistas o de los expresionistas abstractos, del que trataban de eliminar todo residuo mítico o relativo al inconsciente colectivo. Tàpies, sin embargo, siempre acaba individualizando y apropiándose de cada una de estas "repeticiones", devolviéndoles su carácter singular y único. La repetición en la obra de Tàpies no responde a una reflexión sobre un sistema de apropiación y difusión, sino a un deseo de captar el continuo devenir de seres y cosas. Esta última es una actitud de corte romántico, que tiene precedentes en Cézanne y Monet y que alcanzó un momento de renovado apogeo en plena década de los cuarenta y principios de los cincuenta, con la generación de artistas que a ambos lados del Atlántico estuvo vinculada al existencialismo.

Tàpies es un artista situado a caballo de dos situaciones históricas y culturales distintas. Si por un lado, sus temas y obsesiones, enraizados en elementos cotidianos e incluso de desecho, están más cercanos a la generación que reaccionó contra el expresionismo abstracto; por otro, sus postulados estéticos entroncan básicamente con las corrientes existencialistas. Así, en el caso de Tápies, la repetición es ante todo una interrogación perpetua. Para Tàpies, el artista es un nuevo Aquiles que jamás llega a alcanzar a la tortuga. El objeto del deseo está situado frente al artista, pero para poder aprehenderlo éste siente que tiene que hacer su obra un poco mejor..., y siempre se podrá mejorar todavía un poco más. El método de trabajo de Tàpies también se desarrolla en este sentido, ya que es un método aditivo, que incorpora cambios y accidentes sin "borrar" nada, o casi nada.

Para Tàpies el arte tiene un carácter ritual; y ha de tener una función modificadora de la conciencia. En alguno de sus escritos, el mismo artista nos dice que la pintura ha de provocar la apertura a la especial visión del mundo en la conciencia profunda y, además, conformar unas pautas de conducta concreta que den más sentido a nuestras vidas individuales y más amor a nuestras relaciones sociales y con la naturaleza. Este estado de "conciencia profunda" sólo puede ser alcanzado, según Tàpies, a partir de una educación y, sobre todo, a través de un ritual de ejecución y de presentación; es decir, a partir de la recitación insistente de una serie de imágenes y objetos. Tanto éstos como aquéllas suelen ser siempre elementos cotidianos y banales, que forman parte de las vivencias inmediatas del artista: un pie, una cama, una caja y otros. Es en la vida cotidiana donde, según las enseñanzas del budismo zen tan apreciado por Tàpies, las experiencias contemplativas cobran sentido; y donde el *nirvana* o conciencia superior se confunde con el *samsara* u orden temporal.

Siempre receloso de una civilización excesivamente centrada en el *logos*, Tàpies ha encontrado una fuente de inspiración en estos místicos. Como ellos, nuestro artista aboga por una estética contemplativa y trascendental, pero impregnada a la vez de una fuerte carga de humor, ironía y juego. El arte sólo puede existir como ficción; y el artista se acerca en su papel tanto al místico o al monje budista como al prestigitador o al mago. Con sus trucos, este último hace que el espectador participe de los juegos, consciente de que, como toda construcción intelectual, éstos no dejan de ser un engaño, al que se presta voluntariamente para poder percibir la pura existencia de las cosas como si fuera por primera vez.

ENSAYOS

Antoni Tàpies

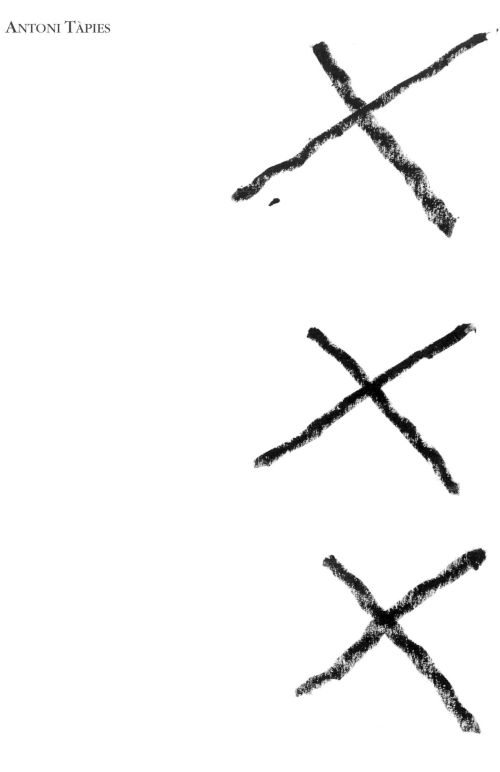

EL ARTE MODERNO, LA MÍSTICA Y EL HUMOR

La contemplación no es precisamente inactividad, sino ejercicio.

FERRATER MORA

Las reacciones humanas ante el misterio de la vida son muy variadas. El misterio provoca miedo, rebeldía, sumisión reverencial, intento de averiguarlo, de hacerlo propicio, de organizarlo... En nuestra civilización ha abundado la creencia de que dichas reacciones están en el origen de dos grupos importantes de impulsos que, hasta hace poco, se han considerado antagónicos. A grandes rasgos, recordemos que, por una parte, están los impulsos que algunos califican de intuiciones místico-religiosas, y, de otro lado, los que llevan a las construcciones rigurosas de la ciencia. Pero hoy se ha descubierto que estas agrupaciones, lejos de ser consideradas antagónicas, según parece, son complementarias e inseparables en todo scr humano.

Esto no quiere decir que, de las reacciones ante el misterio, sólo hayan surgido elevadas elucubraciones místico-religiosas y grandes sistemas científicos. También son fruto de ellas las diferentes formas del mundo de la poesía, de la pintura, de la música... E igualmente surgen de ellas las variadas actitudes cotidianas, en apariencia sencillas, que pueden conformar todo el arte de vivir: desde los modos de querer hasta el juego de los niños, desde las risotadas de los payasos al arte de hacer un ramo de flores, un vestido o una casa. Por eso se dice que las situaciones y los objetos más triviales, como en algunas óperas de Mozart, en los escritos de Chéjov o en las naturalezas muertas de Morandi, a veces también pueden sugerirnos sentimientos y reflexiones de diversa profundidad metafísica y ontológica.

ACTIVIDAD HUMANA Y SENTIDO TRASCENDENTE

En su origen, y en unas civilizaciones más que en otras, estos impulsos y actividades han convivido naturalmente e incluso se han confundido. En efecto, el deseo, pongamos por caso, de hacernos propicias las fuerzas desconocidas de la naturaleza, recordemos que ha dado nacimiento lo mismo a la magia que al arte de la medicina o a la técnica de elaborar calendarios. Del miedo y el instinto de buscar protección han surgido tanto la plegaria como la expresión poética, los ritos agrarios, la pintura o la organización política. Los impulsos místicos y religiosos formados alrededor del misterio, de lo sagrado o de lo divino —se le ha llamado de muchas maneras— con todos sus mitos, símbolos, cosmologías, ritos..., han sido omnipresentes e inseparables de toda actividad humana en determinados momentos. Y el arte, como es sabido, siempre ha constituido un vehículo de primera magnitud.

Muchos están de acuerdo en que el misticismo religioso bien dosificado puede suponer gran ayuda para encontrar sentido a la vida, para inspirar el respeto y la solidaridad necesarios entre los hombres y la armonía entre éstos y la naturaleza. Es evidente que ahora estamos lejos de los "revolucionarios" que consideraban el misticismo como contrario al mundo futuro, como "la deificación pasiva de la naturaleza, una gandulería aristocrática, la ensoñación y lo lacrimoso", según lo calificaba Trotski. Pero no debemos olvidar que, cuando se desiquilibra la balanza y la visión místico-religiosa se muestra intransigente y contraria a la razón y la ciencia, los pueblos entran en periodos de oscurantismo y crueldad. ¿Es necesario demostrar, entonces, que también puede suceder lo contrario, y que el desequilibrio nos venga por la excesiva preponderancia del lado material y por el olvido de los denominados valores espirituales y morales? Se trata de un peligro bastante conocido hoy en la llamada civilización occidental, y que, precisamente, conlleva, como tantas veces se ha dicho, la propia dinámica de los modelos de creencias religiosas y filosóficas duales que han predominado hasta ahora en nuestra civilización, con sus viejas separaciones entre espíritu y materia, alma y cuerpo, religión y ciencia, entre servir a Dios y servir al César. Son creencias que quizá nos hayan proporcionado un desarrollo material espectacular, pero sin duda, como observó Joseph Needham, igualmente nos han conducido a una suerte de periodo medieval invertido donde el exceso de cientifismo y tecnología está llegando a hacernos temer la continuidad de la vida sobre el planeta[1].

En la actualidad, no solamente todo nos habla como nunca de la necesidad de reencontrar un complemento espiritual a los abusos del positivismo cientifista, de la tecnología anárquica y del burdo materialismo agresivo y machista predominantes, sino que, además, la propia ciencia lo reclama. Particularmente, diversos físicos de gran prestigio en los últimos años han hecho referencia a este cambio de la ciencia más reciente. Hay que rehabilitar la imagen de la ciencia, vienen a decirnos, mostrando que puede existir una necesaria armonía entre la visión de los místicos y la de los físicos. Porque hoy se sabe que la física también va mucho más allá del materialismo y la mera tecnología a la cual antes se asociaba... Con sus descubrimientos recientes, la física tiene la capacidad de ser, además, "un camino con corazón que nos lleve hacia un conocimiento espiritual y hacia una realización personal"[2]. Después de la física cuántica, de la nueva biología, de la psicología analítica, de la neuro y la psico-fisiología, de la ecología o de la antropología recientes, en la visión de la realidad no podemos ya omitir los mensajes simbólicos de nuestro espíritu, por delirantes que parezcan a veces, los cuales nos dan la posibilidad de acercarnos a un modelo de universo alejado lo mismo de la miopía materialista que del espiritualismo *naïf*.

LAS SOCIEDADES INDUSTRIALES Y EL "CONOCIMIENTO DEL SUR"

El arte del siglo XX, en los últimos años, ha sido muy sensible a estos cambios y ha comprendido que, en nuestro tiempo, es muy importante trabajar dentro de este nuevo marco unitario que recupere el sentimiento místico, simbolista, cosmológico, interdisciplinario, ecuménico... Gracias a los avances científicos, ahora entenderemos que "todo fenómeno humano contiene y produce significado" y que, en gran parte, a través de los fenómenos humanos de la imaginación, de los procesos de simbolización y a veces hasta de los puntos de partida falsos de observación, hemos llegado a los confines más lejanos del conocimiento. Tal como desde hace un tiempo se está divulgando, ahora algunos encuentran estas formas del saber en lo que se llama "conocimiento del Sur" o del *pathos*, del cual se cree que es capaz de complementar los defectos de los tipos de saber de la ciencia clásica y de las sociedades industriales[3]. Los países del Sur, pues, no sólo nos preocupan por la necesidad de ser liberados de la explotación económica y política de la que son víctimas. Actualmente también se ha comprendido que muchos de sus saberes y expresiones culturales conforman un tesoro que hay que preservar, ya que puede ayudarnos a salir del peligro de uniformidad cretinizante que amenaza el sistema de vida de los países del Norte.

Por todo ello, no debe extrañarnos que el artista moderno, sobre todo a partir del dadá y del surrealismo, se refleje en las sapiencias y personalidades, tanto del pasado como del presente, que se aproximan a este sentido. Empezando porque, en el mundo de la cultura, se percibe hoy gran curiosidad tanto por los conocimientos y religiones no duales de Oriente como por las costumbres de algunos pueblos considerados primitivos y del llamado tercer mundo, con todos los cuales la ciencia moderna se ve, a menudo, más identificada que con la ortodoxia oficial judeo-cristiana de Occidente. A parte de esto, dentro de nuestra tradición y de los enigmáticos caminos del arte y la poesía, ahora existe un lugar para autores que, hasta hace poco tiempo, habrían sido considerados como insensatos y totalmente marginados en la educación clásica y en las sociedades industriales. Y, como hizo Breton, hoy resulta posible hablar con naturalidad de la cábala al lado de la extraña metafísica de Jean-Pierre Brisset o de la patafísica de Jarry[4]. Actualmente, suenan a menudo entre nuestros pensadores desde los fragmentos de Heráclito a las doctrinas herméticas, desde la alquimia al maestro Eckart, desde la filosofía de la naturaleza franciscana a Robert Fludd, desde San Juan de la Cruz a Jacob Böhme, desde Paracelso a William Blake, desde un cierto esoterismo cristiano a Della Porta, Boscovich, Vico, algunos románticos alemanes o Teilhard de Chardin. Está claro, además, que en la cultura moderna vuelve a contar con una excepcional importancia el nombre de nuestro Ramón Llull, precisamente maestro de muchos de los señalados y que, debido a ello, entre otras razones, constituye hoy uno de los grandes orgullos de los pueblos de habla catalana.

Es sabido que al observador superficial le parece extraño que algunos poetas y artistas actuales —quienes, además, cualquiera sabe si se declaran agnósticos o escépticos— puedan referirse a la mística, y que, concretamente, admiren a Llull. Sin embargo no hay contradicción. Las visiones místicas, que a unos parecen pueriles y hasta morbosas, ni van siempre ligadas a las creencias y dogmas religiosos institucionalizados, ni tienen que ser consideradas como una descripción del universo que deba tomarse al pie de la letra. Si cuentan con una utilidad para el hombre de hoy es más por la clase de asociaciones de ideas, de sentimientos y emociones que despiertan en la intimidad de cada cual, que por aquello que literalmente parecen describir. Esto ocurre asimismo en el ámbito de la ciencia. Una visión geocéntrica del mundo como la de Ptolomeo, pongamos por caso, ya sabemos que físicamente no es cierta. Pero, simbólicamente, "desde nuestra posición de seres humanos encarnados sobre una tierra física, seguimos teniendo el sentimiento de que somos el centro del universo"[5]. La visión simbólica, el mito, la metáfora, la imagen poética..., constituyen, pues, una especie de juego que de algún modo se anticipa y, por descontado, complementa el conocimiento intelectual, sirviendo para preservar determinados valores que conviene que el hombre tenga siempre presentes.

EL JUEGO Y EL MUNDO DE LO SAGRADO

Desde hace más de veinticinco siglos, las grandes sabidurías orientales se basan en la importancia de este juego. Precisamente, según los hindúes, el conocimiento supremo consiste en el descubrimiento de que todo lo multiplicado es un sueño de Dios, la *Maya*, una palabra que no sólo significa ilusión, sino también arte y poder milagroso. El universo de los místicos hindúes parece realmente un juego (*lila*) con el que Dios (el *Atman*) juega. Su actividad es lúdica. Quienes creen que la mística —y el arte importante— es soporífera y requiere utilizar cilicios y poner caras agrias, ahora tendrán la sorpresa de ver que, en momentos de éxtasis profundo, surge repentinamente el juego. De pronto, como decía Dante, "todo lo que veía me parecía la risa del Universo"; o como Freud: el humor no está lejos de lo sublime y elevado.

Es importante recalcar estos puntos en un tiempo en que, desde las "pseudoculturas" de la distracción y del negocio, hasta algunas doctrinas socializantes mal entendidas, sin contar con los viejos positivistas y los materialistas vulgares, se ha procurado desacreditar la mística, y el arte que se le parece, diciendo que es algo triste y fúnebre que paraliza y sólo deriva de la ignorancia de otros tiempos. Por el contrario, coincidiendo con las nuevas concepciones científicas, se sabe hoy que algunas de las más increíbles visiones de los místicos no sólo tienen sentido para el hombre de nuestros días, sino que, además, son más amigas de la alegría vital y de la sana ironía que muchas tendencias que se tienen por "progres". El entusiamo y la alegría, como bien ha señalado Martí de Riquer, son las primeras características a destacar en el *Libro de contemplación* de Llull. Nadie más juguetón y divertido que los místicos zen con sus *Koans* y sus sorprendentes ocurrencias, como, por ejemplo, la que definía la esencia de Buda lanzando un eructo. Asimismo, y dentro de nuestra tradición, seguro que algunos locos de Dios, como nuestro Llull o como aquel santo que siempre reía al comulgar, han llegado bromeando al gran juego del misterio. Una actitud, entonces, que según parece no está reñida ni con la más estricta ortodoxia cristiana.

Recordemos, en resumen, que no son formas de huir del mundo, sino precisamente de conocerlo mejor y estar más presentes en él. El místico no se queda instalado como un simple en sus visiones. El éxtasis místico es un estado transitorio. La propia mística conduce a los "iluminados" a una vida más externa, más activa. Antes de conocer el zen, dicen los adeptos de esta rama budista, las montañas son montañas. A medida que se avanza en el estudio del budismo, las montañas dejan de ser montañas. Pero cuando se obtiene el conocimiento supremo, las montañas vuelven a ser montañas, vistas, sin embargo, bajo otra luz. Porque, como observa con acierto Ferrater Mora, en el misticismo no se trata de eliminar el mundo, sino de iluminarlo. Del mismo modo que luego ocurrirá con Santa Teresa, en el propio Llull abundaba el sentido de la vida práctica, y es conocido que "a veces alcanzó el humor y una cierta ironía popular", lo cual se prolongó más tarde en una línea de la literatura catalana, en los relatos de Turmeda y de Eiximenis, en los sermones de San Vicente Ferrer, en la sátira valenciana, en Jaume Roig...[6] Llull, nos consta, hasta inspiró el mundo misterioso y tragicómico de J. V. Foix. Y no cabe duda de que, a través de éste, también llega hasta varios poetas posteriores.

PARADIGMA LULIANO

Ramón Llull es el gran modelo de místico y científico al mismo tiempo, de filósofo y poeta, de hombre contemplativo y de acción. Esta manera de ser es tan actual que ciertas obras de Llull parecen tanto precursoras de la cibernética moderna como de poesías letristas. Véase, si no, la última parte del mismo *Libro de contemplación*, con toda esa combinatoria de letras y de conceptos tan inquietantes como jocosos. Y no hablemos ya del valor anticipativo que tuvo la gran afición de Llull por traducir plásticamente con diagramas toda la lógica de su *Ars magna*.

Es bien curioso, asimismo, el interés que despiertan hoy las personalidades que se han expresado ampliamente mediante el concurso de las artes visuales, o bien las de naturaleza sensible al mundo de la plástica. En ello está, es evidente, el afán de hacerse comprender, de popularizar determinadas ideas, a lo cual responden las ilustraciones de muchos libros miniados medievales, así como los grabados en madera y luego en cobre, e incluso otros medios más modernos, de los libros y láminas impresas. Pero, además, es preciso tener en cuenta que el mundo de los místicos, como el de la física moderna, no siempre puede "explicarse" con palabras corrientes, sino que a menudo se "muestra" mejor a través de las imágenes de la plástica. La cuestión radica en que las artes de estas sapiencias unitarias —que van desde algunas caligrafías del Extremo Oriente a determinadas ornamentaciones de máscaras y tejidos africanos, desde las pinturas mandálicas tibetanas a los grabados de los libros de Fludd o Blake— han contado, como se sabe, con una influencia muy grande sobre el arte moderno. No es una casualidad que Llull figurase ya en el diccionario del surrealismo, ni tampoco debe de serlo el hecho de que el artista moderno haya sentido más atracción por la pureza unitaria, que a veces se adivina en las artes del cristianismo primitivo, que por los dualismos y separaciones del clasicismo vaticano posterior.

Llull es un ejemplo interesante hasta por su sentido crítico con las obras de pintores y escultores, y por su ideal de belleza. Llull no creía en la sola belleza formal porque sabía que lo que cuenta es "el contenido del proceso psíquico de asociación de imágenes, pensamientos y sentimientos sugerido por el objeto contemplado[7]. De este modo, como en el moderno *arte povera*, llegó a encontrar más belleza en el estiércol del campo que en la supuesta beldad de una mujer de contenido moral incorrecto. Llull consideraba espantoso que en el mundo hubiera tantos pintores "malvados" perdiendo el tiempo con cosas secundarias. Y resulta profético que Llull utilizase el término "malvado", que actualmente no sólo sugiere mal artista, sino también mala persona, aquél que puede ser perjudicial para la sociedad. Una advertencia demasiado olvidada en nuestro tiempo, donde todo se acepta sin crítica seria que nos prevenga de los verdaderos males sociales que puede causar el mal arte.

En el mismo orden de cosas, digamos para acabar, que es modélica la insistencia de Llull en la importancia de pintar nada más que lo esencial, lo más profundo, lo cual para él no suponía otra cosa que la imagen de la cruz. Pero el modelo, tomado simbólicamente, continúa siendo válido como muchos otros. No estaría mal, entonces, que hoy también nos pareciera imposible, como le pasaba a Llull, "que los pintores pinten, dibujen o entallen ninguna otra pintura que no sean cruces"[8]. Acaso así nos ahorraríamos muchos de los desafueros que producen gran parte de los negocios pretendidamente culturales de la sociedad industrial que nos ha tocado vivir.

1. Joseph Needham, *Dentro de los cuatro mares. El diálogo entre Oriente y Occidente*, Siglo XXI, Madrid, 1975.

2. Fridjof Capra, *Le Tao de la Physique*, Tchou éditeur, París, 1979.

3. Yujiro Nakamura, "El coneixement de la ciència clàssica i la societat industrial". Una de las ponencias del simposio de Venecia, Unesco, publicadas con el título *La ciència i les fronteres del coneixement*, Centre Unesco de Catalunya y la Magrana, Barcelona, 1987.

4. André Breton, *Dictionnaire de l'humour noir*.

5. Joscelyn Godwin, Robert Fludd. *Hermetic philosopher and surveyor of two worlds*, Thames and Hudson, Londres, 1979.

6. La bibliografía luliana consultada es numerosa. Pero en este texto se ha utilizado especialmente el interesante nº 4 de *Quaderns de poesia*, Barcelona, noviembre de 1935, con artículos sobre Llull de Josep M. Capdevila, Manuel de Montoliu, Joan Teixidor, Pere Font y Puig, Alfons Serra-Baldó y un texto poético de J. V. Foix. También Martí de Riquer, *Historia de la literatura catalana*, Ariel, Barcelona, 1964.

7. Pere Font i Puig, *Quaderns de poesia*, nº 4.

8. Ramon Llull, *Libre de contemplació en Déu* (llibre ters, cap. 120).

LOS CAMBIOS DE LA ESTÉTICA

(Nuevos contenidos y nuevas formas artísticas)

Antes de ejecutar una pintura es preciso estudiar millares de libros.
TONG K'I - TCH'ANG

Hace poco, Umberto Eco recordaba en una entrevista que el intelectual, el artista..., por más cosas variadas que haga, en el fondo siempre está escribiendo el mismo libro y desarrollando unos ideales casi únicos. Pero, quizás, tanto como de unos ideales, se trata también de una posición, de una manera de ser...Y se podría precisar que esa manera de ser tampoco es muy variada. Además, tiene mucho de producto obligado de los tiempos históricos que nos ha tocado vivir. Si se pidiera una definición capaz de sintetizarlo, nos encontraríamos siempre, en el umbral de los ideales que obsesionan a algunos intelectuales y artistas de nuestro tiempo, ante el insistente compromiso con esa conquista de los tiempos "modernos" que —como señala Habermas— nadie puede poner en cuestión al entrar en polémicas sobre dicho término: la libertad subjetiva. Un estado o condición que, aun siendo un logro individual, hoy sabemos que va mucho más allá de la esfera privada e incluso puede concernir a las más altas concepciones del espacio público[1].

Para algunos intelectuales y artistas, tal vez ha consistido siempre y sencillamente en un único deseo de "saber sin trabas", del "instinto de verdad", de intentar aclararse uno mismo a la par que se ayuda a que la gente sepa. Pero ¡cuántas cosas comporta eso! Empezando porque, inseparable de este deseo, existe para muchos la voluntad de que se acabe definitivamente el abismo entre "lo que el hombre sabe" y "lo que el hombre hace" en el mundo y en los momentos que vivimos. He aquí el drama más inquietante del hombre de hoy: por una parte, hemos sido capaces de conocer el Universo mejor que en ninguna otra época, de construir democracias, de proclamar unos derechos humanos, de hacer obras de arte sublime... Por otra, también somos capaces de llegar a los peores grados de crueldad, de mentiras y destrucción hasta ahora conocidos.

LA CIENCIA Y LA CONTEMPLACIÓN ESPIRITUAL

No es la primera vez (ni será la última) que el lector ve cómo insisto en la reflexión en torno a esta clase de saber que comunica el arte, al tiempo que en las afinidades y diferencias que éste tiene con otras formas de conocimiento. Pero, en estas líneas, quizá se encuentren algunas precisiones.

En principio, vale la pena recordar que, a diferencia del intelectual, el tipo de saber que buscan los artistas ha sido tradicionalmente incluido en la gama de experiencias espirituales pertenecientes al mundo de los visionarios, de los oráculos, de los mitos, de las leyendas, de los ritos... y que, en general, ha estado siempre muy cercano a la visión de los místicos, de determinados sentimientos religiosos y del conocimiento llamado metafísico. Por eso en los tiempos modernos el arte, en cuanto fuente cognitiva, ha sido a menudo considerado como algo lejano e incluso inferior a los "valores seguros" del mundo intelectual (en el sentido ordinario de razonamiento lógico) y, en especial, del mundo de la ciencia. En todo caso, no se suele creer que sea imprescindible para la vida humana. El arte también se parece hasta en esto a algunas experiencias místico-religiosas que, en Occidente, la misma Iglesia en los mejores casos puede encontrar interesantes, aunque igualmente elitistas y no necesarias para la salvación.

Últimamente, sin embargo, ha ido abriéndose camino la idea de que, con el nuevo espíritu de las ciencias físicas, estas distancias se han reducido. Ahora se comprende que la visión holística del mundo dada por los mejores científicos no dista tanto de la visión directa de la realidad profunda —o de las "tinieblas divinas", como dicen algunos teólogos— obtenida por vía de la contemplación espiritual. Así pues, es la propia ciencia la que nos dice hoy que estas dos clases de "saber" deben considerarse como necesariamente complementarias y, además, como imprescindibles para nuestra vida.

Algo que quizá se ha divulgado menos es que esta aproximación de los dos tipos de "saber" va más allá de una simple tolerancia civilizada o de una mera coincidencia más o menos fortuita, al estilo de lo que se entendía por proximidad de "las dos culturas": la científica y la humanística. Y que, actualmente, la cuestión de la complementariedad de ambos tipos de "saber" está ya confirmada por la investigación científica, cosa que posiblemente tendrá grandes repercusiones en muchos campos de la vida social. En efecto, los avances revolucionarios de los últimos años en el estudio de las funciones cognitivas han descubierto que los dos modelos de saber responden a sendas funciones superiores localizadas materialmente en cada uno de los dos hemisferios de todo cerebro humano. Resumiéndolo con palabras del fisiólogo David Ottoson: "Pavlov dijo que la humanidad se podía dividir en artistas y pensadores". En cambio, los últimos estudios cerebrales permiten precisar que "en los artistas el hemisferio dominante es el derecho, el holístico, mientras que en los pensadores se trata del hemisferio izquierdo, el analítico". [2] Es decir, son dos facultades, a veces una más desarrollada que la otra, pero ambas funcionan al unísono en cualquier individuo humano. Unas facultades —conviene recalcarlo— que "sólo alcanzan plenamente su potencial a través de la cooperación funcional de los dos hemisferios".

Desde el mismo campo científico se nos corrobora, entonces, que "la ciencia (función analítica, secuencial, racional...) no llega por sí sola a constituir la sabiduría". Por otra parte, lo que entendemos por "contemplación espiritual" (función sintética, holística, intuitiva...) es el recuerdo vivo del mundo interior y, si no fuera por su rigorosa permanencia, todo podría deshacerse en el caos y la destrucción[3]. No obstante, las funciones "espirituales" por sí mismas tampoco pueden construir el "saber".

EL ARTE Y LAS FUNCIONES NO COMUNICABLES

Como vemos, actualmente nos encontramos lejos de todo lo que algunos "progres" de hace años consideraban como leyendas innecesarias, místicas superfluas, lujos artísticos elitistas. Y la visión iluminada, la suerte de éxtasis que puede provocar la contemplación de algunas obras maestras del arte, de la literatura, de la música..., en lugar de conformar un "saber" inferior no imprescindible, es, según comprobamos ahora, algo tan necesario —y urgente hoy día— como el pan que comemos.

ANTONI TÀPIES

Lo son, también, muchos métodos psicofísicos de la contemplación metafísica y de la mística universal debidamente actualizadas y supervisadas, las cuales, a fin de cuentas, intentan igualmente aclararnos la conciencia.

En este sentido, nadie debería sorprenderse —ni siquiera desde una posición agnóstica— si ahora se dice que las diferentes actitudes de los artistas modernos tienen muchas semejanzas con la mística. Más aún, en el actual proceso de recuperación de tantas actitudes y creencias del pasado que vale la pena aprovechar, seguro que hoy es importante sostener, asimismo, la bondad del sistema de las vías de ascensión en sus diferentes niveles (purgativo, meditativo, contemplativo, etc.), que siempre ha utilizado la búsqueda espiritual de todos los tiempos. El estudio de estas vías puede ayudar mucho, precisamente, a entender la manera de trabajar del artista. A entender, incluso, muchas propuestas del arte actual cuyo sentido hay gente que a veces no encuentra. No cabe duda de que el arte de nuestro siglo ha pasado por muchos de los niveles descritos por los maestros de ejercicios espirituales: desde el descenso a las zonas más infernales del individuo y de la sociedad, hasta la persecución de los estados más beatíficos, desde las catarsis y críticas más desenfrenadas, hasta el deseo de unión más ferviente con la realidad última...

Hay que reconocer, igualmente, que gran parte del arte de este siglo ha puesto mucho el acento (en ocasiones porque es el más fácil y el más llamativo) en la vía purgativa: en la exageración del absurdo, en la crítica feroz, la sátira, la caricatura, el histrionismo, la provocación sexual, la violencia... Se trata de un primer paso, está claro. Y no resulta menospreciable, sobre todo cuando se ha sabido elegir el momento justo para arrojar a los pies de la sociedad tantas cosas que merecen ser escarnecidas y pisoteadas; para desacreditar, en suma, la "realidad inauténtica". Pero es evidente que ese paso tiene hoy que seguir completándose con otras formas artísticas más sutiles, con un arte más total que nos lleve hasta el último peldaño: el de la experiencia íntima de la verdadera realidad.

En medio de los hábitos positivistas y excesivamente materialistas que continúan imperando en el mundo en que vivimos, para muchos puede ser un problema, e incluso un motivo de escepticismo, ver cómo hay pocas palabras para referirse a dicho último peldaño de la mística, de la conciencia metafísica o de la creación artística, o cómo a veces se dice que tales palabras hasta pueden ser contraindicadas. Y, en verdad, muy pocos se han aventurado a describir "qué es lo que se experimenta en el momento de la experiencia" espiritual de cada uno. ¿Cómo es, entonces, el "rostro" que se ve al final del todo? ¿Cuál es el saber que allí se encuentra? ¿Qué es eso que llaman la "realidad profunda"? La respuesta de los grandes maestros de espiritualidad, aunque puede ser muy significativa, siempre sobresale por parca y ambigua. La tradición hindú se limita a contestar: el universo es una esencia sutil y *tat tvam asi*, tú lo eres... El budismo se refiere a la vacuidad fundamental. La sabiduría china asegura rotundamente que del Tao no se puede hablar y, como máximo, alude a un "principio vital". Los mejores profetas bíblicos afirman encontrarse con el "soy el que soy"... Para los grandes imaginativos y grandes místicos de Occidente ha consistido en el descubrimiento de su yo más puro, de su belleza más absoluta, de la luz que da sentido a la existencia.

No obstante, los escépticos deben recordar que la ciencia, después de un par de siglos de excesivo optimismo, hoy coincide también con este mismo planteamiento cuando nos dice que el hemisferio derecho del cerebro humano es como un "pasajero silencioso" incapaz de expresarse por medio del lenguaje ordinario, y, por tanto, manifestar alguna percepción o conocimiento a través de él. Por este motivo, sus facultades se toman más como una "experiencia interior" que como un "saber". De todos modos, la ciencia hoy también nos dice que las facultades del hemisferio derecho del cerebro son esenciales para la vida humana, para situarnos en el mundo y en el conjunto del cosmos. Y que son las facultades que nos dan estabilidad y permanencia; las que se refieren más directamente a nuestro cuerpo; las que actúan sobre nuestros instintos, sentimientos, emociones, intuiciones... Son, en fin, facultades que nos hacen sentir dentro la experiencia directa y global de la realidad, a la vez que, en buena parte, orientan nuestra existencia y nuestro comportamiento.

VIEJOS TRATADOS NORMATIVOS Y NUEVO ARTE EXPERIMENTAL

Tengamos presente que estas facultades globalizadoras y de síntesis, a pesar de que no analicen ni hablen, se complementan con los conocimientos y análisis de su hemisferio vecino. Ciertamente ello hace que, en sí mismas, las visiones de místicos, metafísicos o artistas, aunque nos procuren una cierta estabilidad y permanencia, posean contenidos y formas diferentes según el complemento que encuentren en los análisis y conocimientos que el hemisferio izquierdo procura al hombre en cada momento de la historia. Las visiones de Patanjali, pongamos por caso, seguramente no eran iguales que las de San Juan de la Cruz, ni las de Leonardo da Vinci con respecto a las de Paul Gauguin. Y no resulta extraño que incluso algunos teólogos nos digan que el "rostro de Dios" —o la idea de Dios—, que algunos aseguran encontrar en el último escalón de la experiencia mística, ha ido variando con el tiempo. En este sentido, quizá habría que añadir que la mística de cada época no ha dejado de contar (aunque sea en un sentido laico o metafórico) con su propio corpus doctrinal y hasta con su propio "espíritu santo" de cada momento histórico, los cuales la han vivificado, como se desprende de los requerimientos de toda experiencia mística (o artística) bien entendida. Por eso, tampoco es extraño que las "visiones" de los artistas hayan ido evolucionando con el tiempo.

Me ha parecido importante referirme a todo esto porque sin duda, como creen los especialistas en las funciones cognitivas cerebrales, tendrá una repercusión enorme en el próximo futuro cultural. Sobre todo en los sistemas educativos, que, en Occidente, ahora casi se limitan exclusivamente a desarrollar el hemisferio izquierdo del cerebro, el racional, el analítico...Y no hace falta decir que estos descubrimientos esclarecerán muchos problemas referentes a la idea de la creatividad en general y a la cuestión de los necesarios cambios históricos de la estética y de la creación artística en particular. Son esos cambios que tanto irritan a muchos de los que se atreven a discutir el arte sin los conocimientos necesarios.

Precisamente acerca de la creatividad, hoy tan comentada y de la que tan a menudo se abusa demagógicamente, contamos con unos fragmentos del filósofo de la ciencia Paul Feyerabend (*Adieu la raison*, Seuil, 1989) que pueden ayudarnos a aclarar algunas confusiones. Sabemos que la llamada creación artística es abordable desde dos aspectos, aunque resulten inseparables. Uno es el constituido por el "saber" completo —de los dos hemisferios del cerebro— que el artista posee en cada momento. En el arte se le suele llamar "contenido", y se trata, obviamente, de un bagaje común a numerosas disciplinas. En este sentido, resulta difícil, como dice Feyerabend, sostener que "la creación personal deba verse como un don especial", como si "los seres humanos fueran entidades independientes y autónomas..., mentores de la Naturaleza y la Sociedad". Debido a ello es posible afirmar que, en buena medida, el arte es realmente un asunto colectivo, creencia en la que coinciden todas las civilizaciones y sobre la cual, a veces, a mí mismo me ha parecido urgente insistir como una contribución a la buena marcha del mundo del arte actual. En cambio —y aquí quizá nos alejamos de Feyerabend—, los artistas saben bien que no por eso dejan de existir, asimismo, unos dones artísticos especiales. Empezando porque probablemente ya sea un privilegio especial saber o poder conectar mejor que otros con los conocimientos y creencias de una época determinada. Pero, ante todo, debido a que la cualidad del arte, lo que hace que el arte sea realmente arte y no sólo un discurso metafísico o moral, proviene de las formas adecuadas que el artista, mediante su trabajo específico, haya sabido elaborar para sugerir los contenidos. Unos contenidos, por otro lado, de los cuales el propio artista puede ser coautor.

Este otro aspecto de la creatividad, el *formal*, que en la actualidad no se limita a las formas intrínsecas de una pintura o escultura, sino que además abarca *la forma como se presenta* en medio de las diversas ofertas culturales de nuestro tiempo, es evidente que no tiene que olvidarse. Sin embargo, también es importante considerar que se trata de un asunto que hoy no puede ser estudiado y enseñado como en los viejos tratados occidentales de arte normativo, los cuales, hasta hace poco tiempo, estaban siempre presididos por la idea de *mimesis*. Hay que subrayarlo puesto que, en ciertas ocasiones, se ha argumentado en contra de que algunos artistas de nuestro siglo hablen con frecuencia de muchas cosas en sus escritos o declaraciones, pero muy poco acerca de la *forma* de pintar o esculpir propiamente dicha, tal como era habitual en el pasado. Pues bien, todo hace creer hoy que no existe otra alternativa si se tiene la convicción de que la pintura y la escultura importantes han dejado de ser una descripción de la realidad visual (lo mismo que toda epistemología digna de aprecio actualmente, como apuntaba Piaget, no puede aceptar que el conocimiento sea una especie de "copia" de lo real) para convertirse en un *mecanismo* que nos lleva a los estados de contemplación directa de la realidad profunda antes comentados. Un mecanismo que deberá variar constantemente en virtud de las nociones cambiantes que nos aportan los nuevos contenidos.

Debido a todo ello, el estudio de las *formas* artísticas, lejos de cualquier normativa fija, parece ahora que sólo puede ser enfocado como una experimentación constante practicada por cada autor a medida que van apareciendo los cambios. Valgan como confirmación de esto último los escasos resultados, estandarizados y rápidamente pasados de moda, que se obtienen en las escuelas de arte donde se insiste demasiado en los aspectos formales y, en cambio, se olvida la importancia de la preparación de los alumnos en los nuevos contenidos del "saber". En lo que a esto respecta, parece correcto afirmar que es mejor que los artistas se pongan a trabajar, olvidando las estéticas normativas clásicas. Y, como se dice que aconsejaba Pollock a los que querían estudiar pintura, quizá hoy sea mejor interesarse por el vedanta, por el budismo o por C. G. Jung que por las formas intelectualizadas de utilizar los colores[4].

Probablemente, esta manera de ver la creatividad acabará con la suerte de fatuidad deificada que han ostentado y ostentan algunos artistas. Y acaso rectifique también, como escribe —esta vez con razón— el propio Fayerabend, la concepción pretenciosa más generalizada según la cual algunos seres humanos creen que poseen una especie de don sobrenatural de la creatividad, piensan que "pueden reconstruir la Creación con arreglo a su fantasía", y se olvidan de ciertos valores perennes de la tradición o, sobre todo, no cuentan con los nuevos valores que dicta "el espíritu" de nuestro tiempo. Un peligro que, como sabemos, se da realmente en el mundo del arte (en especial entre muchos jóvenes —y también viejos— poco preparados), pero que asimismo ocurre, de un modo posiblemente más grave, en muchas otras actividades humanas: desde las teorías económicas a la religión, desde la información al urbanismo, de la arquitectura a la política, del mundo empresarial al de la milicia...

EL ARTE Y LAS DOCTRINAS DE SALVACIÓN

Terminemos recalcando que, sea como sea, lo seguro es que ahora se sabe científicamente que llegar a la belleza de la realidad última consiste en una función cerebral variable, pero necesaria. De tal manera que muchos consideran hoy una terapia muy importante la "contemplación" en general y la provocada por el arte en particular. En lo que a esto se refiere, incluso es posible decir que el arte está muy próximo a todas las denominadas "doctrinas de salvación", por más que hoy se interpreten en su sentido puramente humano, como sistemas o ideales que el hombre se otorga a sí mismo a fin de lograr su completa identidad, tanto individual como social. Todo eso ha dado origen a una situación relativamente nueva en el mundo del arte y de la cultura en general, aunque, evidentemente, ya intuida por los grandes maestros de espiritualidad de siempre. Un ejemplo de ello es el "sí" seguido inmediatamente de un "no" con que el gran místico sufí Ibn Arabi contestó al filósofo Averroes cuando se dio cuenta de que éste interpretaba satisfecho su "sí" de forma restrictiva, como un asentimiento al racionalismo filosófico. "Entre el sí y el no —añadió el místico, entonces muy joven—, los espíritus se apartan de su materia y las nucas se separan del cuerpo." Pero, más tarde, en su madurez, Ibn Arabi tuvo la visión del verdadero triunfo: el equilibrio entre el peso de los libros del sabio y el peso de su cuerpo.

Se trata, posiblemente, de la misma gran obsesión que tienen algunos artistas e intelectuales en nuestros días por encontrar el equilibrio entre el "saber" y el "hacer", el conocer y el obrar. Recordemos que la voluntad de hallar este equilibrio también forma parte de los "ideales" (o manera de ser) casi únicos, citados al principio, en torno a los cuales hay intelectuales y artistas que están dando vueltas constantemente con la esperanza de que se conviertan en una realidad en el corazón de todos los hombres.

---

1. Jürgen Habermas, *Le discours philosophique de la modernité*, Gallimard, París, 1988.

2. David Ottoson, *La ciència i les fronteres del coneixement*, Unesco de Catalunya y La Magrana, Barcelona, 1987.

3. Basarab Nicolescu, ibídem.

4. Es muy sintomático que, en su interesante estudio sobre los artistas de nuestro siglo —especialmente norteameri-
canos— que cree más profundos (*An art of our own*, Shambhala Publications, Boston, 1988), el profesor Roger
Lipsey dedique un capítulo a la enseñanza del arte y, para empezar, hable de éste como de una considerable gama
de doctrinas y aproximaciones prácticas para cultivo de la naturaleza humana. Allí se citan desde las grandes religiones y las grandes escuelas místicas hasta sectas esotéricas, desde la enseñanza psicológica hasta la ciencia médi-
ca, desde los nombres de Frithjof Schuon o Krishnamurti hasta Freud, Adler, Maslow... y, sobre todo, Jung. En cambio, no alude a los estudios formales de esos grandes artistas, y en cambio menciona con gusto que un Pollock, un
Rothko o un Reinhardt preferían que se hablase más de sus sentimientos religiosos que de sus conocimientos colo-
rísticos o compositivos.

LAS "VERDADES PSICOLÓGICAS" EN LA ESTÉTICA ACTUAL

*Cada partícula de polvo tiene un alma maravillosa, pero para
entenderlo hay que recuperar el sentido religioso y mágico de las cosas.*

JOAN MIRÓ

Que nadie espere que las siguientes líneas propongan una normativa estética. Se trata, sencillamente, de interrogarnos una vez más sobre unos hechos culturales que todos tenemos ante los ojos. Los grandes cambios del arte de nuestro siglo han sido provocados por múltiples factores, entre los cuales seguro que hay teorías estéticas que no se pueden omitir. Pero, según señalan comentaristas e historiadores —permítaseme repetirlo una vez más—, una de las grandes razones que más han influido en los cambios ha sido la evolución que, también en los últimos cien años, se ha operado en la ciencia. Más concretamente, se habla de la influencia que ha tenido la nueva visión del mundo que nos ha mostrado la física. En realidad, esta rama de la ciencia, con sus revolucionarias concepciones de la materia, del espacio y del tiempo, de la causa y el efecto..., ha sido omnipresente en el conjunto de las actividades humanas del siglo XX: en el mundo del pensamiento, en toda la cultura, en la tecnología moderna.

LA LECCIÓN DE LA NUEVA CIENCIA

Tratándose de ciencia, y sobre todo de física, este hecho podía parecer que favorecía a los partidarios unilaterales del materialismo, de la racionalidad y de la objetividad, muchos de los cuales quién sabe si pensaban que, con ello, el mundo nebuloso del espíritu quedaba desplazado. Sin embargo, nada ha estado más lejos de la realidad. En primer lugar, es importante recordar con insistencia que es precisamente la física, antes sólo dedicada a la "materialidad" de las cosas —la *phisis*— y muy segura de la realidad objetiva, la que nos habla desde que se ha encontrado con problemas epistemológicos de la necesidad de poner más atención en los aspectos subjetivos, espirituales e incluso morales de la naturaleza humana.

Es un asunto que desde hace un tiempo se viene comentando con fuerza, especialmente en lo que respecta al interés demostrado por la nueva física hacia la espiritualidad de determinadas sabidurías y religiones orientales. Ya lo dijo hace años el célebre físico Niels Bohr: "hoy tenemos que volver hacia los problemas epistemológicos con los cuales pensadores como Buda o Lao-Tsé ya se enfrentaron al tratar de armonizar nuestra situación de espectadores y actores en el gran drama de la existencia"[1]. Y muchos otros científicos han recordado, asimismo, que los nuevos planteamientos de la física guardan igualmente gran relación con todas las escuelas de orientación mística de Occidente.

Ahora, pues, es la propia ciencia quien nos conmina a no olvidar que el papel desempeñado por la nueva física en la cultura actual es inseparable del que también realiza la investigación y los cambios que igualmente tienen lugar en el mundo espiritual y religioso. Un mundo que vive, al mismo ritmo que la ciencia, un gran proceso de modernización, a pesar de que Occidente siga acosado con frecuencia por viejas instituciones que quisieran monopolizarlo y a veces inmovilizarlo. Dicho de otro modo: un arte relacionado con la nueva ciencia no puede dejar, además, de estarlo con temas procedentes de lo que muchos científicos ya aceptan, cuando menos, como las "verdades psicológicas" de las religiones y, en particular, de la mística. Y en consecuencia —aunque no tengan la exclusiva— con muchos de sus valores morales, por más que todo eso de las religiones y su autoridad moral parezca cosas de otros tiempos a bastantes "materialistas".

EL ARTE Y LA VÍA APOFÁTICA

Como frecuentemente se ha comentado, sería ridículo ignorar que el arte importante ha tenido siempre una función mágico-religiosa. Pero resulta menos conocido que dicha función, paralelamente a la evolución científica, toma una nueva dimensión a partir de los movimientos modernos que establecieron "el individualismo creativo, piedra de toque de la emancipación del artista"[2]. Nos referimos, evidentemente, a los movimientos que van del romanticismo al expresionismo, del cubismo a los pioneros del arte abstracto, del dadá al surrealismo... y, en general, a aquellos que, retomando el sentido originario del arte, han sabido compenetrarse de nuevo con la gran tradición simbolista. Todos estos movimientos han comprendido que no hay que transmitir necesariamente sus contenidos psíquicos, religiosos o morales a través del pensamiento y del lenguaje positivo teológico-dogmático de las religiones institucionales, sino que es posible realizarlo mediante otros mecanismos de nuestro psiquismo más espontáneos, indirectos, que a veces operan por medio de negaciones, por la famosa *vía apofática* de los místicos... Unos mecanismos que hasta autores cristianos de comprobada ortodoxia en ocasiones encuentran más perfectos que los de la vía positiva. Además, a menudo incluyen muchas de las actitudes religiosas históricas, lo cual no quiere decir que su importancia disminuya. Expresándolo con más precisión, se trata de todos los mecanismos que constituyen el marco genérico que algunos estudiosos entienden por misticismo antropológico, para distinguirlo del más específico misticismo teológico. (Recordemos que, como observa C. G. Jung, incluso una ceremonia tan singular como es la Misa, se puede incluir en la serie más general de los ritos de "sacrificio" y "transformación" que se hallan en diversas civilizaciones)[3].

Nos referimos —según los estudios conjuntos de la psicología profunda, de la etnología y de las religiones comparadas— a los grandes procesos de simbolización de nuestro inconsciente, a los importantes mensajes del mundo imaginario, a las creaciones míticas, a las figuraciones divinas, a la atracción por los misterios, a los éxtasis de algunos creyentes, a las intuiciones proféticas, a las fantasías de algunos niños, a las alucinaciones de determinados enfermos y hasta de ciertos locos, al lenguaje onírico, a numerosas pulsaciones del deseo, de la afección, del odio... Cosas, todas ellas, que frecuentemente conceden a las obras de arte esa aureola mágica y religiosa mencionada sin necesidad de ningún encuadramiento litúrgico y sin que, a veces, sus propios autores sean forzosamente conscientes.

¿Es necesario recordar la importancia que ha tenido la interrelación de las mencionadas disciplinas, a partir de Freud, para llegar a conocer mejor todo eso? El descubrimiento del mundo del incosciente ha sido comparado con los descubrimientos geográficos del Renacimiento y los hallazgos astronómicos desde la invención del telescopio. Sin embargo, es probable que sólo después de los estudios de

C. G. Jung y otros psicólogos discípulos suyos, como J. L. Henderson, M. L. von Franz, A. Jaffé, J. Jacobi...[4], toda esta riqueza salida del incosciente haya ido entendiéndose como una función del alma humana que tiene importantes efectos positivos en la evolución cognitiva y ética de los pueblos y, especialmente, en su vida cultural, lo cual, en suma, ha contribuido mucho a su progreso y, debido a ello, ha ido estudiándose con una atención científica creciente. Estudio que, a mayor abundancia, ha contribuido a reconducir la vieja polémica acerca del papel del arte en la sociedad de forma realmente moderna y progresista, de modo diferente a como lo planteaban muchos malentendidos socializantes de la cultura.

No en vano, en los últimos sesenta años, han proliferado tanto los tratados sobre nuestras funciones cerebrales inconscientes y sobre la producción de imágenes y símbolos generados por ellas, a la par, que en la cultura, han ido adquiriendo una nueva categoría muchas de las creencias que se derivan del mundo simbólico de las diferentes religiones, de los innumerables ritos, de las celebraciones sagradas..., todos los cuales, incluso para los no creyentes, no dejan de ser los depositarios y los actores tradicionales más importantes de gran parte de esa producción de símbolos. Igual que, asimismo, son depositarias algunas de las llamadas "creencias alternativas", determinadas doctrinas esotéricas, el mundo de los misterios, de la gnosis, de la cábala...

Son temas que, desde finales de los años 20 y principios de los 30, han apasionado a psicólogos, etnólogos, filósofos, orientalistas... y también, como hemos dicho antes, a diversos representantes de renombre de las ciencias físicas. Temas que constituyen un componente esencial de lo que puede llamarse "el espíritu de nuestro tiempo", y que no han cesado de animar laboratorios de estudio, simposios, coloquios, congresos, etc. Estudios que se han multiplicado muchísimo en los últimos años y que hasta han dado lugar a grandes exposiciones internacionales con la participación de los más destacados artistas. Por mencionar sólo unos ejemplos, recuérdese las famosas exposiciones presentadas en el County Museum de Los Angeles y en el Gemmente de La Haya durante los años 1986 y 1987, tituladas muy significativamente *The Spiritual in Art: Abstract Painting 1890-1986*, o la denominada *Gegenwart Ewigkeit. Spuren des transzendenten in der Kunst unse-*

rer zeit, que se celebró en el Martin Gropius Bau de Berlín en 1990; y que la Bienal de Venecia de 1988, dedicada a las relaciones arte-ciencia, llegó a consagrar un gran apartado a los posibles paralelismos del arte y la alquimia. Este apartado corrió a cargo de A. Schwarz, especialista en Marcel Duchamp, a quien precisamente se le considera "el alquimista de la vanguardia".

EL MODELO ALQUÍMICO

Por supuesto, existe el peligro de que, a los observadores superficiales, estos estudios les parezcan una especie de retorno a la credulidad no científica e incluso a la afición por las ciencias ocultas y los fenómenos paranormales, tan de moda hoy en la cultura del ocio. Máxime en unos momentos en que Europa, después de las dificultades que han tenido los países del Este con todo cuanto olía a espiritualidad, muchos reaccionan ahora creyendo que la religión lo soluciona todo, y que acaso incluso sea el Vaticano quien nos aporte las fórmulas para resolver los problemas sociales y económicos del mundo. (No resultaría extraño, en efecto, que, siguiendo el vaivén de las modas, pasáramos, en la actualidad, de los excesos materialistas y racionalistas a una oleada de espiritualidad y religiosidad también exagerada, un carro en torno al cual, como es sabido, en seguida hay muchos intereses dispuestos a empujar). No obstante, y a pesar de lo que parezca, esos estudios conforman ya todo un bagaje científico y cultural que no podemos ignorar, por más que se frivolicen o malinterpreten.

Tomemos como ejemplo los paralelismos establecidos entre el arte y la alquimia. Quizá resulte disparatado, evidentemente, si sólo consideramos la alquimia como un conjunto de supersticiones, errores y consideraciones pseudocientíficas que se han ido transformando gradualmente en los estudios más "serios" de la química moderna. Como muy bien vio Mircea Eliade, es una equivocación pensar en la alquimia simplemente como si se tratase de una pre-química[5]. Lo que hacían en realidad muchos alquimistas eran "operaciones" simbólicas rituales muy semejantes, al fin y al cabo, a las que asimismo requieren algunos ejercicios espirituales, determinadas formas sacramentales, la meditación asistida del zen, el yoga..., todos los cuales desempeñan el papel de una suerte de catalizadores necesarios para estimular nuestra imaginación y acercarnos al conocimiento profundo. Lo confirma el destacado experto en alquimia islámica Henry Corbin: en el fondo, "es nuestra verdadera imaginación la que une la operación alquímica a la transmutación interior"[6]. Esa transmutación iluminativa que busca toda sapiencia.

Es verdad, pues, que, sin olvidar los diferentes propósitos y las numerosas ramas que constituyen el gran conglomerado llamado alquimia (y que frecuentemente la han desacreditado), contamos con algunas maneras de explicar sus relaciones con el arte donde se pone de manifiesto que no resulta extraño que hayan servido de estímulo a la imaginación de ciertos artistas. Entre ellas destaca, quizá, la que lo conecta con la "rama hermética" y sus aspiraciones más universales de descubrimiento y experimentación íntima de las "causas últimas" y de los "elementos esenciales" que forman la realidad. Aquí encontramos, efectivamente, un comportamiento semejante al de muchos artistas y poetas, como es el caso de Rimbaud y su idea de "la alquimia del verbo". Esta metáfora poética expresaba un verdadero deseo de penetrar a fondo en lo oculto, en los "misterios últimos" que iluminan, como se ha dicho, nuestro yo arcano a nivel de su arraigo más profundo en la naturaleza, tal como querían algunos alquimistas.

Otra buena manera de enfocar el estudio de las relaciones entre arte y alquimia nos la proporciona la interpretación de la gran riqueza iconográfica que ha ilustrado los tratados de alquimia a lo largo del tiempo. Actualmente sabemos que dicha iconografía no nos atrae como un mensaje puramente estético, ni tampoco por el esfuerzo intelectual que hagamos para situarnos en las antiguas creencias y rituales de su época. Nos atrae de modo vivo porque es un producto simbólico normal de cualquier alma humana, lo que Jung calificó de arquetipos del inconsciente colectivo, el cual es semejante en todos los hombres y todos los tiempos. Y lo mismo que decimos acerca de estas imágenes de la alquimia, podría trasladarse a la "imaginería" de todas las religiones.

ERRORES Y ACIERTOS A PARTIR DEL SURREALISMO

Seguro que todo cuanto estamos exponiendo no es nuevo para muchos en el mundo del arte. Aunque a menudo de forma parcial y partidista, la reconsideración de todo el espectro de símbolos que pueden surgir del inconsciente humano —desde los más sublimes a los más escatológicos— fue ya motivo de discusiones en los movimientos vanguardistas internacionales también desde las primeras décadas de nuestro siglo y, especialmente, entre los artistas y teóricos de los grupos dadá y surrealista. Pero merecía la pena insistir en ello para poner de relieve que las manifestaciones de estos grupos sobre los asuntos mencionados no siempre se han considerado acertadas. Y menos aún las de algunos participantes de la segunda ola del surrealismo. Durante los primeros años treinta, las campañas de aquellos últimos por defender en exclusiva la irracionalidad, la paranoia, el absurdo, la desmoralización, la confusión..., así como por desacreditar sistemáticamente todas las demás funciones de la psique, parecen hoy, efectivamente, de un radicalismo pueril y lleno de retórica demagógica que malinterpreta parte de los conceptos del psicoanálisis y más bien siguió el juego a las posturas conservadoras, cuando no se entregaba de lleno a ellas. No es extraño, por tanto, que muchos de los principales artistas y poetas se apartaran pronto. (Éste fue el caso, en nuestro país, de las dos figuras capitales del arte y la poesía, Joan Miró y J. V. Foix, quienes por estos y otros motivos consiguientes, en seguida se distanciaron de la camarilla de Dalí)[7]. Sin hablar, claro está, del desgaste de algunas fórmulas "chocantes" que fomentaba ese grupo para espantar a los burgueses y que han terminado perdiendo todo efecto. Piénsese, si no, en la diferencia que hay entre lo que fue, por ejemplo, la "belleza convulsiva" del encuentro de una máquina de coser y un paraguas sobre una mesa de disección en la época de Lautréamont, y la trivialidad de la combinación de tantos objetos que se ha hecho posteriormente.

En cambio, no cabe duda de que sigue siendo válido el método expresivo del grupo inicial del surrealismo basado en la completa liberación del espíritu individual, en el automatismo psíquico y en la independencia del artista. Y, muy especialmente, el de las corrientes más interesadas por la etnología y el ingreso en la historia de las artes tribales y asiáticas (Bataille, Leiris...), así como los que se sintieron herederos de otras corrientes estéticas más universales y, además, más próximas a la nueva ciencia. Todos ellos, evidentemente, han ido haciendo su camino.

NUEVA SITUACIÓN DEL ARTE MODERNO

En resumidas cuentas, es demostrable que el arte moderno ha entrado poco a poco en una nueva situación. No se trata de que ahora se quiera castigar a los que siguen dando rienda suelta a la plasmación de los impulsos inconscientes que, de hecho, continúan practicando las mejores tendencias. Hacer eso con un método que ha supuesto un verdadero logro en el mundo del arte, sería una reacción tan ridícula como la del pintor informalista Georges Mathieu, quien, en sentido contrario, había castigado a todos los enciclopedistas poniendo su efigie de cara a la pared del estudio. Pero algunos artistas saben hoy mejor que del inconsciente surge de todo, desde lo más creativo hasta lo más destructivo, desde lo más divino a lo más satánico... Y que sacar partido de esta dinámica de contradicciones es una labor más difícil, arriesgada y peligrosa de lo que parece. No resulta extraño, entonces, que en los últimos tiempos se desee una mayor severidad crítica, una preparación más grande y, a veces, hasta una cierta disciplina, como recomienda toda sabiduría, antes de "dejarse llevar" a esa función de la psique. Por desgracia, todavía son muchos los que no han comprendido que no hay inconsciente que valga, como tampoco imaginación, ni intuiciones, ni visiones, ni arte, ni mística (eso lo saben muy bien los teólogos)..., sin un "espíritu" y una "doctrina" vigilantes que los acompañe y dé sentido; es decir (formulándolo en versión laica), sin el contrapeso de todos los logros de nuestra ciencia y de nuestra parte racional que la humanidad va preservando. A pesar de todo, el clima artístico —presionado también, por supuesto, por otros factores— está sin duda cambiando.

Como afirmaba el propio Jung, "el estudio de los simbolismos, tanto individuales como colectivos, es una tarea enorme que todavía no se domina. Pero finalmente se ha empezado. Los primeros resultados son alentadores y anuncian ya respuestas a muchos problemas del hombre de hoy". En cualquier caso, son bastantes los que tienen claro que, de forma realmente científica, hay que revisar y respetar más, como mínimo, muchos símbolos y valores del mundo espiritual y religioso tanto antiguo como moderno, y tanto de las grandes religiones como de las creencias de los pueblos que nos parecen primitivos. No sabemos qué formas adoptará todo eso, pero, como aconseja la psicología analítica, parece que, en cualquier caso, es bueno escuchar de nuevo "los sueños enviados por los dioses" —a fin de cuentas, a lo mejor se trata de las voces ancestrales de la misma naturaleza— si realmente pueden "curarnos de la disociación", de la famosa esquizofrenia de Occidente que separa el espíritu de la materia, y, por esa vía, equilibrar mejor nuestro conocimiento y nuestra conducta.

Los recientes estudios de la fisiología cerebral —lo hemos apuntado en otras ocasiones— confirman, al parecer, esta necesidad de equilibrar y complementar las dos vías "cognitivas". Porque, por sí solas, ni la una ni la otra pueden desarrollar sus propias potencialidades, ni conducirnos a ese conocimiento global que tanto necesita el hombre de hoy. Una parte del arte de nuestro siglo ya ha hecho mucho en este sentido. Pero no es preciso decir que, ante nosotros, y especialmente para las nuevas generaciones de artistas —a pesar de quienes dicen que el arte está en decadencia—, afortunadamente se extienden unas extraordinarias avenidas que estimulan a profundizar siempre más y más. Y ello no sólo en lo que respecta al exclusivo trabajo del artista, sino también a la renovación del contexto en que éste ha de ser presentado con tal de que pueda irradiar verdaderamente su influencia benéfica en el cuerpo social.

1. Citado por Fritjof Capra, *Le Tao de la physique*, Tchou, París, 1979.

2. R. Argullol, *Tres miradas sobre el arte*, Destinolibro, Barcelona, 1989.

3. C. G. Jung, "Transformation Symbolism in the Mass", en *The Mysteries. Papers from the Eramos*, Yearkbook, vol. 2, Princenton University Press, 1990.

4. Véase en especial *L'Homme et ses symboles*, que reúne textos de C. G. Jung, Franz, Henderson, Jacobi, Jaffé y otros, Pont Royal, París, 1964.

5. Mircea Eliade, *Alchimie asiatique*, L'Herne, París, 1990.

6. Henry Corbin, *Alchimie comme art hiératique*, L'Herne, París, 1986.

7. Respecto a la pequeña historia de la camarilla surrealista local de Dalí, véase Joaquín Molas, *La literatura catalana d'avantguarda 1916-1938*, Antoni Bosch Editor, Barcelona, 1983.

LA CONDICIÓN DEL ARTISTA

Esta cabeza pelada, ciega y maloliente, aparece de nuevo sobre el papel.

(De un autorretrato de Hakuin)

¿Se puede hablar hoy de modo generalizado de una condición de artista, con unas características comunes a todos ellos? En Occidente se han hecho consideraciones muy variadas acerca de la naturaleza de los que practican las bellas artes. Desde creerles simples obreros hasta tenerlos por grandes personajes intelectuales o tocados por la gracia divina, hay toda una gama de opiniones. Pero probablemente nunca había existido como en nuestro siglo, tanta laxitud en la definición de sus rasgos ni tan poca exigencia crítica respecto a sus cualidades humanas. Si se confecciona una lista de las actitudes que hoy se incluyen de forma indiscriminada bajo la etiqueta de artista, se verá, en efecto, que tiene una extensión sorprendente.

Es más, quizá ahora se da una especial complacencia en demostrar que los defectos humanos, la inmadurez, el pillaje... e incluso el crimen no suponen inconveniente alguno a la hora de engrosar el gremio de artistas. Véase, si no, como ejemplo, el deseo de explicar, por parte de algunos comentaristas actuales, que una conducta licenciosa, y hasta el homicidio, no impidieron que Caravaggio fuera considerado un "artista genial". En cambio, los mencionados comentaristas no tienen ningún interés en recordar que este argumento y este elogio —tan discutible para una mentalidad moderna, como también lo es el elogio a otros pintores postridentinos— fueron puestos en circulación precisamente por algunos de los propios cardenales de la Contrarreforma. Así se vanagloriaban de respetar el mito de la autonomía del arte y se daban aires de tolerancia y renovación sin salir para nada de las reglas académicas ni del "realismo fotográfico" que, como siempre, era un medio para atraer a las clases populares a la doctrina de la Iglesia. El mismo realismo y la misma táctica de cambiar un poco las cosas para que todo siguiera igual, estratagemas tan gratas a los sistemas totalitarios. Con ello parece que hoy se quiere hacer creer que, a fin de cuentas, sólo se trata de una normal "diversidad de artistas y de tendencias", y que en una democracia todos tienen derecho a entrar en los museos. Es posible, pues, que a muchos les convenga contestar con un no a la pregunta formulada al principio.

Eso no quiere decir que en las otras civilizaciones haya ocurrido lo mismo, ni puede ocultar, por supuesto, que en nuestra propia tradición sigan existiendo unas minorías —por reducidas que sean— mantenedoras del viejo fuego sagrado que siempre ha dado cierta coherencia a los artistas genuinos. Son todos aquellos que siguen pensando, contrariamente a la laxitud ahora de moda, que la importancia de las obras de arte depende completamente de una especial calidad humana de sus autores. Aquellos que no aceptan el "gocemos de la obra y menospreciemos al autor", como dicen algunos antiguos. Aquellos que creen que hay artistas humanamente modélicos —aunque a veces no coincidan con el moralismo oficial—, a los cuales vale la pena intentar acercarse. Y quién sabe si la "diversidad" de la cual se presume actualmente (con una democratización mal entendida), sólo consiste en la gradación que va desde los que no se acercan nada a esos modelos ideales, hasta los que logran identificarse del todo con ellos. O, dicho más claramente: una cosa es la diversidad, y otra que los diferentes "artistas" merezcan la misma consideración y el mismo respeto.

UN MODELO ORIENTAL

Hakuin Ekaku (1685-1768) era un monje pintor de la rama *rinsaï* del budismo zen japonés. Pertenecía a la tradición de maestros subversivos iniciada por los artistas chinos de la dinastía Song y Yuan que realizaron el milagro de la pintura y caligrafía a la tinta, llamada en Japón *suibocu-ga*; una tradición introducida en este país por Minxo, Jotetsu, Shubun, Sesshu..., todos ellos monjes zen que vivieron en los monasterios de Kyoto durante el siglo XV.

No obstante, fue quizá a partir de los siglos XVII y XVIII cuando aparecieron los nombres más sorprendentes y sutiles, los más independientes e incluso los más llenos de humor, lo mismo en los temas que elegían que en la manera de tratarlos. Por mencionar alguno, recordemos los que llegaron a pintar obras de una única pincelada, como los tradicionales *enshu*, consistentes en un círculo hecho de un solo trazo. De esta forma, el maestro Isshi Bunsho llegó a hacer un retrato de Bodhidharma —el fundador del budismo chino—, un tema y un procedimiento que crearon una extensísima escuela.

Hakuin fue uno de los que llegó más lejos en esta línea, realizando pinturas y caligrafías de una libertad, de una violencia y, a la vez, de un refinamiento increíbles, las cuales causaron impacto y hasta irritaron a sus contempladores, siempre con la finalidad de producir en ellos la iluminación súbita que desea el zen.

Le siguó toda una pléyade de artistas enormemente prolíficos. Citemos a Sengai, el autor de una famosa pintura que representa un cuadrado, un triángulo y una circunferencia; a Tesshu, el gran obcecado por la tinta que realizó más de un millón de caligrafías; a Jiun, posiblemente el más misterioso y salvaje de todos; a Torei, de una capacidad de síntesis vertiginosa; a Issa, además de pintor de una subjetividad enigmática, también un fabuloso poeta; a Rengetsu, una monja de delicadeza sublime como pintora e, igualmente, como calígrafa y ceramista...

Tanto o más que artistas todos ellos fueron considerados verdaderos maestros de espiritualidad y saber. El discípulo directo de Hakuin, Torei Enji —cuyas pinturas son hoy tesoros nacionales de Japón—, llegó a decir de su maestro que era el Buda Shakyamuni de aquella época. Pero no imaginemos que sus vidas, como las de tantos profetas, fueron las de unos santos ortodoxos. Hakuin, cuando convenía, era altivo y rudo con su comunidad, de una exigencia crítica que hasta le hacía antipático a los ojos de muchos. Y tampoco escatimaba la ironía y la burla, lo mismo hacia los otros que hacia su propia persona. Aun así, Hakuin ahora está considerado como uno de los mejores modelos de artista que sigue estimulando y dando esperanza al mundo artístico actual. Hasta el punto de que —como dice su biógrafo Kazuaki Tanahashi—, a muchos, al reflexionar sobre la grandeza del arte universal, "el pensamiento se nos va enseguida hacia Hakuin".

¿Cuáles son los fundamentos del arte singular de este maestro, así como los de muchos otros del Extremo Oriente que le precedieron o que le han seguido? Él

mismo lo explicó y llevó a la práctica con naturalidad y de un modo que, a primera vista, puede parecer ilógico y egoísta: desentendiéndose no solamente de las
ideas estéticas corrientes, sino asimismo de cualquier preocupación por el propio
arte. Y consagrándose prioritariamente a su realización personal; a la búsqueda del
despertar auténtico y lo más completo posible de su propia naturaleza. Protagoni-
zando así el antiguo dicho japonés (que los occidentales hemos ignorado durante
cientos de años) según el cual, si quieres hacer una obra de arte importante, primero debes convertirte tú mismo en una obra de arte.

La formación de Hakuin ha sido explicada mediante una anécdota legendaria. A
los veinte años, cuando ya era un monje muy hábil en la caligrafía convencional,
visitó el monasterio de Shoshu donde le mostraron ciertos rollos entre los cuales
había uno que le turbó profundamente. Se trataba de la caligrafía del gran maestro
Daigu Soshiku que estaba conservada con todo cuidado en dicho monasterio,
envuelta en un rico brocado y encerrada en dos cajas, lo cual la convertía en un
tesoro especial. Pues bien, esa caligrafía, de inmediato, le pareció a Hakuin estar
hecha con pinceladas de tendencia chapucera e irregular. Hasta que llegó a comprender y dijo: "Ahora me doy cuenta de que en una caligrafía lo que me interesa
es la calidad humana del artista, en este caso como monje". Y, al volver a su convento, quemó todos los manuales de pintura y caligrafía que estaban en su poder,
y todas sus primeras obras y poemas.

A partir de aquel momento dejó de pensar en el arte y se concentró, más que
nunca, en su preparación interior: años y años de estudio del budismo —lo que no
quiere decir, forzosamente, acumulación de conocimientos, sino que puede ser
todo lo contrario—, de ejercicios, de za-zen..., y no hace falta decir que de total
entrega humanitaria, en búsqueda y espera de llegar a la iluminación más profunda. Y fue entonces, alrededor de los sesenta años, cuando su arte surgió con naturalidad en toda su grandeza.

El hecho de poner el ejemplo de Hakuin quiere ser doblemente significativo.
Primero de todo, porque nadie puede negar que es uno de esos modelos ideales
que une en la misma persona la sabiduría —en el sentido de magisterio espiritual—

y el arte, y en especial un arte considerado, todavía hoy, de vanguardia. Un modelo que puede ser una advertencia interesante en una época como la nuestra, en la cual, como he dicho, a menudo interesa valorar los aspectos más bastardos, superficiales e inmaduros de la cultura.

No es que este ejemplo de Oriente pretenda hacer creer que las otras civilizaciones —contando también la nuestra— hayan ignorado esa identidad. Aun así, debemos reconocer que se trata de un modelo de artista en el que, en Europa, no se ha creído demasiado. Quizá se ha tenido más presente en algún aspecto del mundo de las letras. Recuérdese que en la antigüedad había poca diferencia entre profeta y poeta, y que algunos escritores incluso han sido santificados. Pero, en lo que respecta a las artes plásticas, su aceptación ha sido, en todo caso, tardía y en gran parte confusa. Es verdad que los historiadores modernos occidentales observan que, en los pueblos llamados primitivos, las funciones chamánicas y sacerdotales —o de los sabios de la tribu— y las funciones artísticas han coincidido con frecuencia. Eso se ve claro, por sacar a colación un par de casos, en los autores de tallas y pinturas rituales de ciertas etnias africanas y oceánicas. E, igualmente, en toda la liturgia con que se ejecutan los mandalas de la India o del Tibet. Por ello es comprensible que ciertos autores hayan afirmado que el arte importante siempre debería ser considerado como un "oficio religioso".

En cierto modo, incluso se puede decir que esta coincidencia de sabiduría y arte se encuentra asimismo en determinadas manifestaciones del arte cristiano primitivo. Es el caso de algunos monjes pintores medievales. Pero también se produce en cualquiera de los momentos de mayor compenetración de los fieles con los misterios y dogmas de la Iglesia, lo cual es aplicable a todas las religiones. Momentos donde parece que muchos de los fieles, igual que las jerarquías, se convierten en intermediarios del mundo sagrado, en verdaderos "oficiantes". Esta circunstancia les otorga una suerte de derecho a que sus procesos imaginativos sean escuchados.

CAMBIO DE IDENTIDAD EN OCCIDENTE

En Europa, sin embargo, esta concepción ideal del artista completo enseguida fue cambiando. Según lo describe el teólogo dominico A. M. Henry, en los primeros siglos de la tradición cristiana las jerarquías sacerdotales aceptan al artista por su papel de intérprete de los sentimientos religiosos populares. Sentimientos que, a veces, podían aportar algún dato nuevo a la religión. No obstante, hay que tener en cuenta que siempre ocurrió en tono subalterno. Por medio del control de la educación general del pueblo, por la influencia más específica en los gremios de artesanos, por los contratos que se hacían a los artistas y, posteriormente, a través de las Academias, las jerarquías eclesiásticas muy a menudo no solamente dictaban los temas principales que el artista debía elaborar, sino además cómo tenía que hacerlos. Y empezó a creerse que no era imprescindible tener en cuenta las condiciones personales del artista.

Dicha creencia se extendió todavía más al hacerse corriente la ficción que separa el arte religioso del profano con la eclosión, en el Renacimiento, de otro tipo de artista, culto y mundano, que fue arrinconando al primero. Era un modelo de artista que, al compás del tiempo, se interesaba por el conocimiento intelectual, por las ciencias naturales, por la anatomía, por las artes mecánicas y de la guerra, por la perspectiva..., siempre obsesionado en utilizar esos conocimientos en la representación de la naturaleza lo más exactamente posible, según los cánones de "belleza" de un aspecto del arte grecorromano. Y se llegaba a la conclusión de que precisamente todo eso daba un valor autonómico al arte. Un modelo que, con sus altos y bajos y con la excepción, cada vez más marginal, de los pocos que siguieron creyendo en la inspiración divina de algunos genios, ha predominado en el mundo del arte occidental durante unos siglos. No muchos, si pensamos en toda la historia del Arte Universal y que, además, se da en un espacio pequeño del planeta. Pero se impuso con mucha fuerza y llegó a creerse que era el prototipo de artista modélico.

Esto ocurría cuando en Europa dominaba la visión del universo mecanicista y, sobre todo, dual: espíritu y materia, mundo del báculo y mundo de la espada... Una visión que, estimulada por la filosofía y la ciencia clásicas y por la religión oficial adaptada a los nuevos tiempos, ha llevado a Occidente a la carrera de los grandes éxitos tecnológicos y de bienestar material que caracteriza a nuestra civilización. Una civilización, sin embargo, que muchos hoy ya no contemplan como el pináculo de la humanidad desde el punto de vista espiritual y moral, y que, como dicen, no sólo está en crisis, sino que, de no remediarlo, quién sabe si nos puede conducir al holocausto final. Sea como fuere, sin duda aquel modelo de artista a la europea fue quedándose sin el complemento de las cualidades humanas mencionadas. No resulta extraño, por tanto, que, ante el predominio del artista mundano, se terminara pensando que los pintores y escultores podían incluso hacer arte religioso sin que fueran religiosos ni tuviesen un comportamiento moral correcto.

¡Qué dos concepciones del artista tan opuestas se nos presentan si comparamos las biografías de los monjes y letrados del arte *suibocu* chino y luego japonés de los siglos XV y XVI con, pongamos por caso, *Las vidas de los más excelentes pintores, escultores y arquitectos*, que escribió Vasari sobre la Europa del mismo periodo! A pesar de la gran resonancia que entonces se quiso dar a los nombres propios de la Historia del Arte europeo, la persona del artista como modelo de espiritualidad y de ética fue desvaneciéndose. Andando el tiempo, una gran mayoría de los artistas se convirtieron en poco más que artesanos, y el modelo primitivo, sin muchas excepciones, no volvió a levantar cabeza ni a incordiar a la sociedad con sus visiones, denuncias y "excentricidades", hasta que unos cuantos románticos lo redescubrieron.

No se trata aquí de hacer valoraciones comparativas sobre los resultados artísticos que ha dado una u otra condición. Y menos de polarizar un antagonismo entre el arte de Occidente y el de Oriente, o entre si es mejor el budista o el cristiano. Sería una polémica sin sentido, porque ya se sabe que las preferencias del gusto se forman sobre todo en función de las grandes concepciones del mundo y de las creencias de cada sociedad y, en último término, de cada individuo. Así que es natural que cada uno defienda como el mejor el arte que responde a las propias convicciones. Pero posiblemente tenga interés desentrañar cuál de los dos modelos puede ser más útil al arte de nuestro tiempo y cuál, por tanto, merece más atención.

A grandes rasgos, aparte de algunos artistas geniales anteriores, fue especialmente en las postrimerías del siglo XVIII y a principios del XIX cuando la condición del artista acentúa su transformación a medida que se derrumbaba todo un mundo. Recordemos que ese mundo —expresándolo con palabras de Georges Bataille en su ensayo sobre Manet y los impresionistas— "era el que antes se ordenaba en las iglesias de Dios y en los palacios de los reyes, donde, hasta entonces, el arte se encargaba de expresar una majestad abrumadora e innegable que unía a los hombres". "Pero ahora —continúa el gran escritor francés— no queda nada de esa majestad (...) a la que un artista se vea obligado a servir." "Aquellos artesanos que habían sido escultores y pintores —como también los literatos— ahora, al fin, sólo podían cantar lo que ellos eran. Y que, esta vez, lo eran soberanamente."

¿UN RETORNO A LOS ORÍGENES?

La explosión de los movimientos antiacadémicos y sobre todo de los primeros vanguardistas, aunque con unos objetivos que a veces parecen diferentes, fue recuperando en cierto modo aquella condición de artista inseparable de las propias calidades humanas. Se trata, seguramente, de un retorno fundamentado en razones más profundas que las deducibles de una lectura precipitada del texto de Bataille. La tendencia progresista al gobierno del pueblo soberano bajo la divisa de "ni dioses ni amos" es, sin lugar a dudas, una de las plataformas del cambio. Pero hoy se sabe que los grandes artistas modernos no son únicamente un producto exclusivo de los ideólogos revolucionarios de los tiempos de la guillotina, ni tampoco de la retórica de los anticlericales, ni de las posteriores teorías de la lucha de clases, aunque todo eso haya sucedido real y necesariamente.

La reciente antropología cultural y toda la psicohistoria nos dicen que los cambios en las creencias y los comportamientos sociales, entre ellos los de los artistas, obedecen a razones más complejas. Y hay una que hemos de considerar fundamental y que, por cierto, ha cogido de sorpresa a buena parte de la crítica de izquierda. Se trata de la influencia del nuevo paradigma de mundo que se está creando a partir de los puentes tendidos entre el espíritu de la nueva ciencia y las expresiones subjetivas de la mística de todos los tiempos. En las artes plásticas particularmente, el descenso de la pretendida descripción objetiva de la realidad que nos inculcaban la ciencia y la filosofía llamadas clásicas ha causado un impacto decisivo. Y, paralelamente a este descenso, han adquirido una gran importancia todas las manifestaciones basadas en las relaciones personales de nuestra psicología profunda. Con todo ello, el mito del artista reproductor de la realidad objetiva, tan magnificado a partir del Renacimiento, ha ido perdiendo terreno y, en cualquier caso, su tarea fue reduciéndose a las funciones puramente documentalistas que posteriormente han acabado alimentando gran parte del mundo de la fotografía y luego del cine y la televisión.

La nueva "visión" de la realidad, que todo artista verdaderamente digno de este nombre aspira a desvelar, deja de ser, pues, algo que se pueda copiar, describir y mucho menos dirigir desde fuera, desde una iglesia, desde una academia o desde un ministerio. Se ha comprendido que la realidad profunda no sólo no se aprende intelectualmente, sino que es una vivencia maravillosa que cada cual debe descubrir en su interior mediante el propio esfuerzo. De aquí la importancia que en nuestro siglo se da a todos los estados de introspección y de meditación profunda que hoy día, en el mundo del arte, ya forma parte normal de la idea de "creatividad". Por ello mismo, no tiene nada de extraño que determinadas visiones de los místicos, de los poetas, de los artistas..., que favorecen dichos estados, actualmente sean tenidas en cuenta por la propia ciencia como un complemento esencial de nuestras facultades cognitivas.

Para algunos de los primeros vanguardistas, esta nueva situación pone en primer término otra vez la persona del artista. Éste vuelve a ser el especialista en profundidades, el *brujo* (en el auténtico sentido que ha tenido siempre esa palabra en los pueblos primitivos), es decir: *el que sabe*, el mago de la tribu, el chamán, una cierta conciencia de la sociedad parecida a la partera socrática que puede ayudar —y sólo ayudar— a dar a luz. Una luz que el artista plástico, mediante las formas y mecanismos resultantes de la interacción de su consciente y de su incosciente y con el recurso de la libre asociación mental, puede estimular al espectador para que éste, a solas, dé el último paso y descubra su verdadera naturaleza, la auténtica realidad.

No es preciso disimular que esta condición de artista al servicio del hombre sólo ha resultado muy combatida en Occidente y, cuando menos, siempre ha estado mal vista por los conservadores sectarios, los cuales le reprochan, por supuesto, los fantasmas de la falta de espiritualidad trascendente y de ética ortodoxa. Críticas que, en ocasiones, tienen parte de razón ante los excesos de tantas pretendidas actitudes, que confunden la independencia y libertad de expresión del artista con piruetas amorales o con formas sin ningún sentido. Por ello hemos mencionado antes que la aceptación de la condición de hombre-artista ideal ha sido confusa y tardía en Occidente. Y de aquí, también, la segunda intención que ha pretendido tener el traer a colación el ejemplo oriental de Hakuin.

En efecto, los artistas zen nos demuestran muy bien que su gran independencia y subjetividad, tan próxima al proceso creativo de ciertos artistas modernos, no por eso dejan de encuadrarse en unas fuerzas religiosas concretas, en una sabiduría, en una moral... No obstante, son fuerzas —hay que decirlo todo— constituyentes de lo que precisamente se conoce como religión —o sabiduría— por excelencia del hombre solo. En este sentido, pueden representar un modelo milenario muy adecuado para los artistas de nuestro tiempo. Sobre todo para ayudar a entender que estos artistas no están faltos de espiritualidad, como algunos creen, sino que precisamente se encuentran con otras fuerzas espirituales y liberadoras distintas: todas las fuerzas —incluídas algunas poco conocidas o mal explicadas por la tradición judeo-cristiana— que sean más verosímiles y estén más en consonancia con el nuevo paradigma del mundo anteriormente mencionado. Finalmente, digamos que, a pesar de la relativa implantación y, al menos, del cierto respeto que se ha ganado una parte de los artistas modernos de esa condición, las dificultades no han terminado. En realidad, durante los últimos años han aparecido por todo el mundo otros palacios y otras iglesias con dirigismos tanto o más peligrosos que los de los viejos conservadores ortodoxos. Son las poderosas promociones de ofertas denominadas "culturales" bulliciosas, de bajo nivel y fácil consumo, que, simulando querer educar y entretener a grandes masas de población, lo que verdaderamente buscan es el aborregamiento de los ciudadanos, en especial de los jóvenes, a fin de obtener una rápida rentabilidad económica o, a veces, política.

Así pues, el éxito de algunos de los primeros vanguardistas, aunque hoy éstos figuren ya en los museos, no debe ocultar que en Occidente estamos todavía lejos de haber comprendido del todo el modelo de artista-sabio al que me he referido. Los ideales del artista como un estimulante de la meditación y contemplación profunda, de la *vida contemplativa* que ya no es exclusiva de ninguna iglesia, parece que, una vez más, vuelven a disiparse. Las sociedades de hoy han entendido muy poco —o no conviene que entiendan— la condición del artista oficiante en aquellos templos de la verdadera cultura del espíritu que, con tanta lucidez, reclamaba el autor de *Así hablaba Zaratustra* para nuestras ciudades: la "vasta extensión silenciosa reservada a la meditación, donde no entra el ruido de los coches ni los gritos de la calle... Arquitecturas y jardines que expresan el sentido sublime del recogimiento... Donde una decencia más delicada impide incluso la plegaria en voz alta". Pero que no desfallezcan las nuevas generaciones de artistas. Porque si bien el camino es largo y la sociedad a menudo hostil, la experiencia enseña que los artistas más completos y auténticos son los que, a la larga, la misma sociedad reclama y encuentra más necesarios.

• Estos ensayos, pertenecientes al libro *Valor de l´art* (1993) —inédito en castellano—, han sido traducidos del catalán por Aurora García.

EXTRAMUROS

John C. Welchman

Los muros, ya sea en un sentido literal, nominal o metafórico, son elementos centrales en la evolución artística de Antoni Tàpies. Aparecen como el campo de su obra, como el nombre del artista y como el armazón sobre el que se presentan sus mensajes visuales. Sin embargo, lo que yo pretendo es mirar por encima del muro y por sus alrededores, por los lugares que forman su entorno. Sugeriré que el muro está envuelto por tres planos: un antes, un ahora y un después; o un plano superior y dos laterales: primero, es el lugar donde Tàpies se refleja, con una función doble de espejo y de superficie donde hacer inscripciones (ROSTRO, FRENTE, MURO); en segundo lugar, sirve como elemento separador entre Tàpies y las tradiciones catalanas, con las que se muestra crítico a la par que las estima (TÀPIES, TÀPIES: DALÍ, DALÍ); y en tercer lugar, la forma de abstracción que representa viene dada por lo que denomino su estructura laminar (ABSTRACCIÓN LAMINAR). Una vez colocados estos andamios está claro que mi propósito queda, propiamente dicho, extramuros. Me ocurre como a Freud cuando intentaba ver y definir el lugar que ocupa el narcisismo dentro de la economía psíquica general; yo también me encuentro implicado en esa forma de *voyeurismo* crítico que él definió, con un cierto toque colegial, como "mirar por encima de la tapia" [1].

Al revés que Werner Hofmann, cuyo contacto con el muro se produjo a través de sus aspectos internos [como él dice, mirar "Intra Muros" [2]], aquí el muro se replantea no como una superficie, ni siquiera como un entorno, sino como un rostro o frente, una alucinación y una serie de estratos plegados que se articulan ladrillo a ladrillo y capa sobre capa. El muro es un mecanismo de conexiones que produce imágenes de identidad que superan los parámetros del rostro; representaciones de lo real que refutan el "realismo epidérmico" de Dalí (aunque comparte fragmentos de su imaginación); y abstracciones mediante texturas que no se remiten ni a lo absoluto de lo carente de simbología ni a los atractivos de lo legible. Quizá las coordenadas que doy más adelante sirvan como respuesta para las tres dimensiones que pierde Tàpies en su búsqueda de la materia. Porque además de conectar lo facial, lo irracional y la abstracción material, estas coordenadas también se basan en los detalles y contradicciones del pliegue, que es a la vez la técnica y el lugar donde se encuentra lo laminar. Las dimensiones perdidas sirven como preguntas y respuestas para las ambigüedades fundamentales del mensaje de Tàpies: porque sus imágenes no son religiosas, aunque tienen algo de místico; porque tienen gran intensidad material, pero no son (demasiado) formalistas; porque representan el *yo*, aunque no de una forma muy íntima; porque alcanzan el compromiso social y el comentario político mediante una especie de retirada táctica; porque se encuentran entre Oriente y Occidente; porque no habitan precisamente sobre el muro, pero tampoco lo hacen exactamente dentro o más allá de él.

ROSTRO, FRENTE, MURO

Tu pintura es el lienzo de Verónica
de ese Cristo sin rostro que es el tiempo.

OCTAVIO PAZ [3]

Esta exposición tiene un "prólogo" notable en el que podemos encontrar una gama bastante extraordinaria de las primeras imágenes faciales de Tàpies: una serie de autorretratos hechos a pluma o con lápiz sobre papel y unos lienzos al óleo de mediados de la década de 1940. Al verlos juntos queda claro lo que Roland Penrose señaló hace más de veinte años: "Las primeras obras de Tàpies están dominadas por la presencia obsesiva del rostro humano" [4]. Como respuesta a este impulso iconográfico fundacional, me ocuparé de una serie de cuestiones que se centran en el papel del rostro en la obra de Tàpies. Mi primer acto extramuros será mirar hacia atrás desde el muro, no como el hito que marca el epicentro inevitable de sus "pinturas matéricas", sino como un punto privilegiado desde el que comentar lo que se presenta ante ellas, y examinar algunos de los materiales que las originaron. Hacerlo supone apartarse de la idea, que el propio artista ha mantenido en parte, de que dentro de la evolución artística de Tàpies la obra anterior a 1953 es más irregular (lo cual es cierto en algunos aspectos) y menos significativa que las superficies llenas de texturas y cargadas de signos que, después de esa fecha, alcanzaron un predominio idiomático, y que eran más innovadoras en lo material y más consistentes en lo formal. Como ejemplo emblemático de esta opinión establecida, Pierre Restany, al escribir sobre una de las retrospectivas más amplias del artista —en el Jeu de Paume de París en 1994—, comentó que se habían dejado a un lado "con todo merecimiento los inicios figurativos o las obras que estaban marcadas por un surrealismo provinciano" [5]. Si prestamos atención a los orígenes e intenciones de los retratos e imágenes figurativas de Tàpies, nos daremos cuenta de que, si bien su complejidad facial se construye alrededor de una serie de ardides formales y materiales, también se sitúa dentro de una intrincada trama de asociaciones históricas, influencias y alusiones, así como en un contexto más amplio que sólo se puede entender teniendo en cuenta la evolución de las vanguardias de mediados de siglo en Cataluña, Francia y Estados Unidos, y de las ideas que las sustentaban.

Mi propuesta es que, aunque las representaciones faciales dejaran de tener una presencia expresa en la obra de Tàpies a partir de mediados de la década de 1950, sus retazos y repercusiones son cruciales, claves quizá, para lograr el objetivo que se marcó para sí mismo como artista. Me baso, en parte, en algunos críticos e historiadores que sugieren que la continuidad de la carrera artística de Tàpies se fundamenta en un interés permanente en representarse a sí mismo, y en la persistencia, durante toda esa carrera, de lo que equivalía a un "culto al ego"[6]; una sentencia que ha originado algunas de las críticas más negativas que se han hecho al artista[7]. Pero quiero analizar algunas opiniones que explican el narcisismo visual de Tàpies: que sus imágenes siempre son señales de sí mismo; que después de 1950, aproximadamente, "se contempla a sí mismo en elementos externos a él"[8]; o que, según un argumento contrario expuesto más persuasivamente por Serge Guilbaut: "En realidad, el arte de Tàpies escapa a su autor, en vez de representarle"[9]. La idea de que la obra de Tàpies se configura como una serie de superficies "mentalizadas"[10], u objetos cotidianos "antropomorfizados"[11], se ha convertido en un lugar común al dar respuesta a la teoría de tipo fenomenológico que sustenta la mayor parte del arte informal y expresivo de finales de la década de 1940 y de la de 1950, teoría a menudo basada en unas premisas vagas. En lugar de aceptar, o discutir, dichas generalizaciones (que han recibido cierta aprobación, al menos en los escritos del propio Tàpies), quiero preguntarme qué es lo que en realidad fundamenta la idea de que la obra de Tàpies está imbuida, como él y otros han planteado, de las virtudes "chamánicas" de un fetiche o un exvoto.

La primera obra del artista, la realizada entre 1943 y su partida a París en 1950, mucha de la cual es bastante desconocida y apenas se ha expuesto, se revela como un conjunto experimental de autorretratos, anti-tipos y sugerencias faciales. El relato que Tàpies ha hecho de su juventud y adolescencia en Barcelona durante el final de los años 20 y los 30 corrobora en cierta medida mi impresión de que su inclinación hacia el rostro estaba muy arraigada y se mantuvo en el tiempo. Su infancia, enfermiza, confusa y muy impresionable, provocó en él una especie de retirada intimista del mundo exterior que se manifestó singularmente en diversos momentos simbólicos de imitación y pasión facial. Por ejemplo, Tàpies escribe sobre el "miedo glacial" que sintió cuando se enfrentó a la proximidad intimidadora de una máscara que llevaba su padre durante un carnaval. La desasosegante cercanía de la falsa cara de cartón, con su nariz enorme y sus patillas crizadas, se consuma con la revelación "brusca" del rostro de su padre pegado al suyo y "riendo"[12]. La personificación traumática y el inquietante reflejo genético tienen como oposición el estilo amanerado y tranquilo de un retratista con influencias americanas llamado Recoder, a quien la familia admiraba mucho, y cuya obra y presencia puramente facial (se quedaba "boquiabierto ante aquellas narices que salían del cuadro") constituyeron uno de los dos ejes centrales en la obra inicial de Tàpies: "durante mucho tiempo aquello me pareció el *summum*"[13].

Con estas experiencias, el lenguaje inicial de Tàpies se manifiesta en un conjunto variado de dibujos a lápiz o pluma, unos sueltos y esbozados, parecidos al Picasso precubista (con un toque de Ingres), y otros realizados en un estilo minucioso, humorístico y anguloso, que se asocia con el *cadavre exquis* surrealista y el estilo gráfico de Paul Klee, Joan

Retrato de Tàpies.
Tinta sobre fotografía de Enric Tormo,
publicada en *Dau al Set* (1949)

Las partes de la cara, 1949

Miró y el Salvador Dalí de mediados de los años 20; un método imaginativo y versátil de siluetear que también adoptó, entre otros, el poeta Federico García Lorca [14], y al que con sus compañeros de la revista *Dau al Set*, iniciada en 1948, dieron un giro de exuberancia juvenil [15]. *Autorretrato* (1944) (número 2 del catálogo) lo realizó, al parecer, mientras miraba el reflejo de su rostro en el espejo del dormitorio, y es uno de sus autorretratos más sobrios y directos bien hecho con pluma o lápiz. Aunque Tàpies lo descalificó luego por ser demasiado "mimético" y descriptivo, se nota que defiende cuidadosamente su deseo de "ir hacia dentro" y de renunciar a su "caparazón" [16]. Tendemos a interpretar la concentración facial del joven artista como un emblema de la intensa intimidad que se ofrece mediante el cuerpo o alguna de sus partes, y que ha caracterizado las imágenes de Tàpies durante más de medio siglo.

Tàpies nos describe esta confrontación crucial con su propio rostro en la primera de las tres entrevistas que tuvo con Lluís Permanyer para una serie de artículos publicados en *La Vanguardia* en marzo y abril de 1973. Estos breves recuerdos autobiográficos (ampliados en su *Memoria personal*) añaden un significado más al escrutinio que Tàpies hizo de sí mismo en su adolescencia, ya que supone la primera experiencia figurativa de un joven que acaba de empezar a pintar. El momento en que se produjo este reflejo de sí mismo es intenso y fundacional; nos da acceso a un conjunto de deseos y decisiones que sustentan la búsqueda de sí mismo, búsqueda que ha perdurado durante toda su carrera artística y ha pasado del reflejo a la superficie y a la intimidad interpuesta.

> *A menudo me veía reflejado en el armario de luna de mi dormitorio: un joven pálido, ojeroso, sentado en la cama. La mirada parecía honda, y el conjunto era interesante y extrañamente intenso. Además, se estaba quieto y era el modelo más barato. No es de extrañar que tomara un lápiz o una pluma, y lo copiara. Exageraba a conciencia los rasgos de la cara, sobre todo los ojos, siguiendo una motivación parecida a la intencionalidad del románico, en un intento de incorporar la magia interna del personaje. Empezaba entonces una lucha por trasladar al papel toda la atmósfera que había tras aquellos ojos. El resultado me parecía siempre poco afortunado, y quedaba muy insatisfecho de mis esfuerzos* [17].

De esta reflexión se derivan algunas propuestas que tienen relación con el proyecto global de Tàpies, y que se replantean en sus obras durante una década o más. Que son, primero: la "intensidad" de la mirada del artista en su imagen reflejada, y la consiguiente batalla (la "lucha") para convertir la fuerte impresión de un *yo* aparente en una imagen representada. En segundo lugar, un aspecto clave de la lucha de Tàpies por captar la imagen se centra en el conflicto entre ciertos resultados "decepcionantes", seguramente demasiado miméticos, y su deseo explícito de "incorporar al retrato", como dice él, "la magia interna del carácter humano". La búsqueda de cierto fondo abstracto de uno mismo, que no aparece simplemente "copiando", creo que continúa en la obra de Tàpies incluso después de que llegue a las pinturas matéricas a principios de la década de 1950. En tercer lugar, debemos resaltar que el instrumento principal que utiliza para buscar la magia interna es la deformación y exageración de los rasgos faciales, sobre todo de los ojos [algo sobre lo que siempre hizo hincapié [18]]; esta amplificación interiorizada del personaje halla justificación histórica en el románico catalán, al igual que la adopción de polvo de mármol una década después.

Durante los años siguientes Tàpies exploró las consecuencias de estas iniciativas, mezclándolas, a veces un tanto erráticamente, con una amplia gama de influencias, alusiones e innovaciones. Por ejemplo, en 1945 empieza una serie de obras, algunas a lápiz sobre papel (como *Personajes con la cabeza girada*, 1945), en las que las cabezas de varios de los seres de aspecto humano están "giradas", normalmente 180 grados, de forma que esas cabezas concretas se representan exactamente al revés. Lo que anticipa la técnica de inversión que más tarde adoptaría Georg Baselitz como característica propia. Estos giros producen el efecto de una deformación excesiva del cuerpo, mientras que, a la vez, conservan la simetría de la postura de la figura.

Cuando Tàpies reflexionaba sobre sus retratos primerizos en entrevistas realizadas treinta y tantos años después, recalcaba su insatisfacción con algunos de ellos (a los que encontraba "intencionadamente feos"), pero los había que le gustaban más, como los pintados "al estilo del neorrealismo, del realismo mágico alemán de crítica social", mientras que en otros "apreciaba claramente la influencia de Matisse"[19]. Estos *yos* comentados de forma simbólica se alinean según el eje de un reflejo facial cuyas otras dimensiones abarcan una variedad infinita de lo que Tàpies llamó, acertadamente, *"personnages fabuleux"*[20].

En sus cuadros de 1946, Tàpies retorna a las tradiciones expresivas de la modernidad europea temprana, sobre todo a los rostros surcados de Vincent Van Gogh, cuyas cartas leía en esa época, según nos cuenta él mismo. La serie de estudios *vangoghianos*, en parte copias y en parte extrapolaciones, son un reverso radical de la claridad estilística y de la opacidad en las referencias que dominaban sus dibujos de línea definida.

Tàpies hace hincapié en el aislamiento iconográfico de la cabeza girada, y lo presenta con un estilo "radial" y tumultuoso derivado de Van Gogh. *En Relieve-pictórico* (1945; número 78 del catálogo razonado), la cabeza solitaria se convierte en un girasol con orejas vegetales, una enorme nariz triangular y diminutos ojos de "girasol", colocado sobre un campo arado de color marrón. *Zoom*, de 1946, representa el punto álgido de estas obras expresionistas. En el cuadro, una cabeza invertida, cuyos cabellos caen hacia una circunferencia amarilla punteada con tallos verdes, tiene un halo amarillo y está situada sobre un cielo azul y rayado por pequeños surcos de pintura que parecen surgir de su interior. La cabeza está flanqueada por dos huellas de manos pintadas con albayalde que flotan como alas de ángeles. La cabeza gira y brilla en su propio universo expresionista, y la combinación de cabeza y manos ofrece, no tanto un indicio de magia interna, sino, más bien, un gesto de-safiante y algo excesivo de distanciamiento procaz. Cuando escribe sobre *Zoom* y otras obras relacionadas con Van Gogh, Tàpies recuerda que había estudiado "sus autorretratos [los de Van Gogh], llenos de aquella aureola, aquella especie de solemnidad trascendental que yo suponía producto de la locura"[21].

No obstante, mientras se complacía en estos ejercicios *vangoghianos* algo desenfrenados, Tàpies también dibujaba retratos a lápiz o pluma al estilo de Matisse, más contenidos, casi decorativos, con los que iniciaba su exploración de la composición de *collages*, a la vez que hacía unos cuantos retratos y autorretratos académicamente "correctos". Lo que resulta clave dentro de este frenesí de estilos, todos ellos centrados en la cabeza y el ostro, es que su preocupación por el rostro sigue siendo predominante en el momento de llevar a cabo su primera aproximación a medios no convencionales. Todo ello queda claro en *Cabeza sobre espacio azul* (1946; número 104 del catálogo razonado), en el que Tàpies por primera, y última, vez utiliza un fragmento fotográfico diminuto de un rostro humano, que cuelga, como un relicario, de una cuerda pintada en forma de uve. Ocurre lo mismo con otros experimentos con materiales más elaborados, como *Collage del arroz y cuerdas* (1947; número 13 del catálogo), que combina arroz y una mezcolanza de cuerdas sobre una superficie estriada para producir un rostro con ojos, nariz y unas distintivas y autorrepresentativas cejas de paja que atraviesan la "frente".

Otros dos autorretratos de 1947, relacionados entre sí, presentan al artista con aire de mago en uno, con las manos elevándose en una súplica (número 8 del catálogo), mientras en el otro las palmas de las manos se aprietan contra el pecho (número 9 del catálogo). En ambos, el protagonista está cubierto y rodeado por un despliegue de signos y símbolos; en uno de ellos aparecen un globo, una maqueta de arquitectura, un árbol, un collar y un cometa vaginal (impreso con una figura esquemática como la aureola de Cristo); en el otro, una bola de cristal y un cáliz, una colección de insectos y media docena de instrumentos simbólicos inscritos en circunferencias de puntos que emanan de sus ojos. El carácter literario de este último resulta sobrecogedor, pues, como apunta Manuel Borja-Villel, los objetos que rodean al cuerpo del artista no tienen otro significado que su valor descriptivo [22]. Cada elemento es la cristalización fantástica de un atributo o tendencia interior que no tiene significado lejos de la presencia catalizadora de Tàpies; el método lleva a un resultado que es a la vez brutal y hermético.

En otras dos obras de 1947 (números 14 y 15 del catálogo de la presente exposición) se presenta al rostro como una emanación anti-subjetiva. En *Composición* aparecen un par de rostros con rasgos infantiles, sin cuerpo y con aspecto de globo. El rostro de la derecha tiene un aura de estrías que se abren en abanico a partir del extremo superior de la cabeza; ambas están situadas sobre un campo de líneas rayonistas, que duplica, al estilo de Miró, extremidades de madera y gestos de proximidad e intercambio. La segunda reduce la textura del campo marrón surcado, que está limitado por líneas divisorias más arquitectónicas, pero duplica el número de rostros y complica su disposición. Dos rostros más grandes se superponen, como diagramas de Venn, en la esquina superior izquierda; uno tiene rasgos blancos y está cubierto de picos, el otro es negro. Debajo, dos óvalos más pequeños y con rasgos más indefinidos se unen entre sí y con los superiores mediante un manto de partículas. Con estas cabezas genéricas, flotantes y granuladas, Tàpies se embarca en un viaje metafórico en busca del rostro que le asignará el papel de una constelación y del que surgirán todas las formas simbólicas.

Se puede observar que el viaje de Tàpies a través de la historia y los tipos de representaciones faciales se cruza, a veces brevemente, con las tradiciones europeas simbolistas y expresionistas, que van desde Van Gogh hasta los *fauvistas,* y desde la caricatura *dadá* y el realismo político alemán hasta las imágenes absurdas del surrealismo. A la vez que saqueaba estos estilos, Tàpies despreciaba la rígida respuesta a la representación facial que aparece en los semblantes obsesivamente ordenados de Jawlensky y Oskar Schlemmer. Aunque Tàpies también emplea su propia forma de severidad facial, la filtra a través de una variante del geometrismo pos-purista que se había convertido en *lingua franca* de la abstracción internacional a finales de la década de 1930, una de las *bêtes noires* recurrentes de Tàpies.

Tan importante como el diálogo de Tàpies con las vanguardias históricas lo es el hecho de que su aparición como artista a mediados de la década de 1940 coincide con un replanteamiento asombroso de la representación del rostro humano, que se opone, como él mismo, tanto a la abstracción anti-figurativa como a la tendencia acéfala y estática del surrealismo en decadencia. A Tàpies hay que situarlo junto a Jean Dubuffet, Antonin Artaud y otros artistas que durante esos años difíciles que siguieron a la Segunda Guerra Mundial trabajaron sobre la tradición, atenuada, de los personajes surrealistas para reinventar las características físicas traumatizadas de la representación del rostro. Para Artaud, que empezó su extraordinaria serie de dibujos en 1944, y que escribió su texto clave *Sobre el rostro humano...* tres años después, el rostro tiene una correlación inefable con la muerte: "El rostro humano es una fuerza vacía, un campo de muerte"[23]. Artaud se alineó en contra de la reiterada incapacidad histórica, "desde Holbein hasta Ingres", para hacer que el rostro "hable". Igual que Tàpies, quien retomó a Van Gogh en la misma época, Artaud insistía en que "sólo Van Gogh podía conseguir que una cabeza humana retratase el fulgor rebosante de un corazón reventado y palpitante. El suyo propio". Para ambos artistas —aunque de forma mucho más concluyente para Artaud— sólo la extraordinaria auto-expresión de los autorretratos del holandés nómada revelaba lo que Artaud calificó como las limitaciones "de todos los intentos de pintura abstracta" que se hicieron después de él. El rostro de carnicero de Van Gogh, "proyectado como si lo hubiese disparado un cañón...", "agota todos los engañosos secretos del mundo abstracto..."[24] A pesar de que en esta fase de su carrera artística, y seguramente a lo largo de toda ella, existe una correlación explícita entre su obra de influencia *vangoghiana* y la "locura", Tàpies no se encontraba inmerso en el expresionismo beligerante que llevó a Artaud a escribir sobre "la barbarie y el desorden de la expresión gráfica que nunca se compromete con el arte sino con la sinceridad y espontaneidad de la pincelada".

Por otro lado, los delirantes escritos de Artaud sobre Van Gogh nos permiten entrever diversos enfoques de lecturas y representaciones que plasman con exactitud el tipo de evolución que propongo para Tàpies: del rostro al paisaje, a la textura y a la personalidad vicaria. Hay dos que son especialmente pertinentes. Primero, Artaud sugiere que el artista reviste con su rostro imágenes que no representan el cuerpo sino el mundo natural, defiende incluso, con cierto tono amenazador, que el rostro del artista no sólo *se ve* en el cuadro sino que *emerge* de él: "...he visto el rostro de Van Gogh, rojo por la sangre, en las explosiones de sus paisajes, y se dirigía hacia mí..."[25]. Lo que nos recuerda a la crítica paranoica de Dalí, según la cual el artista es interpretado o producido por su imagen, y no al contrario; lo que también se parece vagamente al giro de la cabeza de Tàpies. Segundo, Artaud habla de la hipersensiblidad y del potencial trágico que confiere Van Gogh a los motivos más simples (como a la "vela encendida sobre una butaca de paja")[26], lo que nos permite interpretar los también sencillos objetos de Tàpies —puertas, muros, ventanas, sillas— como pintados con el "color común de las cosas"[27], y al mismo tiempo misteriosos (Artaud habla del "dormitorio oculto" de Van Gogh) e igualmente cargados con una fuerza afectiva. Estos dos cambios, hay otros, son pasadizos que se trazan entre el artista y el espectador, y entre el artista y él mismo. Están excavados a través del muro que forma el propio medio de expresión "como la puerta secreta hacia un posible más allá"[28].

Sin embargo, al final, el interés de Tàpies por la locura y los estados modificados de conciencia le permite ir más lejos que Artaud al relegar las dimensiones precisas del rostro. Mientras que Artaud sólo podía "convocar" "objetos, árboles o animales" para "que se acercaran" a sus "cabezas humanas", Tàpies pudo borrarlas y sustituirlas. Mientras que Artaud siempre estuvo inseguro "de los límites que pueden detener el cuerpo de mi *yo* humano", Tàpies midió la pérdida del cuerpo con bastante precisión, cambió las imágenes de cuerpos por paisajes de materia, y permitió que el cuerpo reapareciera como un torrente de presiones y partes. Si bien tanto Tàpies como Artaud mezclaron "poemas y retratos", "interjecciones escritas y evocaciones plásticas de los materiales fundamentales de los seres humanos", Tàpies, salvo algunas excepciones, supo tratar los grafismos, las letras y las frases como ámbitos autónomos, no como pronunciadas por un rostro.

Mientras Artaud buscaba una especie de facialidad reparadora en la "restauración" de los "rasgos" del rostro, Tàpies se alinea más convincentemente con la transformación de Dubuffet, que pasa de la superficie expresiva al personaje dentro de un territorio. En octubre de 1947 Dubuffet expuso, en la galería René Drouin de París, unos setenta óleos y dibujos al pastel, tinta y *gouache*. Representaban a amigos, escritores, críticos literarios, artistas e intelectuales que tenían alguna relación con Jean Paulhan y *La Nouvelle Revue Française*. Eran los protagonistas de una renovación del retrato-caricatura: "Estas personas son más atractivas de lo que creen; larga vida a sus rostros verdaderos", escribía Dubuffet en una especie de subtítulo de la exposición.

Las obras tienen unos títulos extravagantes debidos a Jean Paulhan y a Dubuffet (*Fautrier con cejas arácnidas*; *Dhotel* [el novelista] *peludo con dientes amarillos*; *Lambour moldeado con excrementos de pollo*; etc.), y carecen de cualquier romanticismo. Las figuras están arañadas sobre la superficie, que suele ser una tabla cualquiera. Los escasos rasgos aparecen sin contorno ni apenas volumen, aparte de los que presente la propia pintura. Los colores son bastos y terrosos, llenos de mezclas fortuitas producidas en la paleta y prácticamente incrustados en la tabla en los márgenes de la composición. No hay rastros de pinceladas salvo una geometría irregular de arrugas y cicatrices, consecuencia de haber presionado y aplastado la pintura para colocarla en su sitio, y de haberla maltratado y acuchillado; todo menos aplicarla sin más. Dubuffet ya dijo que para que un retrato funcione "apenas debe ser un retrato. En ese momento empieza a actuar con toda su fuerza".

Ese poderoso momento en el que Artaud, Dubuffet y Tàpies, entre otros, tuvieron presente el rostro, y el aspecto jovial y radicalmente carente de arte que le dieron, estuvo también acompañado de una base considerable de reflexiones filosóficas y literarias, aunque ahora no puedo extenderme en sus implicaciones. Tàpies señaló pronto sus contactos con la obra de Jean-Paul Sartre, sobre todo con *La náusea*, pero el espacio que ocupa el rostro es una conjunción entre las preocupaciones del existencialismo y el mundo artístico de posguerra que se centraba casi exclusivamente en la antítesis entre cultura oficial y cultura alternativa o resistente, algo que fue una de las preocupaciones más combativas de Tàpies durante la época de Franco (y lo siguió siendo después). Por ejemplo, el absoluto desprecio de Tàpies hacia Dalí se articula alrededor de la consideración que tenía de él como "pintor oficial" [29]. Quisiera dedicarle algo de espacio al breve ensayo de Sartre "Rostros, precedido por Retratos oficiales", el cual establece dos facetas en la cuestión del rostro humano, ya que presenta una oposición radical entre el rostro "real" de un semejante o interlocutor (utiliza los ojos como máximo símbolo de afirmación, "los ojos de mi amigo"[30], escribió, igual que Tàpies) y el rostro "oficial" sancionado por la autoridad competente.

Para Sartre, el rostro de la autoridad se conoce sólo por su reproducción; dado que su referencia humana ha "desaparecido", siempre es una imagen implacable del poder. Sin embargo, el retrato de una cabeza que simboliza el poder nunca refleja un rostro meramente "desnudo", nunca aparece sin adornos, ya que "el rostro de un rey siempre está vestido". Su función es reivindicar el derecho divino del poder y apartarse del humilde "semblante humillado" de la gente corriente. La cabeza del poder, aislada, sin cuerpo, también está sometida a una "reducción máxima" de la carne. Se reduce la tangibilidad del rostro para que su aspecto carnal y vulnerable no afecte a las conveniencias del poder. La cabeza del poder es un rostro sin rasgos ni vida, o un rostro sin fisonomía. Nunca debe mostrar movimiento o expresión ("astucia, queja, mezquindad"), ya que no puede estar expuesto a cambios de humor. Además de su presencia frontal y estática, sus elementos deben estar equilibrados en un símbolo facial superior que indique una combinación premeditada de "fuerza serena, severidad y justicia", un carácter casi religioso, totémico incluso. Es una cabeza que retrata a la vez a la efigie del representante del poder y a un instrumento de dominación.

Si bien utiliza ejemplos históricos —desde Carlos el Calvo hasta Napoleón—, Sartre tiene una noción de la cabeza del poder como concepto abstracto, una alegoría del rostro del tirano que se cierne sobre la faz de Europa. Vivir sometido bajo las gélidas miradas de la cabeza del poder es vivir en una "sociedad de estatuas" conforme a un sistema pétreo de "justicia y razón". El tirano reproduce a sus súbditos como estatuas, "cuerpos sin rostros", "ciegos y sordos", "sin temor ni rabia, preocupados tan sólo de obedecer las leyes de lo que es justo, es decir, las leyes del equilibrio y el movimiento". Sartre también opone esta anti-utopía a lo que él llama "sociedades de hombres", donde "gobiernan nuestros rostros": "Esclavizamos nuestros cuerpos, los envolvemos entre ropajes, los disimulamos; su función es cargar una reliquia de cera, como una mula". El rostro no sólo es una antítesis grandiosa del mármol y la albañilería, también se debe concebir como opuesto al reduccionismo científico de la psicología, cuyos vicios analíticos "han convertido al hombre en un mecanismo, y a su semblante en una especie de atracción de barraca de feria" que ofrece "sonrisas eléctricas". Para Sartre, la expresión no es una cuestión de simulación, de "experimentos, cálculos y fotografías" (toda la tradición de posfisonomía analítica desarrollada por criminalistas, psiquiatras y antropólogos físicos comparativos), tampoco es el entendimiento especular de los demás que se deduce y traza a partir del *yo* facial. Por el contrario, él arguye que el *yo* facial es "secreto", que es un instrumento a través del cual se vislumbran otros rostros y que, lejos de ser un objeto de análisis, el rostro es un conjunto desconocido e insondable.

Está claro que la obsesión de Tàpies con los rostros y consigo mismo, y la fragilidad de sus identidades bajo todos los aspectos oficiales posibles del poder, debe mucho al humanismo existencialista de Sartre. Ambos comparten el recelo ante la mecanización del rostro, un compromiso con el secretismo del verdadero conocimiento facial, y una oposición a la fisonomía fría del Estado. Sin embargo, donde surgen las coincidencias más profundas es en las conclusiones de Sartre. En definitiva, para Sartre el rostro es una especie de "fetiche natural" que posee "las cualidades de un espíritu". Es un área explícitamente "mágica" que genera "su propio tiempo dentro del tiempo universal", un tiempo de lugares desconocidos, destinos, propósitos, anticipaciones dentro del fluir "metronómico", o de la "inmóvil fijeza", del presente perpetuo. Un rostro que entra en una habitación lleva consigo una porción de futuro; "este futuro visible es, en sí mismo, una especie de magia". Si bien el rostro es un volumen insaciable al estilo de Dubuffet, "perforado por agujeros glotones que intentan devorar todo lo que pasa a su alcance", también está definido por unos ojos y miradas que le confieren la "nobleza" de la comprensión. Su capacidad para distanciarse permite al rostro "proyectarse en el tiempo y el espacio": de forma "que el sentido del rostro es ser una transcendencia visible". "Todos y cada uno de los rasgos del rostro reciben su significado, en primer lugar, de ese hechizo primitivo que hemos llamado trascendencia", concluye Sartre. Como veremos, la lucha de Tàpies por alcanzar el rostro, que comenzó siendo la de un adolescente que se miraba en el espejo de su dormitorio, fue, como él mismo sugirió, una batalla continua para encontrarle al rostro un ámbito que fuese espiritual y material a la vez, trascendente —y "mágico"—, pero también con consistencia real.

Mientras la formación del molde facial de Tàpies seguía su curso, la centralidad, la frontalidad y la impresión subjetiva del rostro que había practicado con tanta variedad e intensidad entre 1943 y los principios de la década de 1950 permanecía en la obra de Tàpies, flotando bajo su piel como una marca de agua. Durante la fase "surrealista" de Tàpies, el rostro se convierte en un artilugio que ayuda a la metamorfosis mágica del signo pictórico: una de las "partes del cuerpo humano [que]... mantiene correspondencias astrales"[31], el rostro, los ojos omnipresentes y otras partes del cuerpo se infiltran en una iconografía incandescente de jardines exóticos, horizontes inventados, paisajes surreales y desiertos solitarios (por ejemplo: *A Desert, B Solitude*). Los rostros quedan enjaulados detrás de barrotes en *Paisaje con rejas* (1950), mientras un autorretrato con aire africano, con un marco decorativo, cuelga en el centro de *Turned Evening* (1950). En este universo de evolución facial aparecen constantemente pares de ojos ovoides acompañados por sus cejas. Aparecen espectralmente en *Tribus. El trigo de los cafres* y en *Furfú*, y trazados como un triángulo facial conocido en *Trampa* (1951); sus formas saltonas superarán los difíciles años de mediados y finales de la década de 1950, para surgir en los ojos y las gafas ocultos en las últimas obras de Tàpies.

Noche pródiga, 1952

Noche pródiga (1952) es un ejemplo emblemático de cómo Tàpies se apartó del rostro. Un bosque de elegantes zapatos masculinos y femeninos, usados por piernas amputadas, pisotean las cabezas y manos de unos personajes mal definidos que se intentan proteger en la parte inferior de la composición. Estos pisotones expulsan literalmente al rostro del lienzo. La cartografía facial se sustituye por marcas e impresiones vicarias, y Tàpies alcanza el interior sugerido en el rostro mediante métodos alternativos: el objeto sugerente, signos indicativos, y exploraciones sobre la personificación del pie. Un *corpus* de trabajo transitorio que se compromete con un estilo anti-biomórfico, aunque residualmente surrealista, que destierra completamente el rostro y el cuerpo de su arquitectura improbable de formas semigeométricas. En *Grito* (1953), presenciamos lo que son las últimas bocanadas (o *dernier cri*) del rostro: una cabeza diáfana aparece entre un campo de abstracciones arquitectónicas puntiagudas, se siente asfixiada por esas formas extrañas. Algo que se recalca en *El grito. Amarillo y violeta* (1953), donde los indicios del rostro quedan definitivamente absorbidos por el color y la forma, y el grito se representa cromáticamente.

La obra de intensa textura que realizó entre mediados de la década de 1950 y principios de la de 1960 ofrece los escasos signos tangibles del rostro, o, desde luego, cualquier referencia legible o descifrable del mundo de los objetos que se da en cualquier periodo de la obra de Tàpies. Al principio del cambio podemos distinguir una ceja u otras insinuaciones faciales en algunas obras realizadas con punteados al estilo de Klee y con títulos de emociones abstractas, como *Perturbador* (1953). En el resto, las imágenes se forman mediante áridas estrías, surcos, aristas, grietas y perforaciones, y llevan títulos que refuerzan su propensión anti-somática. Este nuevo campo de referencias se divide en áreas que rara vez se remiten al cuerpo. Una se refiere a los colores predominantes de las imágenes: sobre todo, gris, ocre y marrón. Otra recalca los componentes formales de la obra según las formas dominantes: ondas, arcos, óvalos, cuadrados, semicírculos, franjas, puntos. Las demás están dominadas por descripciones del proceso (incisiones, perforaciones, huellas dactilares, relieves, rozaduras, etc.); o tipos-signos [*Signos blancos y gráficos, Metasigno rojo, Monocromo con dos señales simétricas, Señal negra con ocre, Jeroglíficos,* etc.]. La nitidez de la división en áreas se va poniendo en peligro a finales de la década de 1950 y principios de la de 1960 con el desigual surgir de títulos que se basan en objetos (almenas, puerta, orificio, bota, dedos, pirámide, materia), y, más ocasionalmente, en abstracciones (oposición) o adjetivos (arquitectónico, medieval), o en una combinación (puerta curvada, doble puerta *beige*, materia agitada).

El rostro queda borrado en este campo de fuerzas de colores, texturas, procesos, formas, alineaciones, registros espaciales, objetos y alusiones. Su única aparición explícita tiene lugar en un estado en el que la carne ha desaparecido completamente [*Calavera* (1959)].

Hacia 1960, cuando el artista vuelve a esquemas más iconográficos, el rostro se vuelve a hacer visible, aunque a veces lo sea en virtud de su clamorosa ausencia. Una imagen capital de este regreso escurridizo es *M* (1960), una de las imágenes dobles más notables de Tàpies, que rinde un homenaje oficioso a la técnica onírica de Dalí. Una gigantesca M de bordes irregulares y color mostaza se presenta sobre un fondo negro, dando la apariencia de ser las piernas y entrepierna de una figura tumbada. Si se considera como un cuerpo, el cuadro muestra, como en *Noche pródiga,* las extremidades inferiores, las piernas y los pies, a costa del torso y la cabeza. Sin embargo, estas partes superiores no están literalmente pisoteadas ni arrojadas físicamente del cuadro por parte de una banda de figuras socialmente uniformadas, como ocurría en su obra anterior. En cambio, se ocultan merced al ángulo de visión, bajo y extremadamente frontal, a la eliminación total de contexto, y al acertijo caligráfico. Tàpies hace pocas concesiones a la carnalidad de la figura:

una cierta redondez de los muslos y los huesos de la rodilla; un leve sombreado bajo las "nalgas"; un espolón en el pie izquierdo, que interpretamos como un talón, y unas manchas en el derecho que parecen dedos. La única excepción es una serie de señales —perforaciones, líneas, huellas— marcadas en los pies. A primera vista parecen piernas que terminan en derivaciones como garras. Pero en una imagen que precisamente se expone a interpretaciones múltiples y ambiguas, los pares de agujeros, los restos de señales y las líneas apiñadas también pueden ser rostros periféricos, como los que aparecen en las articulaciones y extremidades de las figuras demoniacas de la Edad Media.

Al realizar esta caligrafía del cuerpo duplicado, Tàpies vuelve a insinuar el rostro en el campo visual en consonancia con un aspecto u otro de sus áreas nominales. Si en la ordenación subrayada de *Monocromo con dos señales simétricas* (1960) vislumbramos dos ojos, en *Gris con forma de máscara* (1964) y en *Dos párpados* (1965) resultan inconfundibles. En *6 y 4* (1965) el rostro surge juguetón entre los números, en vez de que una letra lo haga desaparecer, como en *M*. Otros espectros faciales se aparecen en los materiales, objetos y campos de Tàpies durante la década de 1960 e incluso después. Está el perfil de la nariz en el respaldo de la silla de *En forma de silla* (1966, número 47 del catálogo), la coronilla de una cabeza peluda en *Azul e imperdible* (1970, número 52 del catálogo), la figura sin cabeza de *Las piernas* (1975, número 56 del catálogo), o los ojos, rostros y perfiles ocultos entre uno de los mayores despliegues del repertorio simbólico de Tàpies (números, ecuaciones, pies, cruces, letras, sillas, tachaduras, etc.) de *Jeroglíficos* (1985, número 67 del catálogo), una obra que participa en el sorprendente cambio de bando del rostro, y en su convergencia con el resto de signos favoritos de Tàpies que han inspirado sus imágenes durante las décadas de 1980 y 1990 [32]. En cierto sentido, como escribió Jean Frémon en 1988, "dichas partes del rostro y del cuerpo parecen restos del arte del retrato" [33]. Sin embargo, estos fragmentos faciales son algo más que una recomposición de partes, y su relación con los gestos inaugurales de los retratos de Tàpies es muy diferente a la idea de recordatorio que evoca la noción de "resto", ya que lo más significativo de la vuelta al rostro de Tàpies en estos años es que dicho rostro aparece mezclado, o compuesto, con los soportes y sistemas de signos que primero lo acompañaron y luego lo eclipsaron.

En la exposición de 1996 *Tàpies: Dessins, de profil et de face* [34] se reunieron algunos dibujos que son ejemplos clave de esta superposición. *Luna y cabeza* (1994) vuelve al simbolismo astral de la época surrealista; en *Caligrafía* (1993) se presentan tres dientes y unos labios con un distanciamiento *warholiano*, entre otros signos faciales y señales numéricas; y en *1-2-3* (1995) una boca abierta y llena de dientes flota sobre el tobillo de un pie de perfil, mientras la parte superior de lo que podríamos considerar la cabeza queda oscurecida por líneas y garabatos. Para completar este círculo de reconciliaciones simbólicas, *Tête Marron* (1994) conjuga una cabeza de contornos vagos con una cruz. Otras obras recientes, que incluyen una serie de calaveras, indican una vuelta a nuevas formas de expresividad facial y anuncian premoniciones más explícitas de la violencia que Tàpies ha asociado muchas veces con la cabeza. *Tête 666* (1990), una de las obras más explícitas de esta serie, representa un rostro con la boca abierta y los ojos cerrados bajo un suelo negro atravesado por líneas diagonales y señalado con cruces a su izquierda y con el diabólico número 666 a su derecha. Una voluta de pigmento aplicado libremente sale a borbotones de la boca, lo que da a la obra una exuberancia inusitada, casi *munchiana*, como si emitiera un grito de pintura.

Por lo tanto, en sus últimas obras, Tàpies reagrupa los elementos centrales de su simbología en torno al icono del rostro. No sólo "los muros... son una referencia directa al artista; sino que el hombre ha desaparecido de su retrato... [y] su presencia está implícita en los objetos seleccionados"[35]. Más bien, nos damos cuenta de que lo que una vez fue un graffiti en una pared ahora es, a la vez, una serie de tatuajes dispuestos en las partes adecuadas del cuerpo. En *Porta Roja* (1995), un marco de madera, con seis paneles, incrustado con una cuña de tierra en perspectiva a la izquierda y una barra y una repisa de hierro a la derecha, tiene dos ojos marcados en negro sobre un travesaño coronado por una cruz. Hasta en una de sus nuevas representaciones del rostro menos sutiles, incluso la puerta (el otro lado de la pared) y su doble, el reverso del lienzo (el otro lado de la pintura), cuentan con detalles faciales. *Cap* (1995) presenta un cráneo de perfil con apariencia de calavera, con una cruz blanca en la parte de atrás y una composición numérica en forma de cruz encima. La boca deja escapar una línea de "palos" tachados; lo que significa, simultáneamente, una sutura, una cremallera y el calendario de un preso. Las agitadas emisiones de *Cap* y *Tête 666* son el desenlace del estudio de las pasiones reinventado por Tàpies. Respetando su exigencia de una referencia amplificada en la permanente suplantación del rostro, podemos interpretarlas como equivalentes pictóricos, torturados y antilíricos de la definición que dio Herder de la canción: "Un soplo de nuestra boca se convierte en el retrato del mundo"[36].

Sin embargo, ni los indicios de dobles interpretaciones, en las que un pie, una silla, un óvalo adquieren cierto aspecto facial, ni la reaparición explícita del rostro como una parte del cuerpo, tienen suficiente consistencia, por sí mismas al menos, como para justificar mi insistencia en que la obra de Tàpies se puede identificar con unas emociones faciales mucho después de que el rostro dejara de ocupar un lugar dominante en su iconografía.

Este asunto queda atestiguado por diversos aspectos de la teoría, práctica y contexto del artista, que se superponen y convergen en lo que denominó su "línea de introspección"[37]. La intensa capacidad de Tàpies para reflejarse a sí mismo precipitó una visión de la pintura declaradamente terapéutica que le ayudó en el proceso de "aprender a vivir conmigo mismo, de entenderme a mí mismo"[38]. Los propósitos internos de esta comprensión tienen un equivalente externo descarado. En una entrevista a finales de la década de 1980 Tàpies dijo: "Me gustaría que mis cuadros estuviesen dotados de un poder tal que pudieran curar al aplicarse sobre el cuerpo o la cabeza... Que realmente sanaran"[39]. Es una formulación notable, que sugiere que las poderosas interpretaciones internas del artista se transfieren del artista-sujeto al espectador-sujcto, pasan de ser signo visual a un remedio en la vida real mediante un intercambio concebido específicamente como un encuentro cara a cara o cuerpo a cuerpo. La "curación" se alcanza mediante el contacto (invisible) de las cabezas, no mediante la imposición (física) de las manos.

Durante toda su carrera artística Tàpies ha estado convencido de que la posición subjetiva del artista-autor es fundamental tanto para la creación como para la percepción de una obra de arte. Tàpies, al hacer frente a los ataques sobre la autoría asociados con la primera oleada de teorías estructuralistas francesas de principios de la década de 1960 y a las polémicas antisubjetivistas y contramateriales que acompañaron a la llegada del arte conceptual de finales de la misma década, simplemente se reafirmó en sus creencias. Para él la obra de arte está imbuida de —se debe interpretar mediante— la presencia determinante de su creador. En 1973 dijo: "Creo que la 'personalidad' es el todo en arte. ¡Incluido el nombre del autor!"[40] Lo que en algún sitio llamó "el valor de presencia" era tan importante para su concepción del arte que estaba convencido de que la imagen creada estaba dotada de virtudes curativas y efectos balsámicos que le llevaron a compararla con un "talismán" o un "icono". En este sentido, su nombramiento, medio en broma, como el Malevich del arte informal no podía ser más adecuado[41]. La evolución de Malevich, desde los primitivos cuerpos expresionistas hasta los campos de cruces y rectángulos flotantes, que él identificaba no sólo con iconos de pura emoción, sino, en realidad, como rostros que dan un testimonio nuevo mediante su osada abstracción, se puede identificar con la experimentada por el propio Tàpies al pasar de la corporeidad surrealista y expresionista a la cara oculta de la abstracción. Además, Malevich consideraba que su famoso cuadro negro inclinado era depositario de un valor emocional abstracto que respondía bastante directamente al icono trascendente de la tradición ortodoxa oriental.

En segundo lugar, podemos encontrar otra variante de la predisposición facial de Tàpies en la dirección y alineación de su obra, en lo que podríamos llamar el aspecto dominante de sus imágenes. Varios críticos han señalado el orden simétrico que da forma sustancial a la obra de Tàpies, pero fue Cirici quien escribió con más énfasis sobre la preocupación permanente por crear imágenes frontales, sean figurativas o no. Las facultades orientadoras que se manifiestan en las concepciones que Tàpies ve ante sí como un cuadro subrayan las connotaciones espirituales de la obra como talismán ceremonial. Porque Cirici, como Octavio Paz, también sugiere que la estudiada frontalidad de la obra de Tàpies conecta con el carácter religioso de las imágenes sagradas. Así, sus "iconos acentuadamente frontales" [42] no se colocan directa y exactamente frente al ángulo de visión del espectador; su ubicación está en la línea de la devoción trascendente del rostro en los iconos. Puesto que Tàpies, como Pollock, trabajaba sobre el suelo del estudio, esta formalidad axial proporciona, incluso si se gira noventa grados, efectos de superposición y transferencia, ya que la imagen se ofrece al espectador con una confrontación directa y apabullante. Tàpies crea una interconexión entre el objeto y el público, fomentando una imagen que exige su propia consunción intersubjetiva, al revés que con los efectos de perspectiva espacial o las gradaciones clásicas de primer plano, plano medio y fondo propias del género paisajístico tradicional. Esta iconicidad frontal y su carga religiosa alcanzan su expresión máxima en obras como *Sujeto-objeto* (1979), en la que una radical simetría bilateral se superpone a la cruz simbólica, el signo representativo del artista, y un mundo objetual abreviado. Tàpies ya lo subrayó en su *Memoria personal*, donde escribe sobre su "visión del personaje-eje colocado simétricamente, de frente o de espaldas, en actitud también simétrica, como de orante" [43]. El peso acumulativo de tales asociaciones dota a la configuración visual de un exceso de claves con una fuerza significativa que intenta, como mínimo, participar en un régimen de facultades faciales. Es una de las diversas estrategias y declaraciones que resaltan el valor emocional de la obra de Tàpies, y que les permite a los críticos subrayar, desde diferentes puntos de vista, su inmediatez, su barniz emocional y la referencia antropomórfica.

En tercer lugar, está claro que la creación de una iconografía de partes del cuerpo sin rostro —dedos de los pies, brazos, piernas, etc. [*Materia en forma de pie,* 1965, número 44 del catálogo; *Materia en forma de axila),* 1968]—, que se podrían considerar como metonimias y sustitutos depositarios de las interioridades de la plenitud facial, depende en parte de una relación con la cabeza, el retrato y la subjetividad, lo que permite al sujeto dividido presentarse mediante signos más indirectos o no indicativos. La atribución de significados faciales a la obra de Tàpies ha sido firme, aunque ocasional, a partir de la década de 1960, y abarca diversos aspectos de la obra más reciente del artista. Donald Kuspit, al hacer la crítica de la exposición de Tàpies en Maeght Lelong de Nueva York en 1986, sugiere que *Fond-Form* (1985), un collage con unas zapatillas manchadas de pintura bajo

atraído "por las películas de los países nórdicos porque contienen un elemento extraño y místico" [58]. Quizá no deba sorprendernos que se encuentre un horizonte final a la investigación facial de Tàpies en una visión más amplia de este misticismo declaradamente no religioso, que él describe como la búsqueda "de todas las cosas que se ocultan tras la cara visible de la realidad, a través de lo inaccesible, lo secreto y lo oscuro" [59]. Pero el resumen de los cuadros de Tàpies no es, como expresó Octavio Paz, una metáfora del "lienzo de Verónica", una compresión del tiempo como si se tratara de un "Cristo sin rostro" [60]. La infancia católica de Tàpies fue demasiado traumática, y sus implicaciones espirituales posteriores demasiado ecuménicas como para mezclarse con lo que, después de todo, es el signo indicativo máximo, ya que el rostro de la pasión de Cristo   una epifanía material y el primer icono— queda impreso con toda su misteriosa integridad en el paño de La Verónica. Por otro lado, la incesante fragmentación que hace Tàpies tanto del rostro como del cuerpo en partes dañadas —"donde los ojos acechan tras un trozo de tela"— tampoco se puede comparar a un "lienzo de Verónica a la inversa", como dijo un crítico que intentaba resolver las visualizaciones de "introspección" y "vida interior" de Tàpies [61]. Por lo tanto, la obra no está organizada ni como la impresión de lo divino ni como una interpretación del tiempo. Tampoco está definitivamente configurada como una contemplación velada del artista ni como que sus sustitutos nos miran desde dentro de la obra. Con lo que Tàpies cuenta, en cambio, es precisamente con los espacios faciales que hay entre los extremos de la trans-temporalidad religiosa y el surgir subjetivo. El rostro se sitúa al final simbólico de un viaje artístico que se desarrolla misteriosamente entre la experiencia interior y la proyección trans-subjetiva (social, sagrada, metafórica): "Siempre he comparado la actitud del artista con la de un místico", dijo Tàpies en una entrevista reciente. "Ambos siguen un camino que lleva lentamente hacia una visión definitiva de la realidad. Cuando llegas a ese punto es difícil hablar de ello: ¿qué es la realidad definitiva, o el rostro de Dios, como dirían los místicos? No es tanto el conocimiento como una experiencia interna" [62].

TÀPIES, TÀPIES / DALÍ, DALÍ

En un texto típicamente sugerente y estilísticamente punzante publicado en *ArtNews* en 1962, Salvador Dalí ofrece una historia secreta de la obra de su colega catalán Antoni Tàpies [63]. El precursor de la crítica paranoica y decano de la duplicación surrealista sitúa a Tàpies en una zona parahistórica con atributos aparentemente absurdos e inconexos. Sin embargo, si seguimos las meditaciones delirantes de Dalí, se produce una imagen refractada y sutil del artista más joven que las crónicas conocidas apenas habían captado. Si bien hay algunas excepciones, como un comentario de Pierre Restany, quien en 1958 afirma que "desde 1945... hasta 1953 la obra [de Tàpies] muestra la doble influencia de la ideología paranoica de Dalí y los elementos "compensadores" tomados en préstamo de la morfología semántica de Miró"[64], Dalí es, en gran medida, una presencia entre bastidores, como influencia histórica y como comentarista crítico de Tàpies. Puesto que ya existe un apunte de la influencia de Dalí en determinados contextos [65], miraré aquí a través de las lentes oblicuas de la crítica de Dalí. Ya que, a pesar de las abundantes diferencias estilísticas y políticas entre los dos artistas ["Dalí empezó a disgustarme pronto por su posición política", señaló Tàpies [66]], de sus diferentes proyectos y periodos surge una cantidad sorprendente de preocupaciones comunes.

Dalí trazaría las líneas generales de una situación histórica de Tàpies en otro de sus abundantes e incendiarios escritos, aunque estuviera llamativamente ausente en su texto de principios de la década de 1960. La genealogía moderna de Dalí ofrece la primera de diversas congruencias entre los protagonistas del surrealismo y el arte informal, estilos catalanes de nacimiento aunque divulgados internacionalmente. La historia selectiva de Dalí se desarrolla a lo largo de una línea de cortes y rupturas que está constituida por actos concretos que dividen, parten o pulverizan a los componentes de la imagen. Para él, las innovaciones más transcendentales del arte moderno son "el divisionismo de Gaudí y Boccioni, el cubismo analítico, y el epitafio de Duchamp...; desde entonces no se ha producido nada creativo en la historia del arte"[67]. Tàpies aparece como el heredero de las cerámicas agrietadas, de los detalles puntillistas, de las facetas múltiples y de las intervenciones con texto que crearon una tradición de texturas innovadoras y cortes visuales que él, claramente, continúa y reinventa. Si se añade el punto-matriz vanguardista, estas coordenadas de la vanguardia histórica son parecidas a las modernas signaturas que Tàpies reconoce cuando ofrece sus propios resúmenes históricos.

En segundo lugar, en el linaje irremediablemente roto de la modernidad daliniana, Tàpies y el grupo *Art autre*, del que se consideraba un afiliado por libre, representa el regreso a lo arqueológico y popular, cuyo primer movimiento se registró en el paso del cubismo a los campos oníricos de Joan Miró. Por eso Dalí considera que Tàpies participa en el proyecto general de imaginería arquetípica inaugurado con el surrealismo. Una vez más, el propio Tàpies reconoce que Miró es una de sus mayores fuentes de inspiración.

Una tercera continuidad entre Dalí y Tàpies se encuentra en su compromiso con los límites de la razón y lo externo a ella, compromiso que comparten aunque de forma distinta. En una de sus "Declaraciones", escrita en 1961, Tàpies confiesa su inclusión en la tradición del "irracionalismo" catalán, que va "desde Ramón Llull hasta Joan Miró, pasando por Gaudí y toda la exuberancia modernista de nuestra ciudad"[68]. Las influencias de lo irracional en Tàpies, como en Miró, fueron mucho más moderadas y ocasionales que la calculada incubación de la paranoia de Dalí o el trastorno de Artaud, cuya "espantosa enfermedad mental" producía el "pensamiento" de "abandonarle en todo momento"[69]. La irracionalidad de Tàpies es suficiente como para separar letras y números, sobre todo la A y la T de sus iniciales, de sus compuestos nominales normales y volver a darles vida como formas de identidad transitoria, o alegorías corales. Pero, al contrario que Artaud, no se siente obligado a aferrarse a su tangibilidad como evidencia de su salud mental o de su mera existencia; ese deseo desesperado expresado por el poeta "de demostrar que tengo una mente que existe *literalmente*, como existen la T, la E, la S, o la M"[70]. A pesar de su equilibrio dialéctico, su conciencia social moderada, sus colores apagados y sus tendencias simétricas, Tàpies nunca renunció a su interés activo en el terreno de lo que está más allá de lo racional, como "objeto" y como "método"[71].

Tàpies indicó una vez[72] que ha habido dos tipos de locura catalana: una asociada con Gaudí, implícitamente un tipo de locura buena y creativa, y otra procedente de Dalí, que él consideraba claramente como útil sólo para uno mismo, indulgente y narcisista. En *Memoria personal*, Tàpies considera que Dalí hace una contribución al desarrollo de los conceptos freudianos, pero de forma insegura y frívola y en un tono "poco serio"[73]. No obstante, Dalí y Tàpies coinciden una vez más en considerar que la vertiginosa modernidad de Gaudí actúa como una especie de sistema de cambio de agujas en el umbral de los experimentos radicales que llevaron a cabo las vanguardias históricas; algo que Tàpies reconoció cuando dijo que "una de las pocas decisiones inteligentes de Dalí fue contribuir ampliamente a promocionar el interés por Gaudí"[74]. En "La tradición y sus enemigos en el arte actual", se vuelve a hacer referencia a la "exuberancia modernista" de Gaudí, pero esta vez aliada a lo que Tàpies llama la "locura panteísta"[75]. Ambos atributos ocupan una posición entre los términos centrales bipolares del humanismo occidental: primero la democracia griega, Erasmo, Rembrandt; le siguen la oscuridad de Goya, lo demoniaco de Fuseli, el *pathos* de Böcklin, la "incandescencia del romanticismo wagneriano" y la "sabiduría oscura" de Heráclito, Nietzsche, Nagarjuna y Schopenhauer. En segundo lugar, después de Gaudí, todos los *ismos* del movimiento moderno. Dalí y Tàpies, el otro "Antoni", logran una proximidad clandestina mediante su fijación compartida por el gran arquitecto del modernismo. Janis Kounellis llega a llamar a Tàpies "el hijo de Gaudí"[76]. La obsesión de Dalí por los logros de Gaudí es el motivo central de una de sus efusiones más delirantes, el ensayo "De la aterradora y comestible belleza de la arquitectura modernista"[77]. Para ambos artistas las paredes seductoras, incrustadas, porosas y anti-rectilíneas erigidas por Gaudí eran estructuras cargadas de maravillas con las que se identificaban. Sin embargo, mientras Dalí se las quería comer, Tàpies prefería consagrar el muro como una sucesión de frentes entre el objeto de arte, el *yo* y la cotidianidad.

Dejando a un lado la sombra edípica de Gaudí, hay toda una serie de coincidencias parciales entre los dos artistas, así como diversas tendencias temáticas que comparten las mismas condiciones fundacionales, pero que a menudo se aventuran en nombre de conclusiones antitéticas. Por ejemplo, ambos cultivaron lo microscópico. Los detalles iconográficos de Dalí, sus pelos, guijarros y arrugas, forman parte de una estilística teatral que pretende evocar un realismo alucinatorio verosímil. Por otro lado, Tàpies, igual de partidario de lo pequeño (y que en ocasiones utilizó pelo verdadero), emplea lo diminuto y la línea fina (las venas de los ojos) como centros de atención simbólicos y ardides descriptivos mediante los cuales alcanza una penetración más grandiosa y alegórica: "Es algo que siempre ha sido clave en mi obra: se puede contemplar todo el universo en algo pequeño e insignificante" [78]. Ambos artistas estaban obsesionados por lo pulido y sus consecuencias. Para Tàpies una superficie redondeada y sin textura ["cualquier cosa que indique una terminación excesiva, pulida, hecha con una máquina" [79]] era un signo casi aborrecible de la cultura mecánica y de la complicidad de las masas con su reproducción infinita. Por otro lado, para Dalí la superficie curva y uniforme del huevo o de una pelota era un símbolo del rostro humano en embrión, sin influencias culturales, su piel pura y sin arrugas lista para la investidura narcisista y su vacío susceptible de llenarse con deseos oníricos o delirantes. La pasión de Dalí por lo uniforme o lo pulido, ya fuera una superficie redondeada o un estilo hiper-académico, le llevó, incluso, a renegar del concepto revolucionario de muro o barricada, esos impedimentos definitivos para la visión o el movimiento. Para él, el muro se convirtió en un obstáculo que acabó con la "apoteosis del estilo Luis XIV", basado en "excavaciones, auténticas antibarricadas que devolvieron al pasado los medios de desplazarse en el futuro..." [80]

Lo más llamativo de todo es que ambos compartían como tema clave para las teorías sobre la producción de imágenes la famosa parábola de Leonardo de la iconografía incipiente, en la que las manchas y señales de la pared inducen a la formación de nuevos mundos, sujetos y narraciones artísticas. Para Dalí, el muro es un símbolo para la proyección de fantasías oníricas, y es, en sí mismo, un motivo o un aparato que la visión daliniana destrozará literalmente para volverlo a cristalizar en fragmentos asociados. Naturalmente, para Tàpies el muro es una superficie donde inscribir, un soporte y un material donde el acto de "encontrar" se confunde deliberada e infinitamente con los ademanes de crear. Al enseñar a sus alumnos que dibujaran su "inspiración" a partir "de las formas indefinidas de las manchas de humedad y de las grietas de la pared..., que pueden hacer surgir de entre lo confuso y amorfo los contornos precisos del tumulto visceral de una batalla ecuestre", el Leonardo de Dalí queda alineado con Aristófanes, Freud, Arcimboldo y otros como un "auténtico innovador de la pintura paranoica"[81]. Escrito en 1939, el texto en el que Dalí inventa la historia de la pintura como una genealogía paranoica se llama "Dalí, Dalí", un título que se vislumbra inequívocamente en la posterior obra sobre Tàpies ("Tàpies, Tàpies, clàssic, clàssic"). Las "pinturas paranoicas de imágenes dobles" del propio Dalí estaban a la cabeza de esa genealogía, y el doblar o multiplicar alusiones reflejadas se convirtió en su ardid surrealista preferido. En 1939, Dalí no sólo duplicó su imagen sino también su nombre. En 1962, se desdobla a sí mismo en Tàpies, y luego desdobla dos veces a Tàpies: por un lado en su propio nombre y en el privilegiado muro de Leonardo (*Tàpies, Tàpies*); en segundo lugar en una doble expresión de solidez intemporal (*clàssic, clàssic*), que probablemente sea doble como homenaje e ironía. La capacidad de Dalí para jugar con los nombres y sus dobles sentidos era casi infinita. Por ejemplo, en una de sus reflexiones sobre Gaudí escribe que, durante una conversación en 1929, él "afirmó categóricamente que el último genio de la arquitectura fue Gaudí, cuyo nombre en catalán quiere decir orgasmo, como Dalí quiere decir deseo. Expliqué que... el orgasmo y el deseo son los rasgos distintivos del catolicismo y el gótico mediterráneo, que Gaudí reinventó y llevó hasta el paroxismo"[82]. Deseo, orgasmo..., muro. Ahora entendemos por qué Tàpies es un "clásico".

Esta arquitectura de rectas paralelas y oblicuas forma la extraña morada en la que Dalí y Tàpies cohabitan momentáneamente cuando, en 1962 en Nueva York, se pidió a Dalí que comentase la carrera artística de su paisano. Como no podía ser de otra forma, el marco del espacio lo construye Gaudí, mientras que los "tabiques" son un regalo del propio nombre de Tàpies[83]. Como una urraca, Dalí decora su casa crítica de "virtudes cardinales" con detalles brillantes, cuyo representante principal es todo el campo de "fragmentos biológicos". La pequeñez extrema se libera de las limitaciones artísticas del punto, de la textura de un grano o del ancho de un pelo, mediante la participación del "microscopio electrónico", cuando las imágenes hechas partículas de Tàpies tienen los mismos límites que los registros más diminutos y los "accidentes" de la propia materia; "el ácido desoxirribonucleico, que no es otra cosa que el factor central de la vida y de la persistencia de la memoria". En esta cuestión, Tàpies se convierte en un hiperrealista que representa granos ampliados de todo el mundo. Al mismo tiempo, quizá en un gesto de solidaridad con su "amigo" catalán, se remodela discretamente una segunda vez, como el propio Dalí: ya que ambos son autores reconocidos de la "Persistencia de la Memoria".

Al conjugar las posiciones subjetivas morfológicamente variables del artista y el registro pictórico de lo microscópico, Tàpies se acaba convirtiendo en Velázquez; o, más bien, su obra emerge como una variante laboriosa de una porción diminuta y ampliada del vestido cortesano de una infanta española (el *Retrato de la Infanta María Teresa*, de Velázquez, 1623). Entre otras sugerencias ingeniosas, Dalí revela la continuidad disyuntiva entre Tàpies y Velázquez no sólo en una cuestión de técnica (ya que la abstracción moderna queda atrapada en la línea del dobladillo del Maestro), sino también en su distinto compromiso con el retrato y el rostro. Escribe: "Sólo hay que cortar el cuadro (de Velázquez) y añadir un rostro o cualquier otra cosa. El resto: el microcosmos".

Si se siguen estos cambios de estructura, escala y persona, lo que queda en la cuenta de Dalí es un descriptor crítico; uno de los más interesantes, aunque lleno de prejuicios, con relación a Tàpies. La tercera de las virtudes cardinales de Dalí es la siguiente: "El éxito y el secreto de Tàpies residen en el hecho de que los elementos de su arte están distribuidos cromosomáticamente". La chocante fórmula de Dalí encaja con la "especie de manía a los colores" de Tàpies, sobre todo a los colores primarios, "puesto que nuestro entorno rebosa de colores"[84]. También proporciona el camuflaje para otra inquietud que comparten los dos artistas, que vuelven a estar encerrados juntos, esta vez en una doblez invertida. Pues fue Tàpies, y no Dalí, quien describió una vez su búsqueda del "color de la ilusión, de los sueños, el color de las visiones"[85].

ABSTRACCIÓN LAMINAR

La abstracción laminar se dispone en estratos y texturas, es tosca y aproximada. Es opuesta a las imágenes pulidas, transparentes y codificadas. La abstracción pulida actúa en la superficie, y tiene reflejos. La abstracción laminar habita en los pliegues y divisiones que proporcionan la profundidad de la superficie. Si la abstracción pulida canaliza la expresión hacia la forma, la abstracción laminar persigue la señal expresiva con estrategias significativas que la parodian o la difaman. La abstracción laminar se acomoda a la escritura, a la iconografía o a los trazos en perspectiva, mientras que la abstracción pulida y sus contrarios putativos, el realismo social y el hiperrealismo, conspiran para eliminarlos del campo visual, o los destierran a la invisibilidad. La imagen laminar es táctil; la pulida, clamorosamente óptica. La abstracción laminar concibe el escenario visual como un territorio, incluso cuando intenta representar una identidad. Por ejemplo, Jean Dubuffet se refirió a sus antirretratos de 1947 como una sucesión de "territorios", no como una serie de rostros. Tàpies por su parte, pensando en el mismo sentido, escribió en cierta ocasión a propósito de su técnica que "toda una nueva geografía me iluminó de sorpresa en sorpresa"[86].

La abstracción laminar se explica contra una historia, y sólo es posible como una traición a los principios recibidos de esa tradición. Para Tàpies, y para muchos artistas que trabajaban en España, Italia, Francia y Estados Unidos entre finales de la década de 1940 y principios de la de 1960, el lenguaje de la abstracción contra el que luchaban estaba "cimentado", en palabras de Tàpies, en el inefable vocabulario "puro" "del color y la forma" creado sobre todo por Kandinsky y Mondrian, y formalizado y encorsetado después por las abstracciones internacionales de los años 30. Aun a riesgo de malinterpretar la teoría y la práctica más sutiles de sus fundadores [87], este estilo, sobre todo cuando se generalizó, fue aceptado por la crítica, se imitó y se exportó, dio lugar a imágenes que eran pulidas, elaboradas uniformemente, muy intencionadas, repetitivas y codificadas mediante símbolos. Tàpies a su manera, y otros artistas a la suya, se quejaron de que el "vocabulario" de la corriente principal del arte abstracto se había vuelto estático y normativo, su percepción rutinaria, y sus "signos" estaban "atrapados en la estructura interna de la pintura" [88]. La simetría y el geometrismo dejaban a Tàpies "completamente frío", puesto que dicha forma de figuración iba asociada a una necesidad tecnológica que siempre había rechazado, y provocaba ciertos efectos discordantes e "intocables" parecidos a la llegada de las "cosas pulimentadas, fabricadas racionalmente con cálculos, y tiralíneas y compases" [89].

Algunos críticos, como Lawrence Alloway (quien separa cuidadosamente el localismo y la tendencia de la obra de Tàpies de alguna "presencia geocultural romántica" inducida por el paisaje y el clima español), ofrecen distinciones parecidas cuando señalan el surgimiento de una escuela española de abstracción que se pudo formar en contraste con "el supuesto fluir uniforme del arte abstracto internacional" [90]. La abstracción pulida no supo proporcionar la dosis de pasión que se exigía a la obra de arte durante la posguerra. Tàpies se preguntaba cómo podría ese lenguaje alcanzar la verdadera "valoración" del objeto (después de Duchamp); cómo podría aspirar a las "provocaciones" de Picabia; cómo iba a ser posible que ese arte acogiera la "libertad sexual de Miró" [91].

Tàpies dio varias respuestas a este callejón sin salida, las más significativas de las cuales fueron una nueva materialidad propia; una teoría de la producción de "autor"; una apropiación distintiva del objeto; y una ambigüedad cuidadosamente calculada que, como veremos más adelante, llevó a cabo entre varios registros de figuración. Su utilización de la cola, la tierra y el polvo de mármol, mezclados con pintura y después barnizados, se inicia en 1946. Experimentará en ella y la transformará a lo largo de los primeros años cincuenta, lo cual le permite estructurar la uniformidad de la superficie de la imagen y transformarla en un paisaje de texturas y en un campo particular. Esta nueva materialidad era profunda en su sustancia y convincente en sus efectos. Acabó dando origen a "algo pastoso, con propiedades melosas, e incontrolable hasta el punto de que a veces un cuadro se hace solo" [92]. La función de semi-autonomía que Tàpies concede a su material fragante y viscoso magnifica la textura de lo laminar en su sentido más amplio. Está a punto de librar una batalla contra sus antiguos compromisos con la mediación y la auto-expresión, y de rendir su ponderada alianza con la contemplación asociativa al vertiginoso y eruptivo fluir del propio medio.

Naturalmente, las innovaciones de Tàpies con el material no eran las únicas. Picasso, y sobre todo Braque, habían añadido serrín y arenisca a sus pinturas cubistas a principios de la década de 1910; André Masson, Miró y otros surrealistas usaban cola y arena entre otros materiales a mediados de los años 20; y entre los artistas que pertenecían más o menos a la generación de Tàpies, los experimentos *haute pâte* de Jean Dubuffet y Jean Fautrier empezaron en París a mediados de la década de 1940. Pero para los cubistas y los surrealistas estas mezclas eran breves paréntesis a los que seguían otros experimentos o la vuelta a una pintura dentro de las normas, como pasó con Jackson Pollock alrededor de 1947, cuando pintó *Full Fathom Five* con basura del estudio incrustada. El impulso de Tàpies hacia la textura también se diferencia del de Dubuffet, porque si bien experimentaba con las ramificaciones de las superficies matéricas, estaba mucho más centrado en la continuidad de unas fórmulas predominantes, mientras que el artista francés era mucho más promiscuo al incluir materiales: alquitrán, partes de insectos, hojas u otras sustancias biológicas. Tàpies llegó a describirse como un "materialista" ("a pesar de los matices que han de completar el término"), que procuraba "comprender la estructura de la materia", insistiendo, no obstante, en que su meta era pasar del análisis de una "materia particular a una materia generalizada" [93]. Su "materialismo" se consideraba mucho más que una participación general en el "gusto por lo textural" [94] asociado a la vanguardia artística occidental de mediados de siglo. Sobre todo, el medio preferido de Tàpies, el polvo de mármol, existe como componente laminar en la historia del arte catalán, los artistas del románico catalán utilizaban algo parecido; cosa que le sorprendió y agradó cuando le contaron la conexión durante la visita que le hizo a un pintor tradicional [95].

Una segunda forma de laminación se produce con el insistente rechazo de Tàpies a adherirse a las normas, escuelas, movimientos o cualquier otra forma de tendencia sistemática. Según él, las obras propias "no se hacen con las buenas o malas intenciones de un movimiento, sino con las de su autor... El artista [trabaja] sin necesidad de reglas" [96]. Otro aspecto notable de la abstracción laminar de Tàpies tiene relación con su para-pictoricismo obsesivo, una preocupación permanente por alcanzar lo que está más allá de la pintura, sea social, político, histórico, místico o personal. Los abundantes escritos del artista tienen como asunto dominante unas extensas y enfáticas declaraciones sobre la misión de pintar, aunque a veces resulten desconcertantemente abstractas. Por ejemplo, en una afirmación de 1967, Tàpies insiste en que el arte debe tratar sobre todo de "aspectos generales, básicos, de esquemas últimos, de visiones globales"; mientras que cuatro años antes concebía su obra como una ayuda para que las personas pudieran "superar su estado de enajenación, incorporando a su vida de cada día unos objetos que lo sitúen en un estado mental propicio para tomar contacto con los problemas últimos y más profundos de la existencia"[97]. Con mucha frecuencia, la teoría que proporciona la imagen laminar está trazada como una especie de alegoría abstracta, cuyas dimensiones encajan perfectamente cn la propuesta que hizo Tàpies: "En lugar de hacer grandes discursos sobre la solidaridad humana, quizás es mejor señalar un montón de infinitos granos idénticos de arena"[98]. La consecuencia final de la admiración que Tàpies ha tenido siempre por el arte y las filosofías orientales empieza, como hemos visto, con la preocupación constante por los detalles y las cosas pequeñas, pero, quizá paradójicamente, lo mezcla con una visión de la totalidad. Porque el aspecto más importante de la "estética del Extremo Oriente" es su concepción del arte "como un comportamiento total en la vida, hasta en los más pequeños detalles de la vida de cada día"[99].

A partir de 1960, por lo menos, Tàpies pone en práctica esta facultad no mediante la producción de ilusionismos, ensueños o referencias dirigidas, sino mediante el granulado de la propia imagen, su textura y la insinuación del material. Sus imágenes nos llegan como una constelación de infinitas partículas unidas mediante agentes aglutinantes que parecen detener el movimiento de la imagen en un instante de su fluir, con una variante menor de la gama de colores de los primeros cubistas, y una textura de papel de lija o terrones de azúcar. El grano, el símbolo y el referente exterior están encerrados juntos en una trinidad significativa que intenta evitar cada una de las estructuras referenciales adoptadas e inventadas durante la carrera artística de Tàpies: la deducción surrealista, el social-realismo, la auto-referencia formalista, la conceptualización contra-visual y la apropiación de la imagen-objeto. En los diferentes momentos de su carrera su arte parece veteado con una u otra de estas tendencias, pero si se mira en su conjunto, el núcleo de la obra de Tàpies está cuidadosamente dotado de una resistencia casi amanerada al control de aquellas coordenadas. Si se quiere, el efecto es parecido a las turbulencias que caracterizan al flujo laminar. Sin embargo, en esta formación existe algo de alquimia, de imposible incluso. La partícula, la iconografía y lo explícito se funden en la abstracción de un teorema. Éste es el sentido en el que Tàpies piensa la relación existente entre sus imágenes y sus significados y la teoría del juego, el aspecto de su arte que no tanto se ve como se "juega".

Aunque ganador en 1958 del prestigioso premio internacional Carnegie (concedido por un jurado que incluía a Marcel Duchamp) y objeto de una retrospectiva en 1962 en el museo Solomon R. Guggenheim (ocasión que provocó el artículo de Dalí en *ArtNews*) y elogiado en la prensa popular, que le llamó "príncipe negro" de la abstracción informal europea, si observamos la posición ambigua que ocupa en los escritos de Donald Judd y Clement Greenberg, las propias contradicciones de Tàpies se unen a su incómoda acogida para subrayar la intensidad laminar de su actitud marginal. Los logros de Tàpies se deben interpretar mediante una serie de aporías en la crítica dominante de la época, que como muchos aspectos de su obra se generalizan en exceso o son notablemente poco declarativos.

Siguiendo este argumento, encontramos a Tàpies actuando como una especie de conciencia insatisfecha del formalismo, ya que la auto-referencia que satura sus imágenes está basada en las porosas superficies de sí mismo como sujeto, y no en el objeto reflejo de la pintura o en la reflexión de la misma. En su lucha contra la pureza del material, Tàpies era coherente, incluso obsesivo, con su privilegiada fórmula matérica. Al mismo tiempo que denunciaba la tiranía de la superficie y de los lenguajes determinantes de la forma y el color, se dedicaba a su arbitraje subjetivo. Y aunque militaba contra la reducción formal, siempre estuvo comprometido con la severidad y la moderación.

Estas aparentes contradicciones son las que producen fricciones en la obra de Tàpies, y son la principal y auténtica característica de su naturaleza laminar. Se presentan, fugaz pero insistentemente, como un entramado de silencios y obsesiones en la breve nota que escribió Donald Judd, futuro adalid de la abstracción pulida, para la exposición de Tàpies en la Martha Jackson Gallery (octubre a noviembre de 1963) [100]. Escrita a finales de 1963 —aproximadamente un año después del escrito de Dalí—, esta reseña de un párrafo tiene una resonancia crítica que va más allá de su brevedad y su tono algo circunstancial. Porque Judd escribe no sólo desde la cresta de la primera ola del reconocimiento internacional de Tàpies, sino desde un punto crucial y complejo en el mundo artístico occidental, que fue testigo, simultáneamente, del triunfo crítico e institucional del formalismo de Greenberg, de la emergencia comercial del pop art y de los primeros gestos de lo que se llamaría la estética minimalista, de la que Judd, naturalmente, ha sido considerado como uno de sus máximos exponentes.

Con un estilo que combina la obstinación florida del formalismo "de calidad" y la agudeza desechable del crítico habitual, Judd dice muy poco sobre Tàpies en este breve texto. Es más, la crítica termina alabando la idea de pequeñez, "brevedad" y comedimiento del artista. Al contrario que Dalí, quien consideraba lo minúsculo como estímulo para la alucinación, y el propio Tàpies, quien tendía a darle una transcendencia general al detalle, Judd interpreta los atributos empequeñecedores de Tàpies como efectos beneficiosos y casi minimalistas. Judd se pronuncia tres veces sobre el no-expresionismo positivo de Tàpies, utilizando un término que Peter Bürger aprovecharía un cuarto de siglo después [101]. Para Judd las características principales del estilo predominante de Tàpies, lo que él llama su "propia dirección", son el uso de "señales fortuitas y lacónicas", inexpresivas, junto con superficies de textura tosca con una gama de colores en tono menor ("ocres", "ocres amarillentos", "marrones"). De forma que el miniaturismo, la falta de dramatismo y lo "casi accidental" unen sus fuerzas a una inmediatez gestual en tono menor para retirarse de las connotaciones expresionistas de la otra "dirección", un vestigio secundario en la obra de Tàpies. Como dice Judd: "Hacer algo pasajero, pequeño y fortuito, o hacerlo y registrarlo simultáneamente y de forma casi accidental, es muy distinto a usar la arena y la pintura como una expresión directa de emoción inmediata".

Hay varias consecuencias interesantes de la alineación que hace Judd de Tàpies con la abstracción anti-expresionista que, en cierta medida, comparte con la imaginería banal y corriente del pop, y las superficies inmaculadas del minimalismo. Porque además de provocar un diálogo con los términos dominantes de la vanguardia de Estados Unidos en 1963, la expresión utilizada por Judd abre todavía más puertas en el muro de la obra de Tàpies, nos acerca y nos separa del momento formalista/pop/minimalista. Las nociones clave del no-expresionismo también fueron fundamentales en el neo-vanguardismo *anti-art* de Allan Kaprow, quien, antes de 1960, ya argumentaba a favor del hundimiento del gesto "artístico" y la vuelta a los pliegues comunes de lo cotidiano. La misma idea, con distintas formas, aparecía en los manifiestos y polémicas de la generación conceptual, quienes, simultáneamente, cumplían y refutaban la lógica del minimalismo hacia finales de los años 60. Uno de los proyectos fundacionales del arte conceptual, *Remarks on Air-Conditioning* [*Observaciones sobre el aire acondicionado*] (1966-67) de Art & Language lleva el subtítulo *An Extravaganza of Blandness* [*Una fantasía de la inexpresividad*] [102], suprime la vulgaridad de un objeto cotidiano mediante una reflexión sobre la actividad no-expresionista de un proceso también cotidiano, y pone a prueba el punto de vista imperante de la obra de arte como algo que debe poseer una carga formal, que debería ser institucionalmente visibe, objetualmente explícita y auto-declarativa. El resultado de Art & Language fue una demostración, apoyada en un texto, de una "virtud super-corriente"[103] que se ofrecía para acabar con los intentos del arte del antiguo orden de volver a los dominios de la "ornamentación". Por otro lado, el no-expresionismo de Tàpies actúa como una barrera entre la exuberancia de Gaudí y la claridad, igual de imposible, del severo conceptualismo. Hay que insistir en la labor de Tàpies para anticipar y preocuparse por los efectos que tanto minimalistas como conceptualistas pusieron en primer plano bajo el signo de lo anti-expresionista.

La suma y superposición de estos registros del antiexpresionismo subraya claramente una de las características de la obra de Tàpies que han apuntado diversos críticos: su capacidad para la continuidad (en materiales y motivos) y la mutación (dado que Tàpies responde, directa o indirectamente, al debate internacional en el mundo del arte) [104]. Dicha continuidad interrumpida en el tiempo, plegada sobre una sucesión de razonamientos y temas, es otra característica de la abstracción laminar de Tàpies: característica que, una vez más, debemos leer entre líneas. Junto a la insistencia de Judd sobre la inexpresividad de Tàpies tenemos la condescendiente calificación que le dedica Greenberg. Según mis cálculos, Greenberg sólo cita dos veces a Tàpies en sus escritos y críticas, una vez en 1962 y otra en 1968. Si bien las dos referencias son breves, y la segunda es casi un paréntesis, nos muestran algo importante sobre las limitaciones del formalismo americano: la imposibilidad del diálogo trasatlántico en estos años. Habría que mencionar el alcance y la provocación social de la obra de Tàpies, que hacen que Greenberg sea incapaz de mostrar su compromiso con ésta.

Estas ideas aparecen especialmente claras en "After Abstract Expressionism", un famoso ensayo que se publicó primero en *Art International* (octubre de 1962), y que después se corrigió varias veces. Greenberg critica el giro de la pintura abstracta de Nueva York posterior al expresionismo abstracto y que se dirige a lo que él denomina "figuración sin techo": una forma de "pictoricismo plástico y descriptivo que se emplea con fines abstractos, pero que sigue proponiendo fines figurativos" y que se origina a partir de las mujeres "francamente figurativas" que pintó De Kooning entre 1952 y 1955 [105]. Cuando dirige su mirada a Europa, Greenberg observa dos direcciones en la abstracción pictórica: una discurre paralela a la "figuración sin techo" y se manifiesta en la abstracción linear de "Hartung, Wols y Mathieu"; la otra se cimenta en la obra de Dubuffet y Fautrier y se materializa en las últimas obras de De Staël, y él la considera como la puesta en práctica de un "bajorrelieve furtivo", que se hace evidente por "ser una acumulación de pintura, literalmente, de tres dimensiones" [106]. A Greenberg le preocupa que, tanto en Europa como en Estados Unidos, predomine la abstracción de poca calidad: hace hincapié en que "allí, también, un conjunto enorme de arte abstracto que es malo por ser amanerado pasa el testigo, dentro del ámbito del manierismo, a otro arte felizmente menor. Johns y Diebenkorn son para nosotros lo que para Europa Tàpies y Sugai" [107].

Los muros laminares de Tàpies construirán otro edificio enteramente nuevo. O, más bien, un campamento errante de signos nómadas, un panorama de campos arenosos, una arqueología de sillas y puertas restauradas, un territorio de riscos, perforaciones, colores, formas, huellas y partes del cuerpo. Si la idea de Judd sobre el antiexpresionismo nos hace ponderar el pasado y el futuro de la representación que hace Tàpies de la vulgaridad, entonces la consecuencia de ciertos calificativos que le atribuyó algún crítico formalista americano se gira, como las cabezas del primer Tàpies (y como Deleuze y Guattari arguyen para el lenguaje de Kafka), en un gesto de subversión creativa. Pierre Restany cree que la obra de Tàpies "ha virado completamente hacia la antropología cultural", —la actividad más desarraigada— en cuya condición asume "la memoria colectiva de una cultura cuya identidad nacional ha tenido un destino atormentado"[108]. Lo minoritario de no tener un techo se convierte en un testimonio de los años de exilio interior durante los tiempos de Franco, en un símbolo de la búsqueda de lo exterior, no del encierro que domestica, y en un compromiso en buscar más allá de la seguridad del marco y de uno mismo.

El antiexpresionismo y los calificativos formalistas se reúnen en un lugar definitivo para las escurridizas sugerencias de la obra de Tàpies, cuando el artista alcanza un espacio semántico que está de algún modo más allá de los sueños y de la realidad, y que es ajeno a la reducción a formas, y luego a conceptos, que se defendía tan fervientemente en el mundo artístico, de clara orientación estadounidense, de mediados de la década de 1960 y 1970. Este espacio se mide mediante un ejercicio de apropiación —singular e inimitable— que se resiste a los atractivos de la cultura popular, y que transmite sus logros a objetos cotidianos cargados de simbolismo: partes del cuerpo, sillas, muros, fragmentos de textos, y signos superiores y complejos como la cruz y el rostro. El molde laminar, cuyas dimensiones están formadas por sutiles inconmensurabilidades con sistemas de referencia de mediados y finales del siglo XX, ofrece un "armazón secreto"[109] para la opacidad evidente del artista. Al comentar la obra de Tàpies muchos han mencionado esa opacidad, y algunos la han resaltado [especialmente Barbara Catoir, cuya introducción a sus "conversaciones" con el artista está plagada de referencias a su "cosmos delimitado por su propio espacio" y su inclinación por "lo hermético, lo místico, lo oscuro..., los misterios y enigmas..."[110]], esta oscuridad deliberada crea un campo de referencia que se renegocia constantemente entre la materia y la forma, entre el *yo* y la historia, entre la señal y el símbolo. El efecto laminar, con sus capas de combinación y concreción, dificulta, y acaba frustrando, cualquier aproximación a la obra de Tàpies que intente descifrarla elemento por elemento, o la considere como una continuidad trascendental. Si bien parece que Tàpies aprueba ambos planteamientos, podemos encontrarle con métodos más eficaces, no mediante un proceso de "descifrar secretos" (Catoir) pista tras pista, ni sometiéndonos a diferentes ámbitos regulados por arquetipos imposibles de conocer (J. E. Cirlot) o a emblemas, metáforas y sensaciones nacionales (Gimferrer). Las cosas, signos y partes representadas por Tàpies nunca estarán organizadas de forma monótona y reproducible. Están dispuestas equívocamente, a veces ambiguamente, en las sombras oscilantes de la historia, el uso y la identificación.

NOTAS

1 Para un análisis más amplio sobre la autorrepresentación y el narcisismo, véase John C. Welchman, *"Peeping over the Wall: Narcissism in the 90's"*, capítulo 5 de *Art After Appropriation: Essays on Art in the 1990's,* Gordon & Breach, 2000.

2 Véase Werner Hoffman, "Intra Muros" en el catálogo de la exposición *Tàpies: els anys 80*, Ajuntament de Barcelona, Barcelona, 1988.

3 Octavio Paz, "Diez líneas para Antoni Tàpies", en *Tàpies. Peintures récentes*, catálogo de exposición, Galería Lelong, Zúrich, 1991.

4 Roland Penrose, *Tàpies,* Thames and Hudson, Londres, 1978, p. 24.

5 Pierre Restany, "Tàpies: Bigger than Life", *Cimaise*, vol. 41, números. 231-232, sept.- oct. 1994, p. 6.

6 Manuel Borja-Villel, "Arte y transgresión en la obra de Antoni Tàpies" en el catálogo de la exposición *Tàpies: Extensiones de la Realitat,* Fundació Joan Miró, Barcelona, febrero-abril de 1991, p. 36.

7 Uno de los ataques más fuertes a la obra de Tàpies se produjo en una crítica del conservador *The New Criterion* con ocasión de una exposición retrospectiva en el Guggenheim en 1995, a la que calificó de "no tanto una exposición sino una demostración de ego". Mario Naves, "Serious Matters", *The New Criterion* (abril de 1995), p. 36.

8 *Ibid.*, p. 211.

9 Serge Guilbault, "Material for Reflection: The Walls of Antoni Tàpies" en el catálogo de la exposición *Tàpies: Comunicació sobre el mur,* Fundació Antoni Tàpies, Barcelona, 1992, p. 304.

10 Véase "Antoni Tàpies, o el burlador de diademas" de Francesc Vicens en el catálogo de la exposición *Fotoscop: Lenguaje Visual,* Polígrafa, Barcelona 1967, p. 17.

11 Deborah Wye, "The Language of Antoni Tàpies: Surface and Symbol in Prints and Illustrated Books" del catálogo de la exposición *Antoni Tàpies in Print ,* Museum of Modern Art /Abrams, Nueva York, 1991, p. 39. Wye nos ofrece otra formulación de la idea: "La presencia humana se puede expresar mediante una señal arañada, una frase escrita, una huella dactilar, o el fragmento de una cuerpo". *Ibid.*, p. 51.

12 Antoni Tàpies, *Memoria personal,* trad. del catalán Javier Rubio Navarro y Pere Gimferrer, Seix Barral, Barcelona, 1983, p. 56.

13 *Ibid.*, p. 100.

14 Véase *Federico García Lorca: Dibujos,* Caixa de Barcelona, Barcelona 1986, esp. pp. 124-125.

15 Véase el catálogo de la exposición *Dau al Set,* Museu d'Art Contemporani, Barcelona, 1999.

16 Antoni Tàpies, *Memoria personal, op. cit.*, p. 176.

17 Antoni Tàpies, *El arte contra la estética*, trad. Joaquim Sempere, Ariel, Barcelona, p. 195.

18 "Desde el primer momento había elementos en mi rostro a los que di especial intensidad, como los ojos a los que representaba con todo detalle, pintando hasta las venas". Entrevista de Manuel Borja–Villel a Tàpies en la obra

Antoni Tàpies: The "matter paintings", Ph.D. dissertation, Graduate Centre, City University of New York, 1989, reimpreso por U.M.I. Press, 1991, p. 226.

19   Barbara Catoir, *Conversaciones con Antoni Tapies,* trad. Ramón González y Elisabet Garriga, Polígrafa, Barcelona, 1989, pp. 95-96.

20   Antoni Tàpies, *Memoria personal, op. cit.,* p. 176.

21   *Ibid.*, p. 192.

22   Manuel Borja-Villel, *Arte y transgresión en la obra de Antoni Tàpies, op. cit.*, p. 210.

23   Antonin Artaud, "Le visage humain...", texto para el catálogo *Portraits et dessins par Antonin Artaud,* Galerie Pierre, París, 4-20 de julio de 1947; traducido por Roger McKeon en *Antonin Artaud: Works on Paper Museum,* catálogo de la exposición, ed. Margit Rowell, Museum of Modern Art, Nueva York (oct. 1996-enero 1997), pp. 94-97.

24   *Ibid.*

25   Antonin Artaud, *Van Gogh, The Man Suicided by Society, op. cit.*, p.155.

26   *Ibid.*

27   *Ibid.*, p. 153.

28   *Ibid.*, p. 141.

29   Véase, "El 'reencuentro' oficial con Dalí", de Antoni Tàpies en *La realidad como arte*, trad. Javier Rubio Navarro, Colegio de aparejadores y arquitectos técnicos, Murcia, 1989, pp. 265-268.

30   Jean Paul-Sartre, *FACES, preceded by OFFICIAL PORTRAITS,* traducido por Anne P. Jones, en Maurice Natanson, ed., *Essays in Phenomenology,* Martinus Nijhoff, La Haya, 1966, p. 162. Todas las citas proceden de esta fuente.

31   Manuel Borja-Villel, *A Note on Tàpies,* vol. XXIV, nº. 2, Nueva York, octubre de 1985, p. 113.

32   Para obtener una lista más completa de los componentes de este "compendio", véase "Tàpies en los años ochenta" de Victoria Combalía, en el catálogo de la exposición *Tàpies: els anys 80, op. cit.*, p. 239.

33   Jean Frémon, "The Inner Eye" en el catálogo de la exposición *Antoni Tàpies: Paintings, Sculptures, Drawings and Prints,* Annely Juda Fine Art, Londres, 22 de abril al 21 de mayo de 1988.

34   Véase el catálogo de la exposición *Tàpies: Dessins, de profil et de face,* Galerie d'Art du Conseil Général des Bouches-du-Rohne, 17 de julio al 21 de septiembre de 1996.

35   Manuel Borja-Villel, "Arte y transgresión en la obra de Antoni Tàpies", en *Tàpies, op. cit.*, p. 211.

36   Johann Gottfried Herder, citado por Martin Heidegger en "What Are Poets For?", de *Poetry, Language, Thought,* traducido por Albert Hoftstadter, Harper & Row, Nueva York, 1971, p. 139.

37   Antoni Tàpies, entrevista de Manuel Borja-Villel en *Antoni Tàpies: The "matter paintings" op. cit.*, p. 226.

38   Antoni Tàpies, citado por Manuel Borja-Villel, "By a Way of Introduction: A Conversation with Antoni Tàpies", en *Antoni Tàpies: New Paintings,* catálogo de la exposición Pace Wildenstein Gallery de Nueva York, noviembre de 1995 a enero de 1996, p. 9.

39   Antoni Tàpies, entrevista de Philippe Dagen, *Le Monde* (28 de febrero de 1988, p. 14); citado en "Deliquescent Bodies with eyelids: Conjuring Everyday Life in the 1980s", en *Tàpies: Obra Completa,* vol. 5 1982-1985, Fundació Antoni Tàpies/ Ediciones Polígrafa, Barcelona 1998, p. 23.

40   Antoni Tàpies, "Tres entrevistas", en *El arte contra la estética, op. cit.*, p. 227.

41   Véase Guy Habasque, "Confrontation international", en *L'Oeil,* París, nº. 56, septiembre de 1959, p. 24: "En el arte de Tàpies hay algo del Malevich informal, pero la estructuración espacial que propone resulta distinta a la de los contructivistas..."

42   Alexander Cirici, *Tàpies: Testimonio del silencio,* Polígrafa, Barcelona, 1972, p. 52.

43   Antoni Tàpies, *Memoria personal, op. cit.*, p. 193.

44   Donald Kuspit, crítica, *Artforum,* vol. 74, septiembre de 1986, p. 145.

45   Barbara Catoir, *Conversaciones con Antoni Tàpies, op. cit.*, p. 77.

46   *Ibid.*

47 *Ibid.*

48 *Ibid.*, p. 79.

49 *Ibid.*

50 Antoni Tàpies, "Declaraciones" (1967), en *La práctica del arte,* trad. Joaquim Sempere, Ariel, Barcelona, 1971, p. 46.

51 Barbara Catoir, *Conversaciones con Antoni Tàpies, op. cit.* p. 120.

52 Antoni Tàpies, entrevista con Manuel Borja-Villel en *op. cit. Antoni Tàpies: The "matter paintings",* p. 226.

53 Jean Frémon, "Pictures of an exhibition", en el catálogo de la exposición *Tàpies: peintures, encres et vernis, 1982-1983,* Gordes: Abbaye de Sénanque, 1983, p. 73.

54 Peter Bürger, "A World of Similarities...", en el catálogo de la exposición *Tàpies: el tatuatge i el cos* , Fundació Antoni Tàpies, Barcelona 1998, p. 215.

55 *Ibid.*

56 *Ibid.*, p. 214.

57 Serge Guilbaut, "Material for Reflection: The Walls of Antoni Tàpies", *op. cit.,* p. 308.

58 Barbara Catoir, *Conversaciones con Antoni Tàpies, op. cit.*, p. 105.

59 *Ibid.*, p. 73.

60 Véase nota 3.

61 Serge Guilbault, "Deliquescent Bodies", *op. cit.*, p. 25. Es extraño que Guilbault, en el contexto de su introducción a un catálogo razonado en el que hay docenas de obras que muestran cabezas, rostros, calaveras y cráneos, muchas de ellas con títulos que hacen referencia expresa a estas formas, indique no sólo que en la obra de Tàpies "el cuerpo... está favorecido en comparación con la cabeza...", sino que la cabeza "no aparece nunca". *Ibid.*

62 Antoni Tàpies, entrevista con Michael Peppiat, *Art International,* París no. 13, invierno de 1990, p. 35.

63 Salvador Dalí, "Tàpies, Tàpies, clàssic, clàssic" en *ArtNews,* Nueva York, mayo de 1962. Da la sensación de que Tàpies y la mayoría de sus críticos y cataloguistas no han leído, o han malinterpretado o incluso reprimido el artículo de Dalí. Catoir lo señaló en una de sus entrevistas cuando le preguntó a Tàpies "la razón por la que siempre se omitía (el artículo) en su bibliografía". Tàpies contestó que "seguramente fue un olvido..., o quizá no le concedí mayor importancia. No es un artículo largo, apenas unas líneas..." (Catoir, *Conversaciones con Antoni Tàpies, op. cit.*, p. 112). Al realizar una investigación en la Fundació Tàpies en noviembre de 1999, le comenté a la bibliotecaria, Gloria Domenech, que el artículo seguía sin estar incluido en la bibliografía computerizada más reciente; un "descuido" que se comprometió a solucionar. Por otro lado, y lo que supone una doble omisión muy apropiada, "Tàpies, Tàpies, clàssic, clàssic" tampoco aparece en la reciente antología de escritos de Dalí *The Collected Writings of Salvador Dalí,* editado y traducido por Haim Finkelstein, University Press, Cambridge, 1998.

64 Pierre Restany, *Cimaise,* París, octubre-noviembre de 1958; reimpreso en "Bigger than Life de Restany", *Cimaise,* vol. 41, nos. 231-232 París, septiembre-octubre de 1994, p. 14.

65 Véase Manuel Borja-Villel, *Antoni Tàpies: The "matter paintings", op. cit.* capítulo VI: "Matter Painting and Surrealism", y en las secciones sobre Dalí, pp. 139 y siguientes.

66 Antoni Tàpies, citado en *Antoni Tàpies: The "matter paintings", op. cit.*, p. 247. En una entrevista de 1990, Tàpies señala que "él (Dalí) siempre fue muy correcto conmigo en su conducta personal. Valoraba mi obra, iba a mis exposiciones... Pero representaba lo opuesto a lo que yo pensaba. No sólo en política sino también en gustos religiosos y sociales". Citado en "Master of Matter" de Robin Cembalest, *ArtNews,* Nueva York, verano de 1990, p. 146.

67 Salvador Dalí, "The King and the Queen Traversed by Swift Nudes", traducido por Richard Howard, *ArtNews,* nº. 58, Nueva York, abril 1959, pp. 22-25; reimpreso en *The Collected Writings by Salvador Dalí, op. cit.*, p. 368.

68 Antoni Tàpies, "Declaraciones" (1961), en *La práctica del arte, op. cit.*, pp. 37-38.

69 Antonin Artaud, carta a Jacques Rivière, director de *La Nouvelle Revue Française,* 5 de junio de 1923, en *Artaud Anthology,* ed. Jack Hirschman, City Lights, San Francisco 1965), p. 7.

70 Antonin Artaud, carta a Jacques Rivière, enero de 1924, en *ibid.*, p. 11.

71 Antoni Tàpies, "Recuperar conceptos. Crítica a la crítica", en *La realidad como arte, op. cit.*, p. 50.

SUPERFICIES

ALEXANDER GARCÍA DÜTTMAN

Si toda superficie debe carecer de rugosidades para ser superficie, entonces el artista muestra que no hay superficie que no sea una configuración de accidentes, el fondo de otra superficie. En la pintura todo está en la superficie que deja de ser superficie, en el fondo que se confunde con ella. ¿La actividad del artista expone o provoca la pasión de la superficie? En la medida en que no puede manifestarse sin ocultar aquello que expone, el exponer actúa como la superficie invisible de lo expuesto. Sin embargo, una superficie es siempre visible por ser siempre una extensión accidentada. Es, pues, imposible separar la pasión de la superficie de un sujeto que se abandona e impone a ella. La superficie no expone, se expone.

pobre y obvio como todo axioma vano intento de rescate cuando ya no hay tiempo para estudiar y descifrar el espíritu catalán tu mirada ávida y distraída se topa con la madera la herida incisa de su lengua las cuatro barras verticales que conservan el trazado de la mano ensangrentada y borran la huella digital espiritualidad y materialismo al hojear uno de los catálogos conclusión de una obra que la contiene en lugar de exponerla sobrevolando la superficie impermeable e imperturbable de sus páginas alzándote apenas en busca de un obstáculo para alimentar tu propia superficie la pantalla del ordenador con la llaga del ojo que roza el terreno rugoso o que se estrella contra sus elevaciones atraído en su ceguera por la ofuscación resbalas sobre las reproducciones relieve continuo de imágenes que allana los relieves y asfixia la libertad al no dejar salir a la superficie la superficie misma como un papel arrugado y plegado trapo que falta a la ley del museo encuadernado verdad de la cultura si hay superficie no será lisa pues toda superficie se expone se quiebra se desdobla se multiplica se rinde a sus pliegues y cicatrices se confunde con sus honduras y roturas recorrido que nunca concluye vuelo que nunca sobrevuela ante el trabajo rápido del alquimiartista su insistente e incisiva exposición de la superficie el espacio aéreo translúcido que constituye el elemento de la mirada también se convierte en superficie el ojo impresionado agujero oval luna atraviesa turbulencias y perturbaciones extremidad de un cuerpo pegado a la materia la trama de la escritura hiere y expone las superficies atándolas como si fueran cartones cosidos con cordeles entrecruzados escalera torcida de equis qué texto o textura podrá aplicarse a la superficie dolorida y curarla qué signo enamorado de su puño y letra obra sanatorio no se trata pues de integrarla en la historia o la filosofía del arte de añadir una época un periodo una corriente una silla de abrir una puerta una ventana modificando el concepto más bien de fabricar otra superficie de confeccionar otra tela ligándola a la suya si la superficie se exhibe y si su exhibicionismo da de sí piel quemada o marcada tatuaje tridimensional memoria incrustada en el muro entonces cesa de encubrir un fondo invisible *ir más allá* pero no perforando la superficie y accediendo a lo que parece ocultar todo en sus surcos vestigios de camas ahí yace la verdad

fotografía en blanco y negro del estudio garaje o nave luz que penetra en un interior expuesto al exterior terreno desierto cómo saber dónde empieza y dónde acaba la obra superficie accidentada de un cuadro mapa en relieve modelo a escala reducida adosado a otro cuadro tapándolo serie escalonada de marcos muro de pintura y tratamiento plástico violento ladera empinada escarpada enfocada desde una perspectiva que deja invadir la parte inferior de la imagen por un suelo en extensión progresiva como si el aparato estuviera colocado casi a ras de tierra fotógrafo agachado de los dos recuerdos de Nueva York región montuosa a vista de pájaro acercándose de frente y perdiendo altura la mirada aterriza sobre un montón de arena esparcida rebota y se precipita hacia los gránulos dispuestos sobre la madera que le impide adentrarse en el fondo la pila de grava forma ángulos cavidades claroscuros valles y cimas estériles limita la expansión de una planicie campo polvoriento rastreado cubierto de briznas de paja y clavos como una frotadura en la que han dejado su rastro los pasos de un mundo subterráneo que marcha de cabeza superficie de las antípodas éste es el enigma de su actividad transmutativa o de la expresión la materia se descubre se toca se enrolla se escribe a sí misma afección y ficción pasión y erosión su arrebato causa una catástrofe que la convierte en una imprenta máquina de la autoestimulación testamentaria erupción del volcán en la obra estudio provocación petrificación obsesión fijación o acaso es él quien manipula la materia quien recorta raya purga tuerce tortura el material quien hace sufrir a la superficie y graba sus exclamaciones inscripción despiadada de sus rasgos de su intención mística alfabeto de la descarga abrupta repertorio impuesto al objeto prostitución que le permite reconocerse paseando por Buffalo donde una galería colecciona sus obras la marca se ha vuelto paisaje urbano el material materia adueñándose así de los barrios de Barcelona en los que encontró su cantera expropiado sin embargo por la cultura del super-mercado global en francés *grande surface* por el diseño representante del conformismo contra el que se rebeló venganza imaginada en una cama *a piece of contemporary archeology* observa James Schuyler en 1957 lenguaje paratáctico que se aproxima a la verborrea diseminación arbitraria y por consiguiente absoluta de trazos o pinceladas se debe al gesto rápido lo prescribe imposible contemplar un dibujo clavado en la pared de Can Pons hay que pasar de un elemento de la serie a otro dejarse conducir por el sentido áspero de las superficies que se intercalan la cara borrosa como si antes de poder manifestarse la evidencia de sus facciones se hubiera deshecho paso demasiado veloz película entre una extinción que hace perdurar produciendo una forma atávica daguerreotipia de un Gaudí ancestral y el intento de dar constancia produciendo una forma primitiva ángel de Klee graffiti croquis incisión arañazos que rajan el cartón *cara i T* el cuerpo desnudo se cubre de garabatos se extravía en las líneas sinuosas de un lienzo insinuándose y suprimiéndose a sí mismo *imatges de llapis* quizás la impaciencia del gesto la necesidad de dar la cara enterrarse en la superficie y pelearse con un material que no da tiempo la aversión al saber que domina la práctica sean el origen de su resistencia al antropomorfismo política de la superficie lema expuesto a la intemperie olvidado sustituido por otro cifra sobreimpuesta sin coartada alguna librada a la desaparición inmediata flotando de entrada en la memoria virtual de un archivo una fundación una retrospectiva entre la intrusión subversiva de una espontaneidad que no se aferra al signo o símbolo y la carga de un lenguaje privado universal la mercancía de la fábrica del artista martillazo de la T inclinada la vanguardia española manoscada por unos dedos que no se pueden controlar o implantar de nuevo a un sujeto superficie dérmica de un tobillo acariciado por debajo de leyendas obscenas tabique celebrado atormentado escocedura anónima prohibición de los pies papeles suspendidos trasero que mea a través de las persianas de una tachadura superficie sobre superficie

OBRA EXPUESTA

11 PERSONATGE
   (*Personaje*)
   1946
   Técnica mixta sobre tela
   62 x 51 cm.
   Colección particular, Barcelona

12 FIGURA DE PAPER DE DIARI I FILS
(*Figura de papel de periódico e hilos*)
1946
Pintura y collage sobre cartón
46 x 38 cm.
Colección particular, Barcelona

13 COLLAGE DE L'ÁRRÒS I CORDES
(*Collage del arroz y cuerdas*)
1947
Pintura y collage sobre cartón
75 x 52,5 cm.
Colección particular

14 COMPOSICIÓ
(*Composición*)
1947
Óleo rascado sobre tela
38 x 46 cm.
Colección MACBA. Procedente del Fons d'Art de la
Generalitat de Catalunya. Antiga Col.lecció Salvador Riera

15 GRATTAGE SOBRE CARTÓ
(*Grattage sobre cartón*)
1947
Carbón y grattage sobre cartón
91 x 73 cm.
Colección particular

16 FIGURA SOBRE FUSTA CREMADA
   (*Figura sobre madera quemada*)
   1947
   Técnica mixta sobre tabla
   76,5 x 64,5 cm.
   Colección Fundació Antoni Tàpies, Barcelona

17 COLLAGE DE LES CREUS
   (*Collage de las cruces*)
   1947
   Pintura y collage sobre cartón
   52,5 x 73,5 cm.
   Städtische Galerie im Städelschen Kunstinstitut,
   Graphische Sammlung, Frankfurt am Main

21 COLLAGE DEL PAPER MONEDA
   (*Collage del papel moneda*)
   1951
   Técnica mixta sobre papel
   26 x 31,5 cm.
   Fundació Antoni Tàpies, Barcelona

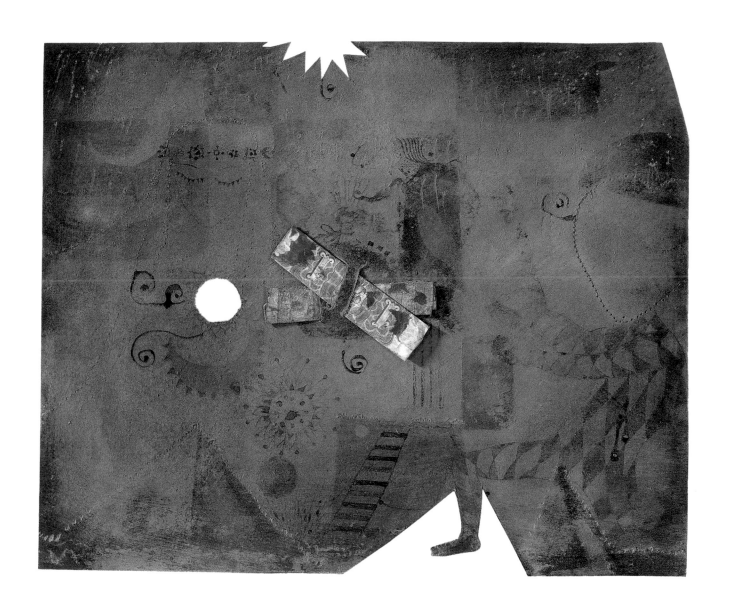

22 BLANC AMB TAQUES ROGES
(*Blanco con manchas rojas*)
1954
Técnica mixta sobre tela
115 x 88 cm.
Colección particular

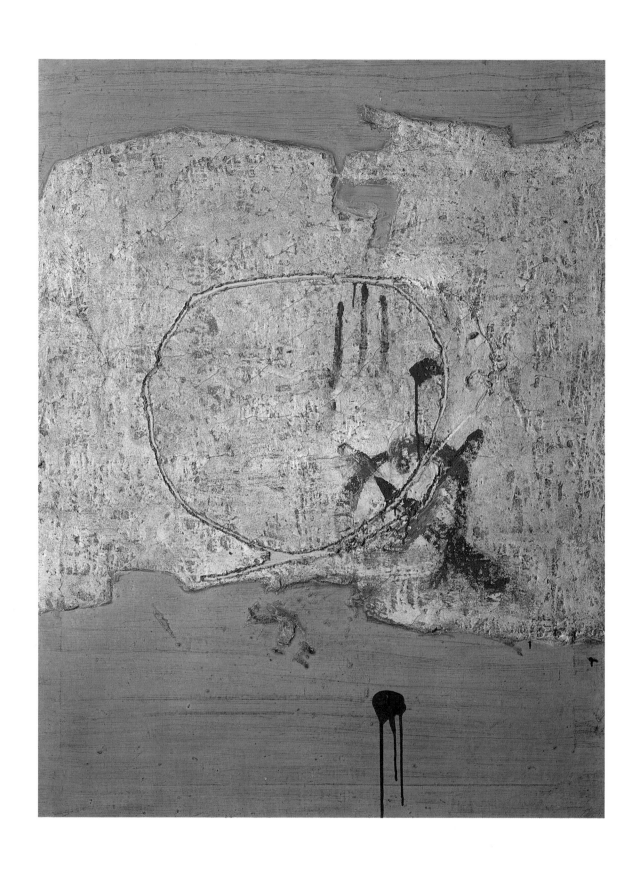

23 GRAN PINTURA GRISA. Nº III
   (*Gran pintura gris. Nº III*)
   1955
   Técnica mixta sobre tela
   195 x 169,5 cm.
   Kunstsammlung Nordrhein-Westfalen, Düsseldorf

26 PORTA METÀL.LICA I VIOLÍ
(*Puerta metálica y violín*)
1956
Assemblage
200 x 150 x 13 cm.
Colección Fundació Antoni Tàpies, Barcelona

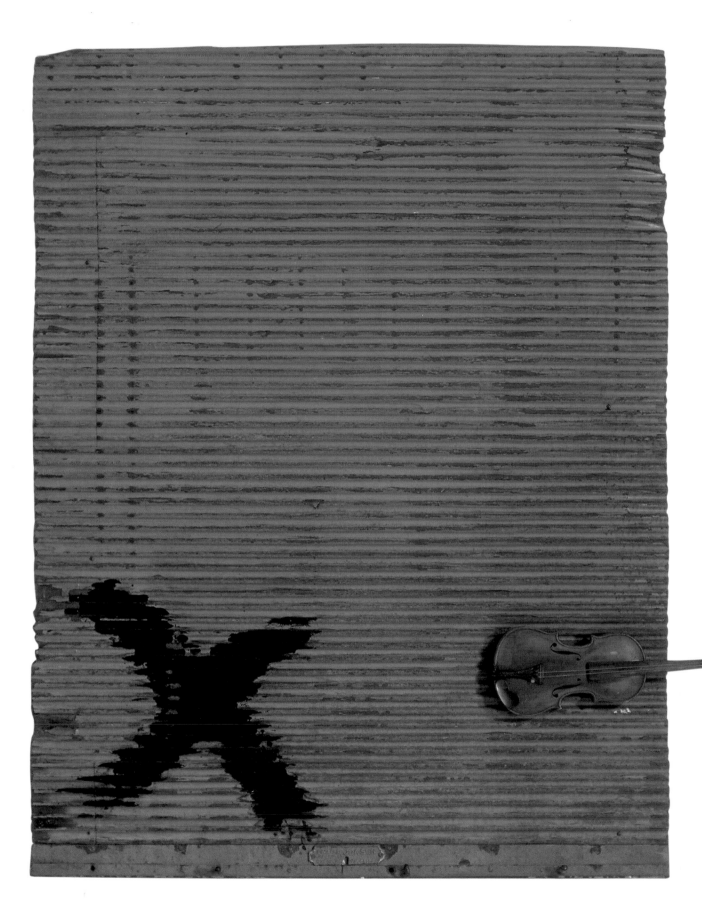

27 PINTURA. Nº XXXV
   1956
   Técnica mixta sobre tela
   130 x 162 cm.
   Colección Arango

28 GRAN OVAL
(*Gran óvalo*)
1956
Técnica mixta sobre tela
194,5 x 170 cm.
Museo de Bellas Artes de Bilbao

29 ROIG I NEGRE AMB ZONES ARRANCADES
(*Rojo y negro con zonas arrancadas*)
1963-1965
Técnica mixta sobre tela
162,5 x 162,5 cm.
Colección particular, Barcelona

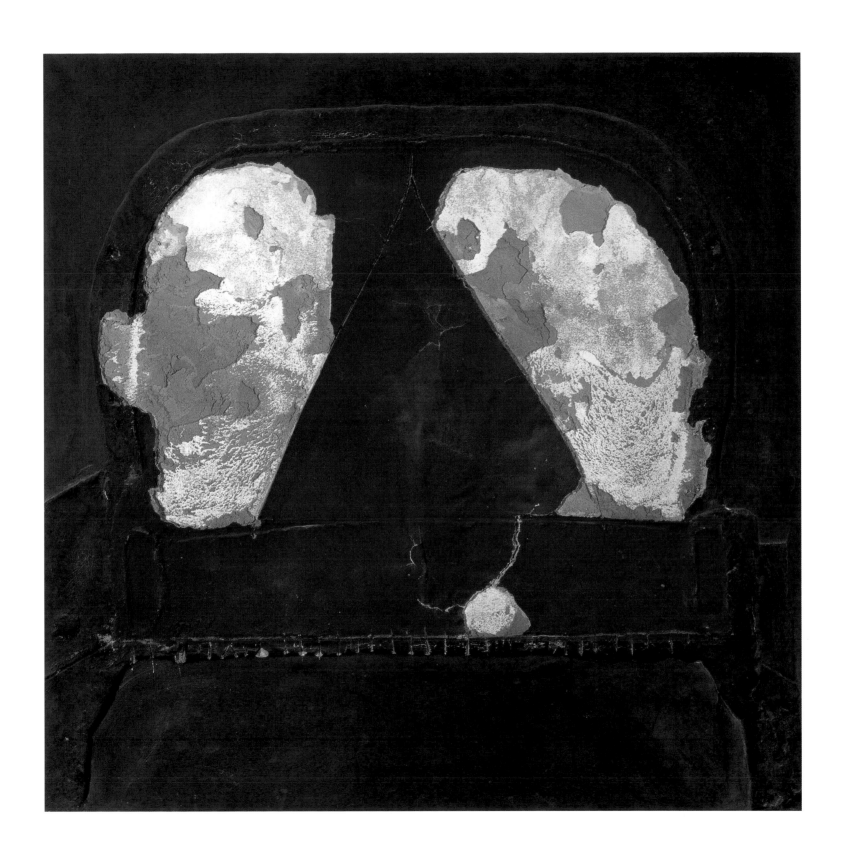

30 BLANC I GRAFISMES
    (*Blanco y grafismos*)
    1957
    Técnica mixta sobre tela
    195 x 175 cm.
    Washington University Gallery of Art, St. Louis.
    Donación del Sr. y la Sra. Richard K. Weil, 1963

31 RELLEU GRIS. Nº VIII
   (*Relieve gris. Nº VIII*)
   1957
   Técnica mixta sobre tela
   130 x 162 cm.
   Colección particular

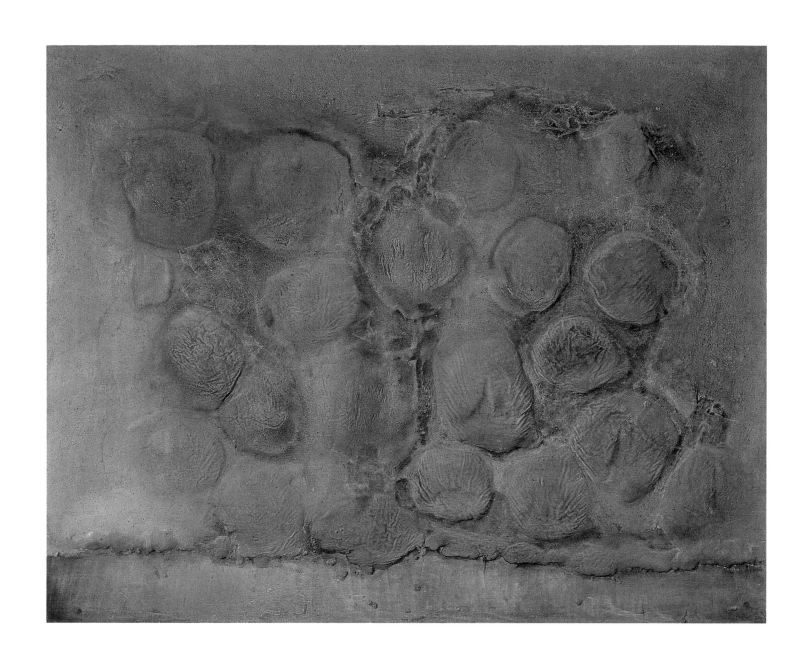

32 RELLEU VERMELL
    (*Relieve rojo*)
    1958
    Técnica mixta sobre tela
    195 x 150 cm.
    Colección particular

34 FORMA DE CRUCIFICAT
   (*Forma de crucificado*)
   1959
   Técnica mixta sobre tela
   92,5 x 73 cm.
   Landesmuseum Mainz,
   Préstamo permanente de colección privada

35 PINTURA BLAVA AMB ARC DE CERCLE
    (*Pintura azul con arco de círculo*)
    1959
    Técnica mixta sobre tela
    260 x 195 cm.
    Museum Liner Appenzell

36 PIRÀMIDE
   (*Pirámide*)
   1959
   Técnica mixta sobre tela
   190 x 240 cm.
   Kunsthaus, Zúrich

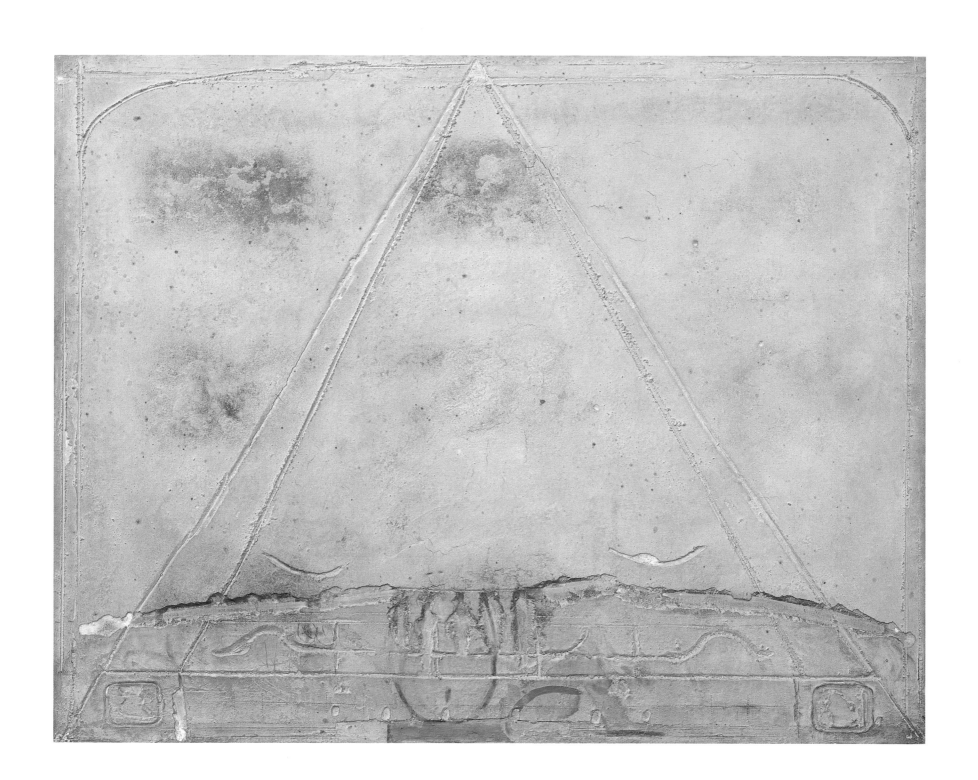

37 FORMA OCRE SOBRE MARRÓ
    (*Forma ocre sobre marrón*)
    1962
    Técnica mixta sobre tela
    195 x 170,2 cm.
    Hirshhorn Museum and Sculpture Garden, Smithsonian
    Institution. The Martha Jackson Memorial Collection:
    Donación del Sr. y la Sra. David K. Anderson, 1980

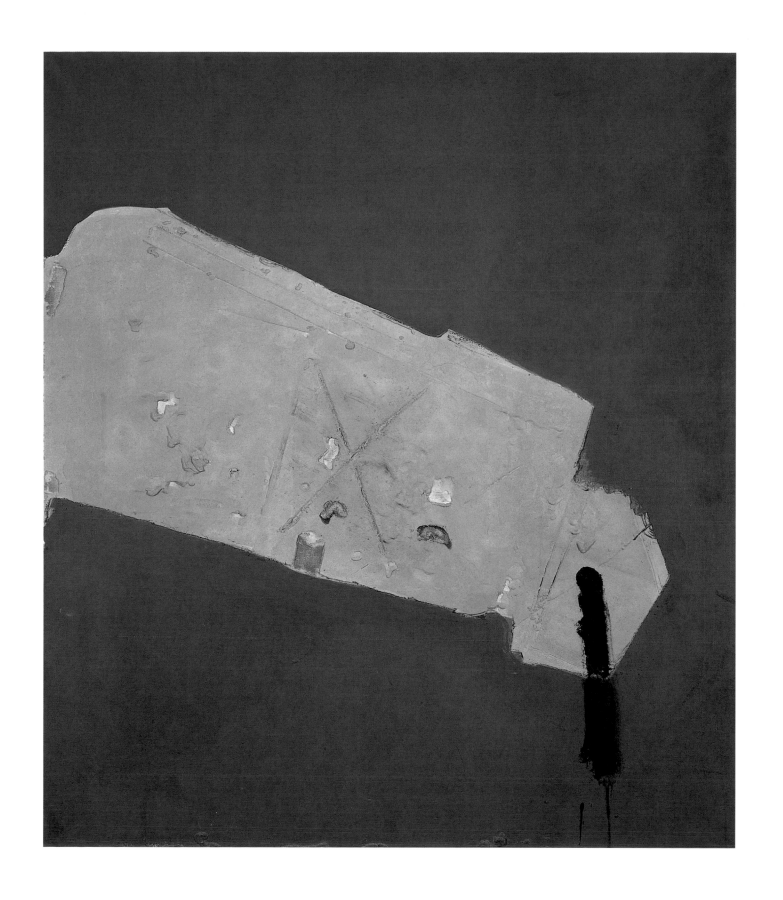

38 CAPSA DE CARTÓ DESPLEGADA
(*Caja de cartón desplegada*)
1960
Assemblage de cartón montado sobre tela
128 x 85 cm.
Colección particular

39 TELA ENCOLADA
1961
Pintura y collage sobre tela
195 x 170 cm.
Colección Fundació Antoni Tàpies, Barcelona

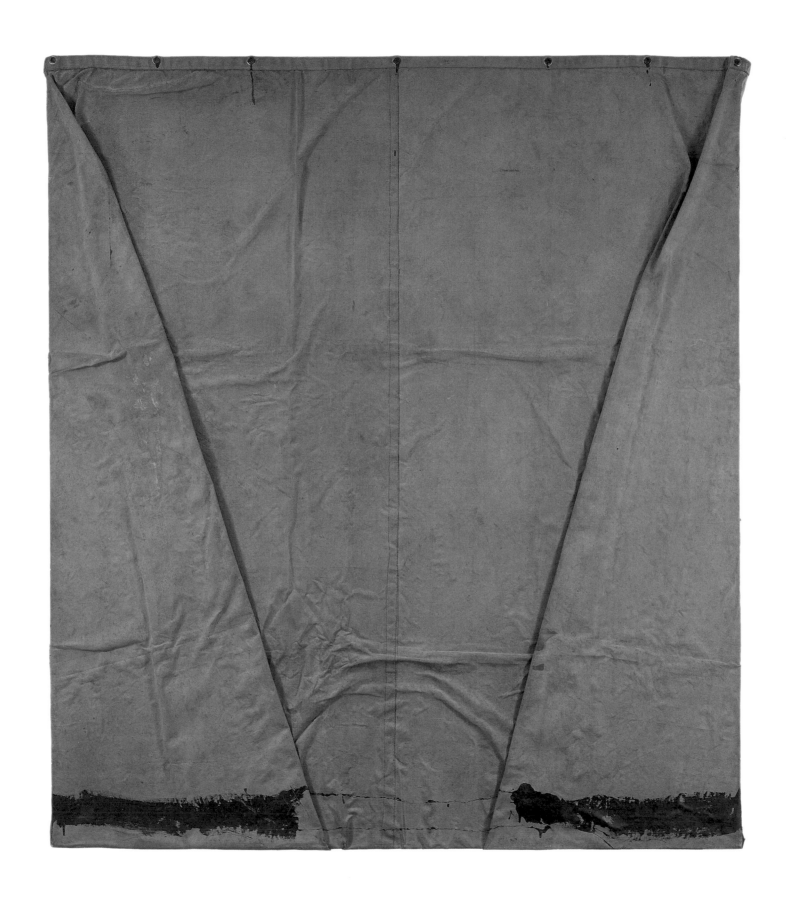

40 PINTURA-BASTIDOR

1962

Técnica mixta sobre tela al revés

162 x 130 cm.

Colección Fundació Antoni Tàpies, Barcelona

41 MATÈRIA
   (*Materia*)
   1962
   Técnica mixta sobre tela
   175 x 200 cm.
   Colección particular, Barcelona

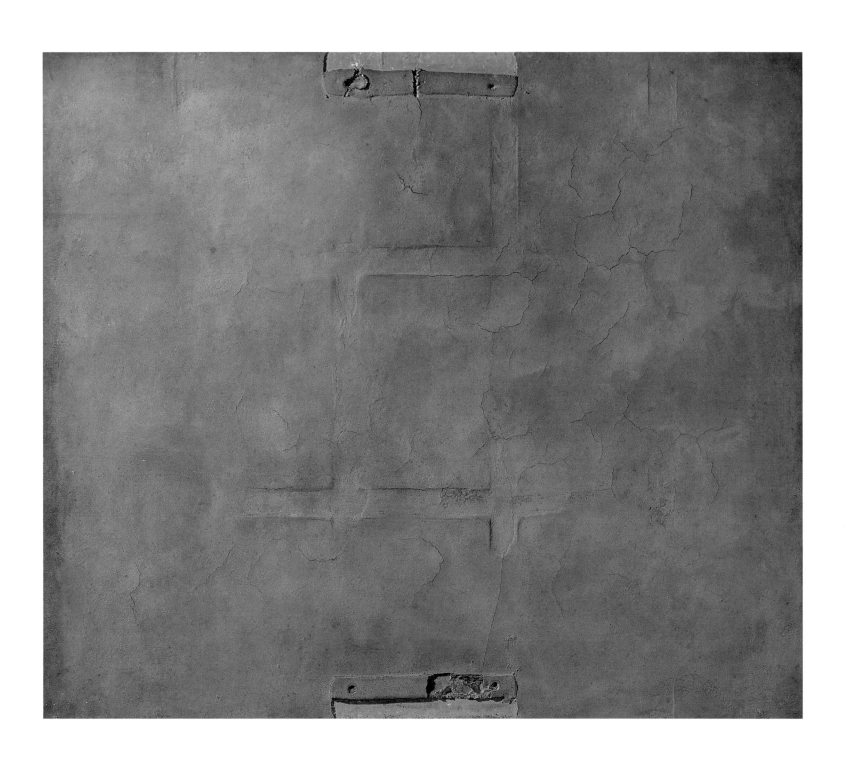

42 GRAN MATÈRIA AMB PAPERS LATERALS
   (*Gran materia con papeles laterales*)
   1963
   Técnica mixta sobre tela encolada sobre tabla
   260 x 195 cm.
   Colección Fundació Antoni Tàpies, Barcelona

43 RELLEU AMB CORDES
   (*Relieve con cuerdas*)
   1963
   Técnica mixta sobre tela
   148,5 x 114 cm.
   Colección Fundació Antoni Tàpies, Barcelona

44 MATÈRIA EN FORMA DE PEU
(*Materia en forma de pie*)
1965
Técnica mixta sobre tela
130 x 162 cm.
Colección Fundació Antoni Tàpies, Barcelona

45 RELLEU OCRE I ROSA
   (*Relieve ocre y rosa*)
   1965
   Técnica mixta sobre madera
   162 x 114 cm.
   Colección privada, Ginebra

46 GRAN PINTURA AMB LLAPIS
(*Gran pintura con lápiz*)
1966
Pintura y lápiz sobre tela
275 x 330 cm.
Museo de Arte Contemporáneo Internacional
Rufino Tamayo / CONACULTA-INBA, México D.F.

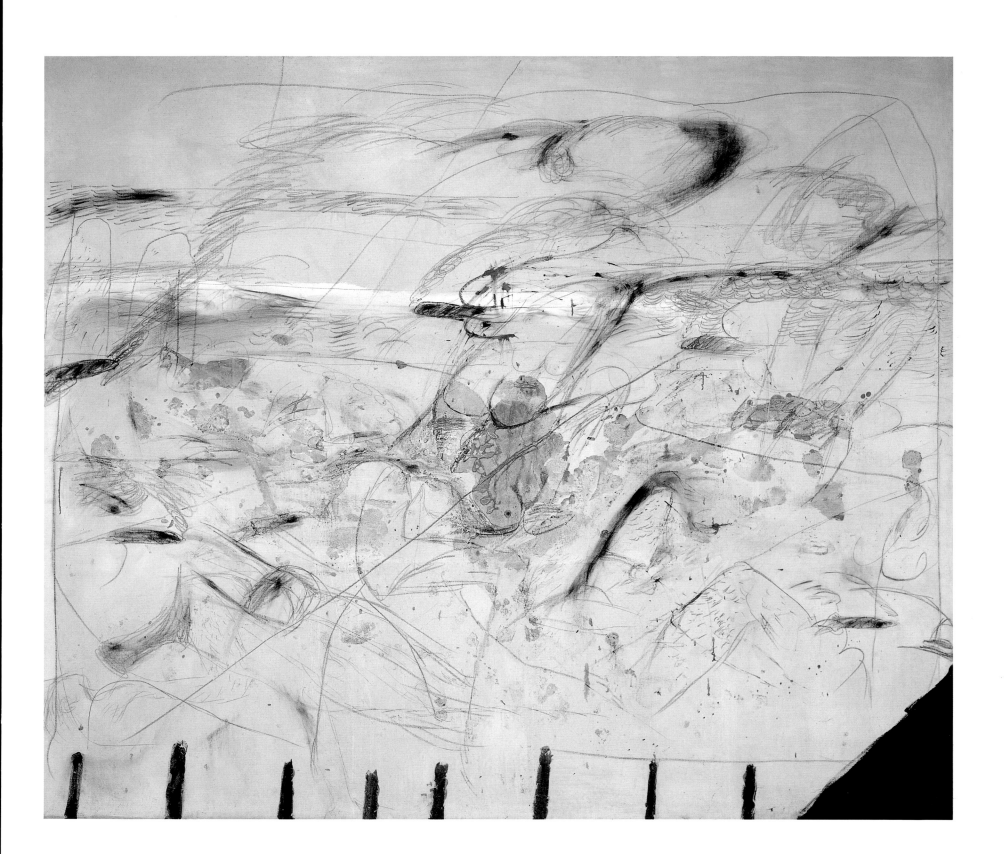

47 EN FORMA DE CADIRA
(*En forma de silla*)
1966
Técnica mixta sobre tela
130 x 97 cm.
Colección particular, Barcelona

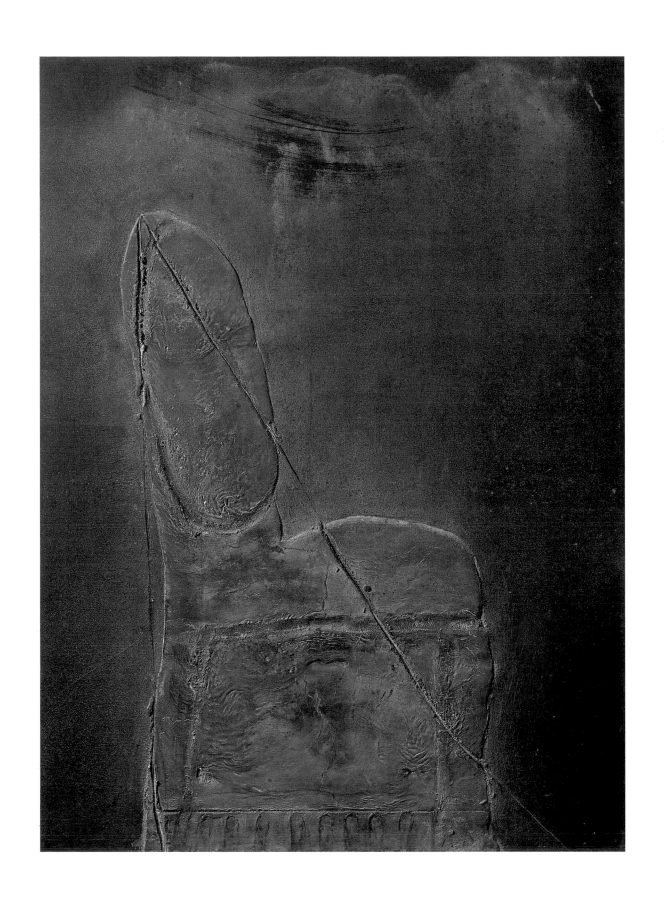

48 **PETJADES SOBRE LLIT MARRÓ**
   (*Pisadas sobre cama marrón*)
   1966
   Técnica mixta sobre tela
   130 x 195 cm.
   Ludmer Collection, Montreal

50 QUATRO PAQUETS DE PALLA
    (*Cuatro paquetes de paja*)
    1969
    Pintura y assemblage sobre tela
    195 x 270 cm.
    Colección David Anderson

51 PINTURA DE LA POST DE PLANXAR
(*Pintura de la tabla de planchar*)
1970
Técnica mixta y encolados sobre tela
170 x 195 cm.
Colección David Anderson

52 BLAU I AGULLA IMPERDIBLE
    (*Azul e imperdible*)
    1969
    Bolígrafo y assemblage sobre tela
    54 x 81 cm.
    Cortesía Galería Carles Taché, Barcelona

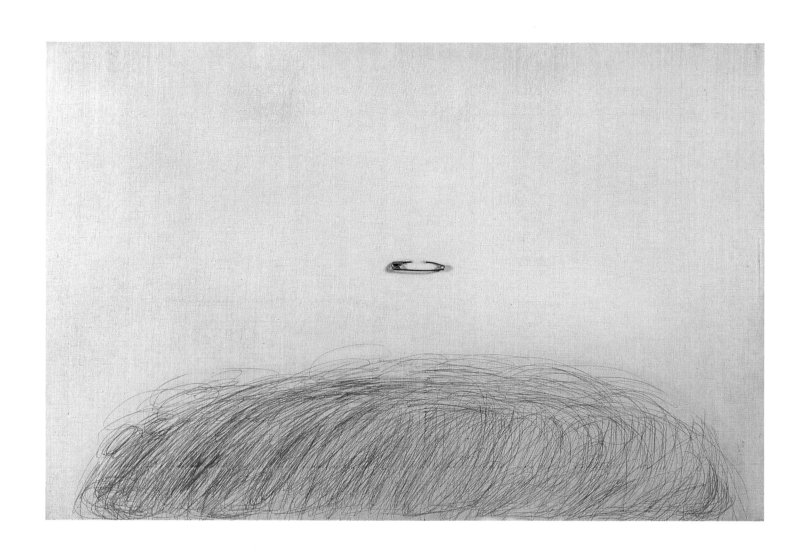

53 TAULA DE DESPATX AMB PALLA
    (*Escritorio con paja*)
    1970
    Objeto-assemblage
    110 x 109 x 131 cm.
    Colección Paule et Adrien Maeght, París

54 **MIRALL I CONFETTI**
(Espejo y confetti)
1970
Técnica mixta sobre espejo
138 x 91 cm.
Colección particular, Barcelona

55 TERRA SOBRE TELA
   (*Tierra sobre tela*)
   1970
   Técnica mixta sobre tela
   175 x 195 cm.
   Colección Fundació Antoni Tàpies, Barcelona

59 DOS BLANCS SOBRE FOSC
(*Dos blancos sobre oscuro*)
1979
Pintura sobre tela
162 x 162 cm.
Colección particular, Barcelona

◁ 58 GRAN DÍPTIC ROIG I NEGRE
(*Gran díptico rojo y negro*)
1980
Técnica mixta sobre madera
270 x 440 cm.
IVAM. Instituto Valenciano de Arte Moderno.
Generalitat Valenciana

61 **EMPREMTA DE CISTELLA SOBRE ROBA**
(*Impresión de cesta sobre ropa*)
1980
Técnica mixta sobre ropa montada sobre tela
205 x 225,5 cm.
Colección particular

◁ 60 **AMOR, A MORT**
(*Amor, a muerte*)
1980
Pintura acrílica sobre ropa montada sobre tela
200,5 x 376 cm.
IVAM. Instituto Valenciano de Arte Moderno.
Generalitat Valenciana

62 **T-FINESTRA**
   (*T-ventana*)
   1981
   Técnica mixta sobre madera
   162 x 130 cm.
   Colección particular, Barcelona

63 VERNÍS AMB FORMES NEGRES
    (*Barniz con formas negras*)
    1982
    Pintura y barniz sobre tela
    205 x 275 cm.
    VEBA AG, Düsseldorf

64 GRAN CREU MARRÓ
(*Gran cruz marrón*)
1982
Técnica mixta sobre tela
195 x 170 cm.
Galerie Lelong, Zúrich, París, Nueva York

66 *A* TOMBADA
(A *caída*)
1982
Pintura y barniz sobre madera
162 x 261 cm.
Colección Jean Hamon

68 BRAÇ

(Brazo)

1985

Pintura y ensamblaje sobre tela

225 x 300 cm.

Colección particular, Barcelona

69 GRAN TORS
(*Gran torso*)
1988
Pintura y barniz sobre madera
195 x 170 cm.
Colección particular, Barcelona

70 INFINIT
  (*Infinito*)
  1988
  Técnica mixta sobre madera
  250 x 300 cm.
  Colección particular, Barcelona

71 GRAN POT
(*Gran caja*)
1989
Barniz y lápiz sobre tela
300 x 250,5 cm.
Colección particular, Barcelona

Brihad-Âranyaka.

72 TRES DITS
(*Tres dedos*)
1990
Pintura y barniz sobre tela
146 x 114 cm.
Colección particular, Barcelona

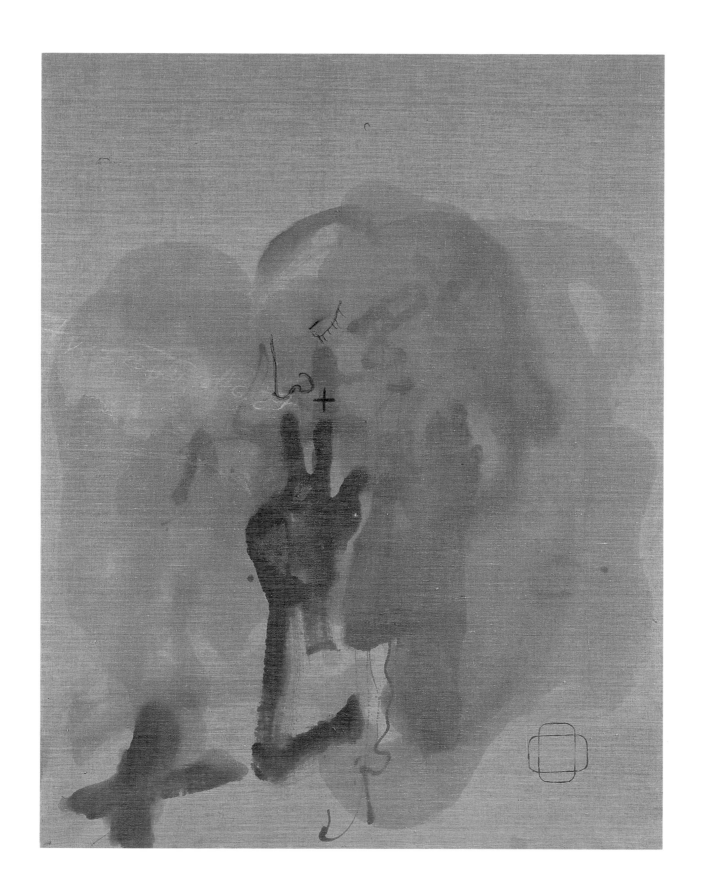

73 GRAN CREU NEGRA
(*Gran cruz negra*)
1990
Pintura sobre madera
200 x 200 cm.
Colección particular, Barcelona

74 PREGUNTA
   1992
   Collage, pintura y barniz sobre tela
   275 x 200,5 cm.
   Colección particular, Barcelona

75 DADA
1993
Pintura, lápiz y barniz sobre tela
200 x 275,5 cm.
Colección particular, Barcelona

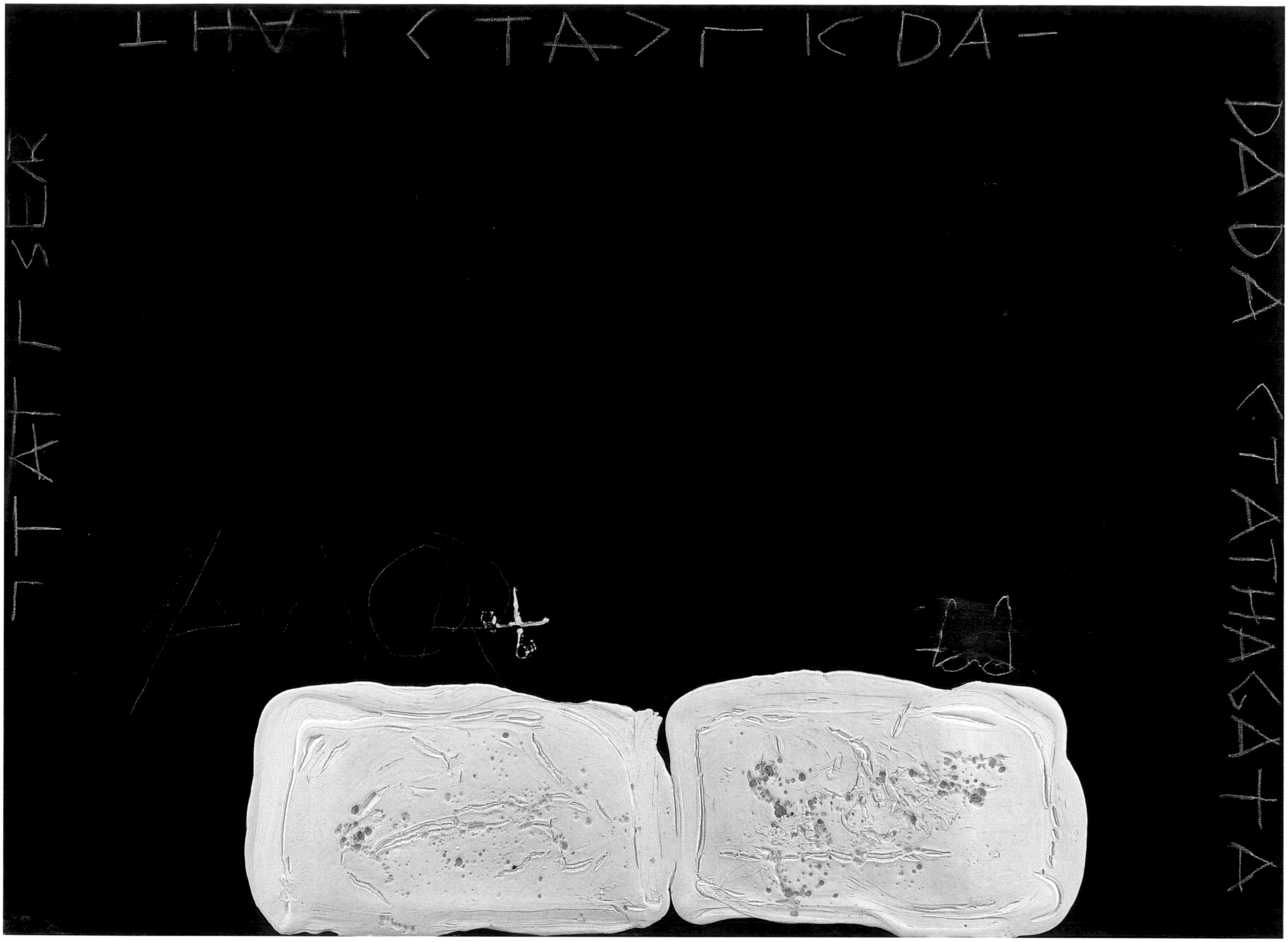

76 PERFIL METÀL.LIC
    (*Perfil metálico*)
    1993
    Repujado y collage sobre plancha metálica
    100 x 84,5 cm.
    Colección particular, Barcelona

77 GRAN PORTA
(Gran puerta)
1994
Técnica mixta sobre madera
275 x 250 cm.
Colección particular, Barcelona

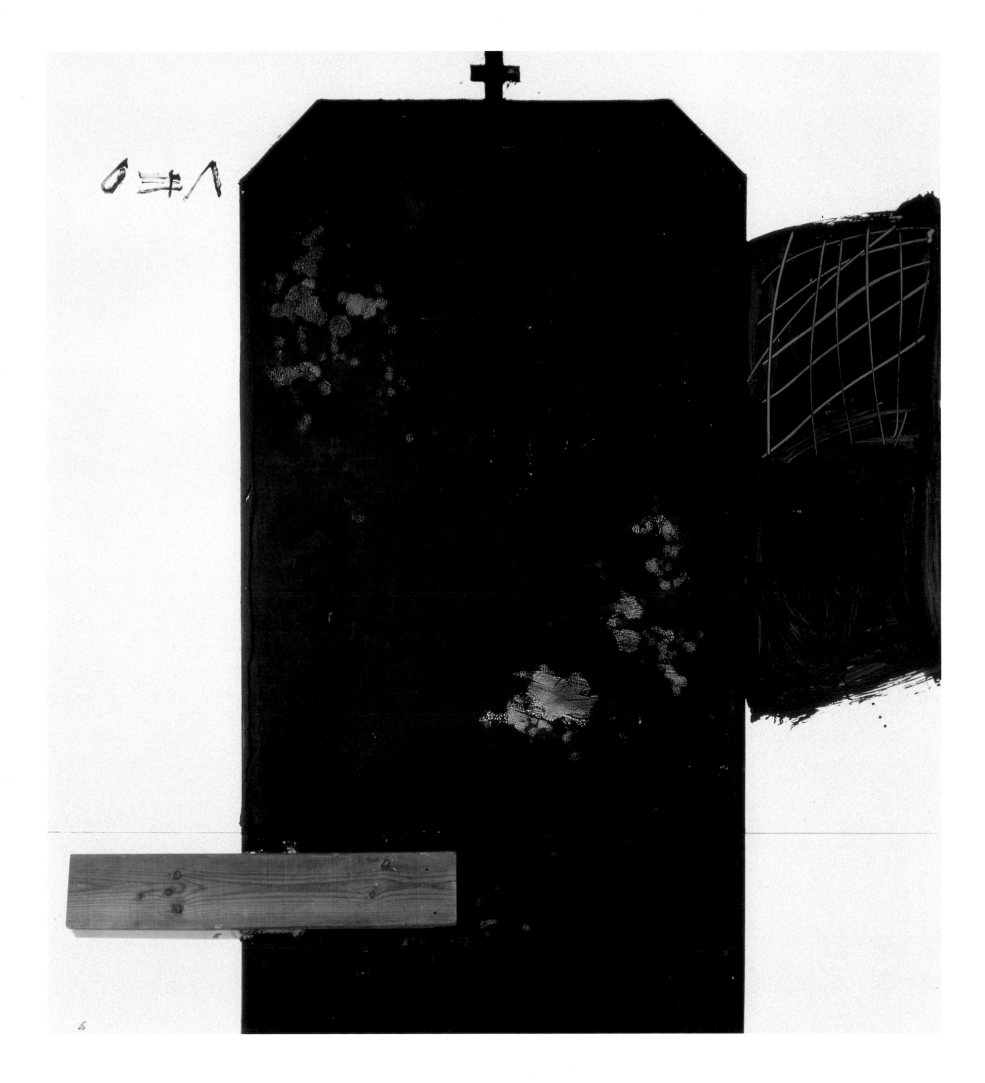

79 EMBOLCALL
(*Envoltorio*)
1994
Pintura y collage sobre madera
250 x 300 cm.
Colección particular, Barcelona

◁ 78 DUAT
1994
Técnica mixta sobre madera
250 x 600 cm.
Colección particular, Barcelona

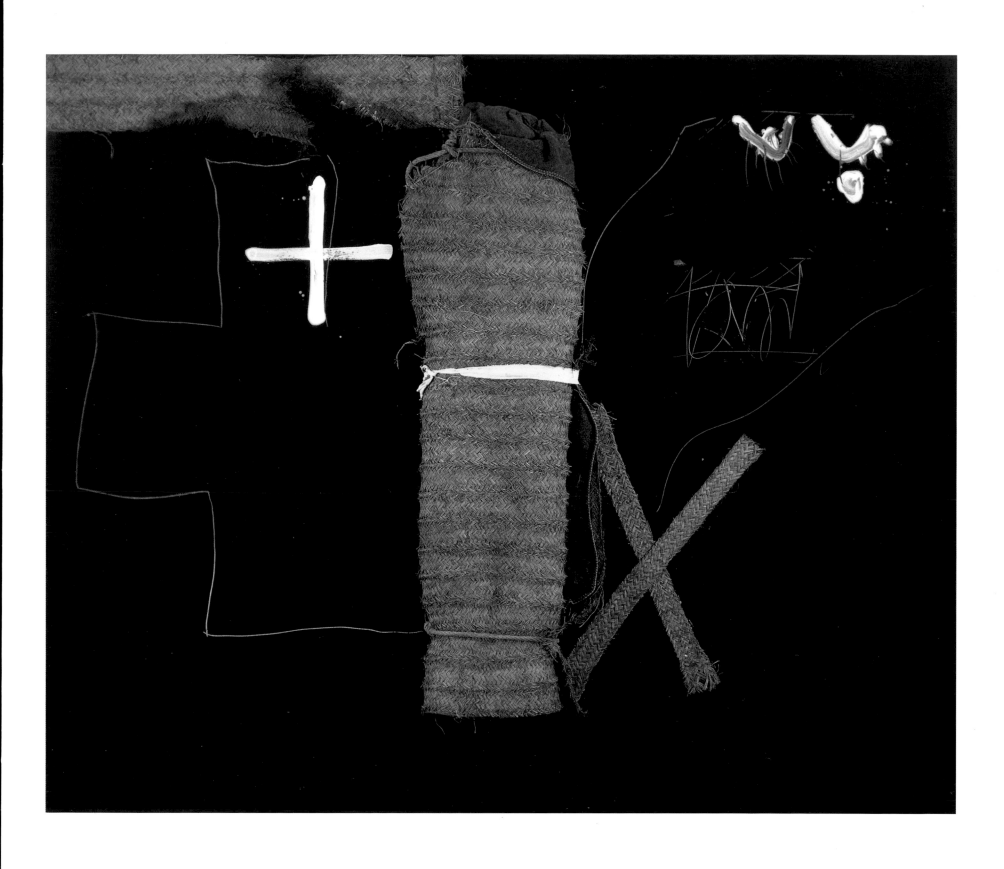

81 CAP
(*Cabeza*)
1995
Técnica mixta sobre madera
116,5 x 89 cm.
Colección particular, Barcelona

◁ 80 DOS COIXINS
(*Dos cojines*)
1994
Polvo de mármol, pintura y collage sobre madera
300 x 450 cm.
Colección particular, Barcelona

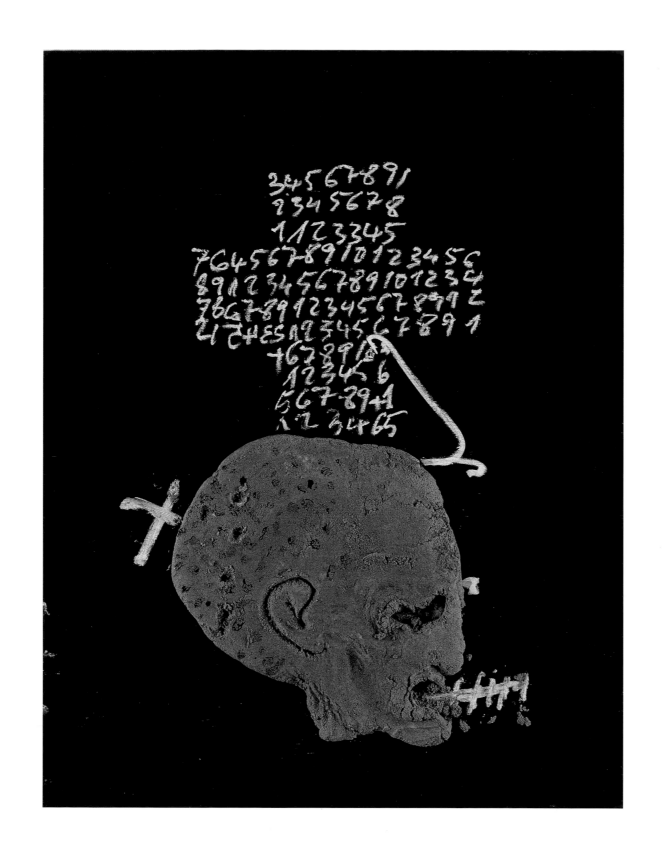

82 **POEMA**
1995
Pintura y collage sobre madera
200 x 175,5 cm.
Colección particular, Barcelona

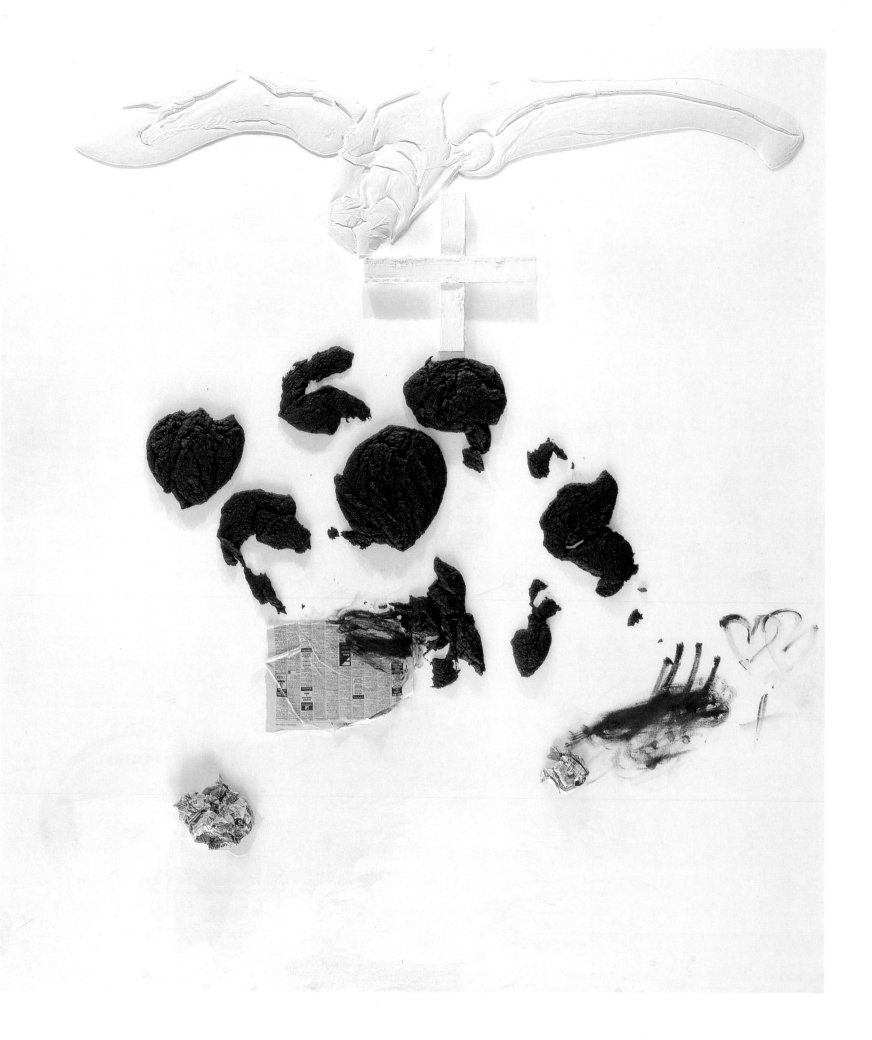

84 COS I FILFERROS
    (*Cuerpo y alambre*)
    1996
    Pintura y assemblage sobre madera
    162,5 x 260,5 cm.
    Colección Fundació Antoni Tàpies, Barcelona

◁ 83 LLIT
    (*Cama*)
    1995
    Técnica mixta sobre madera
    225 x 400 cm.
    Colección particular, Barcelona

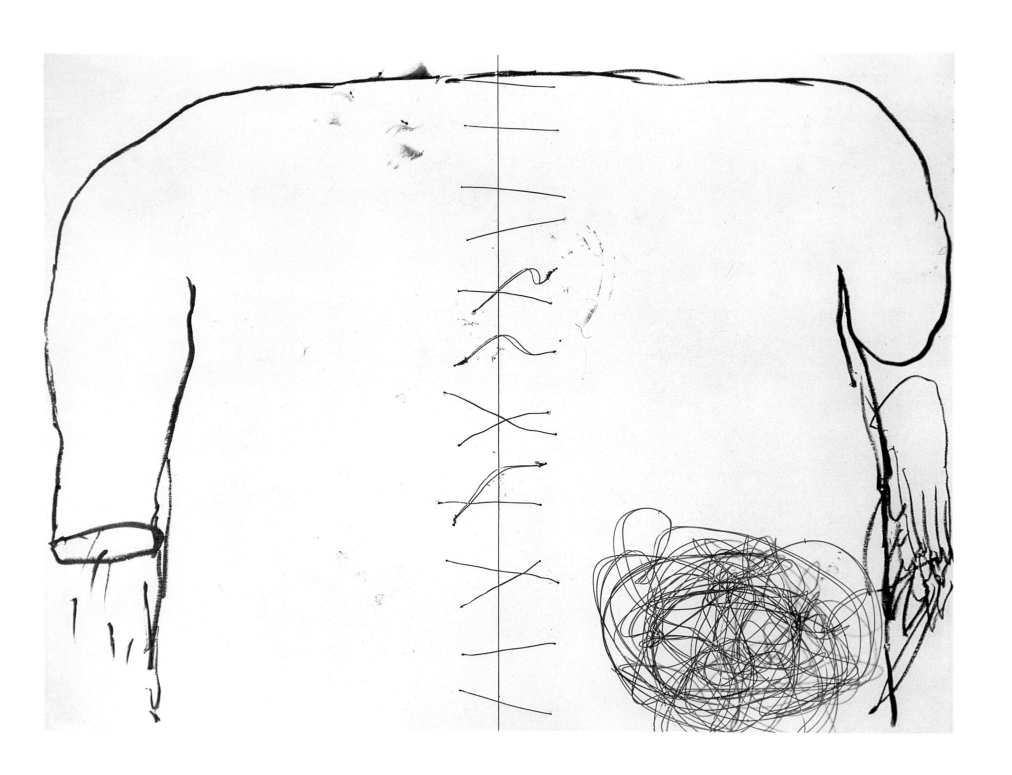

85 DOS FORATS
   (*Dos agujeros*)
   1997
   Técnica mixta sobre madera
   250 x 300,5 cm.
   Colección particular, Barcelona

86 DÍPTIC VERTICAL

(*Díptico vertical*)

1997

Pintura y grattage sobre tela

330 x 150,5 cm.

Colección particular, Barcelona

87 MONÓLOG

(*Monólogo*)

1997

Pintura sobre madera

175 x 200 cm.

Colección particular, Barcelona

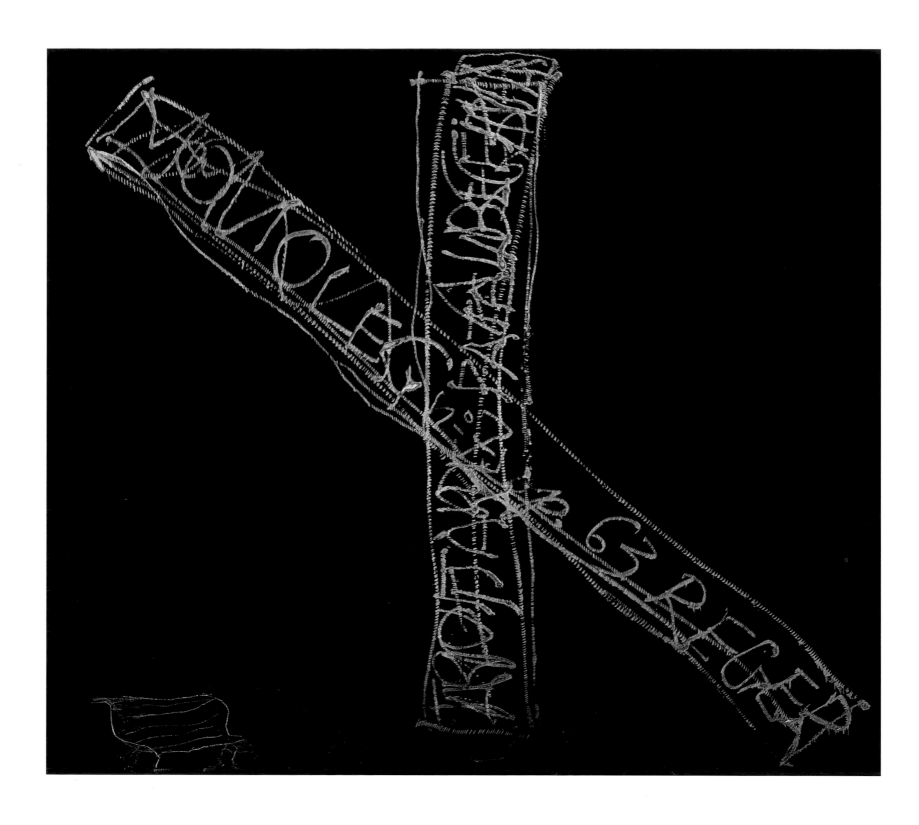

88 TERRA D'OMBRA
   (*Tierra de sombra*)
   1998
   Pintura y assemblage sobre tela
   220 x 270 cm.
   Colección Fundació Antoni Tàpies, Barcelona

Terra d'ombra, pintura damunt ~~sobre~~ tela (230 x 270 cms)

90 IMATGE DE TERRA
(*Imagen de tierra*)
1999
Técnica mixta sobre madera
53 x 65 cm.
Colección particular, Barcelona

◁ 89 COMPLEMENT
(*Complemento*)
1999
Técnica mixta y ensamblaje sobre madera
250 x 600 cm.
Colección particular, Barcelona

BIOGRAFÍA
EXPOSICIONES PERSONALES
BIBLIOGRAFÍA

1923

Antoni Tàpies nace en Barcelona el 13 de diciembre, hijo del abogado Josep Tàpies i Mestres y de Maria Puig i Guerra, que a su vez procede de una familia de libreros y políticos catalanistas, profundamente arraigada en la vida ciudadana de la época. Durante su infancia, Tàpies vivirá en un ambiente cultural tolerante y abierto, propiciado en gran medida por la amistad de su padre con notables personajes de la vida pública catalana.

1926-1932

Estudios primarios en distintas escuelas de Barcelona (Colegio de las monjas de Loreto, Escuela Alemana y Escuelas Pías).

1934

Inicia los estudios de bachillerato. Primer contacto con el arte contemporáneo a través del número extraordinario de Navidad de la revista *D'ací i d'allà*, coordinado por Josep Lluís Sert y Joan Prats, con textos de Zervos, Foix y Gasch, entre otros, y reproducciones de obras de Picasso, Braque, Gris, Léger, Mondrian, Brancusi, Kandinsky, Duchamp, Arp, Miró, etc.

1936-1939

Durante la Guerra Civil española prosigue sus estudios en el Liceo Práctico de Barcelona, y durante algunos meses trabaja en la Generalitat de Catalunya, donde su padre ejerce como asesor jurídico. Practica el dibujo y la pintura de forma autodidacta. El desenlace de la guerra —derrota del gobierno democrático y legítimo de la II República e inicio de la dictadura del general Franco— marcará profundamente muchos aspectos de su futura trayectoria vital y artística.

1940

Sus estudios —primero en el Instituto Menéndez y Pelayo y después otra vez en las Escuelas Pías— se ven interrumpidos a menudo, debido a la fragilidad de su salud.

1936-1939

Enfermedad pulmonar y larga convalecencia en el sanatorio de Puig d'Olena, y posteriormente en Puigcerdà y La Garriga. Dibuja y hace copias de Van Gogh y Picasso. Se interesa por la historia de la filosofía (los manuales de August Messer constituyen su principal fuente de consulta). Lee a Thomas Mann, Nietzsche, Spengler, Ibsen, Stendhal, Proust, Gide... Siente predilección por la música romántica, especialmente Wagner y Brahms, así como por toda la ideología del romanticismo y del postromanticismo alemán.

1944

Estudia Derecho en la Universitat de Barcelona, pero abandonará poco antes de terminar. En la universidad, conoce a los futuros poetas Carlos Barral, Alfonso Costafreda y Gil de Biedma, así como a jóvenes estudiantes que en el futuro jugarán papeles relevantes en el mundo de la política y la cultura en Cataluña y España (Alberto Oliart, Joan Reventós, Josep Mª Castellet, Manuel Sacristán, entre otros). Durante dos meses estudia dibujo en la Academia Valls de Barcelona, donde conocerá casualmente al poeta y crítico de arte Josep M. Junoy. El estímulo de Junoy influirá en su decisión de consagrarse al arte. De ese año se conservan diversos retratos y autorretratos, así como algunos dibujos de influencia picassiana y surrealista.

1945

Creciente dedicación a la pintura. Primeras tentativas con materiales densos, que obtiene mezclando pintura al óleo con blanco de España. Se interesa por la filosofía de Heidegger y de Sartre y por el pensamiento oriental.

1946

Ocupa temporalmente un estudio en la calle Diputación de Barcelona. A las obras de corte primitivista y expresionista realizadas en ese momento se suman numerosas pinturas abstractas, caracterizadas por un interés fundamental por la materia y con un uso recurrente del collage —a menudo mediante objetos cotidianos, como hilo de coser, papel higiénico, papel de periódico...— y del grattage.

1947

Conoce al poeta J. V. Foix, máximo representante de la vanguardia literaria catalana anterior a la Guerra Civil, y entre ambos se establece una firme amistad y una simpatía artística recíproca. También conoce al joven poeta Joan Brossa, y a Joan Prats, quien le transmite desde el primer momento una corriente de simpatía y apoyo, y a otros miembros del antiguo ADLAN (Amics de l'Art Nou), que le estimulan en su trabajo. Sebastià Gasch publica en la revista *Destino* el artículo "Unos dibujos de Tàpies".

1948

Expone en el Salón de Octubre de Barcelona. Es cofundador de la revista *Dau al Set*. Desarrolla un interés creciente por el surrealismo, el psicoanálisis y la ciencia moderna. Conoce a Joan Miró, a quien admira, y con quien iniciará a partir de entonces una amistad ininterrumpida. Realiza, en el taller de Enric Tormo, sus primeros aguafuertes.

1949

Expone en la muestra *Un aspecto de la pintura catalana*, organizada por Cobalto 49 en el Instituto Francés de Barcelona y presentada por el poeta João Cabral de Melo, entonces cónsul de Brasil en Barcelona. En Madrid, presenta algunas obras en el Salón de los Once, invitado por Eugeni d'Ors. Se relaciona con diversos miembros del Club 49, fundado ese mismo año: el poeta Joan Teixidor, el crítico e historiador del arte Alexandre Cirici, el arquitecto Illesques, el propio Joan Prats...

1950

Primera exposición personal (Galeries Laietanes, Barcelona), organizada por Josep Gudiol; Juan Eduardo Cirlot escribe el texto del catálogo. En un número de *Dau al Set* publicado para la ocasión, Brossa publica su "Oracle sobre Antoni Tàpies", y aparece también la monografía *Tàpies o el Dau Modern de Versalles*, de Tharrats. Becado por el gobierno francés, pasa una temporada en París, donde vive y trabaja, en el número 8 de la avenue Eugénie de Saint-Cloud. Durante su estancia en la capital francesa, se interesa por el marxismo y vive de cerca la polémica suscitada por el realismo social. Expone en Pittsburgh, seleccionado para el Premio del Carnegie Institute.

1951

Visita a Picasso en su taller de la rue des Grands Augustins, donde conoce a Christian Zervos y a Jaume Sabartés. Durante la primavera de ese año, viaja por Bélgica y Holanda. Bajo la influencia del pensamiento marxista, y preocupado por la situación política en España, realiza numerosas pinturas de tema social.

1952

Expone en la XXVI Bienal de Venecia, y es invitado por segunda vez a participar en el certamen del Carnegie Institute de Pittsburgh. Nueva exposición personal en Barcelona (Galeries Laietanes).

1953

Primer viaje a Nueva York, con motivo de su exposición individual en la Martha Jackson Gallery. Adquiere un mayor conocimiento del expresionismo abstracto americano, en el que descubre afinidades y coincidencias con su propia obra. Reemprende sus investigaciones matéricas iniciadas ocho años atrás, trabajando con tierra, collages, incisiones... Recibe un premio en la Bienal de São Paulo. Exposiciones individuales en Madrid y Chicago.

1954

Nueva exposición individual en Barcelona. Participa en la XXVII Bienal de Venecia, en la 64ª Exposición Anual de la Nebraska Art Association y en la exposición *Reality and Fantasy 1900-1954* (Walker Art Center, Minneapolis). Contrae matrimonio con Teresa Barba Fàbregas.

1955

Viaja a París, donde conoce al poeta y crítico Édouard Jaguer, quien le invita a participar en la exposición *Phases de l'art contemporain* (Galerie R. Creuze). También conoce a Michel Tapié, con cuyo pensa-

miento estético simpatiza. Premio de la República de Colombia en la III Bienal Hispanoamericana, celebrada en Barcelona. A finales del año, participa en la exposición inaugural de la Galerie Stadler, de París. Exposiciones individuales en Estocolmo y Barcelona.

1956

Primera exposición individual en París (Galerie Stadler), donde se muestran las pinturas matéricas características de ese período. Viaje a Italia: Verona, Vicenza, Padua —donde admira los frescos de Giotto, en la capilla Scrovegni— y Venecia. Primera visita a Suiza. Michel Tapié publica *Antoni Tàpies et l'œuvre complète*. Tàpies participa en la exposición *Recent Abstract Painting* (Whitworth Art Gallery, Manchester), junto con Appel, Burri, Hartung, Kline, Pollock, Rothko y otros.

1957

Recibe el Premio Lissone (Milán). Emprende un nuevo viaje a Italia: Pisa, Florencia... Junto con Michel Tapié, promueve la exposición *Arte Otro* (Sala Gaspar, Barcelona), que da a conocer en España la obra de Pollock, Kline, Dubuffet, Fautrier y Fontana, entre otros. En París, conoce a Roland Penrose y Lee Miller. Exposiciones individuales en Nueva York (Martha Jackson Gallery), París (Galerie Stadler) y Düsseldorf (Galerie Schmela).

1958

En Milán, inaugura su exposición individual en la Galleria dell'Ariete, presentada por el poeta y crítico de arte Jacques Dupin, con quien entabla una amistad duradera. Conoce a los pintores Lucio Fontana y Emilio Scanavino. Participa en la XXIX Bienal de Venecia, donde es galardonado con el Premio de la UNESCO y con el David Bright Foundation Award. Conoce a Luigi Nono y Nuria Schönberg, Emilio Vedova, Will Grohmann, Alberto Burri, Shuzo Takiguchi, Yoshiaki Tono... Visita Ravena y Bolonia. Primer premio del Carnegie Institute de Pittsburgh. Participa en el Festival de Osaka.

1959

Viaja a Nueva York —con motivo de su nueva exposición individual en la Martha Jackson Gallery—, donde conoce a los pintores Franz Kline, Willem De Kooning, Robert Motherwell, Hans Hoffman, Saul Steinberg y Fritz Bultmann. Michel Tapié publica la monografía Antoni Tàpies. Exposiciones individuales en Washington DC, Múnich y París. Es seleccionado para la II Documenta de Kassel y participa en diversas exposiciones colectivas: 4 Maler, Kunsthalle, Berna; 15 Maler in Paris, Kölnischer Kunstverein, Colonia...

1960

Juan Eduardo Cirlot publica la monografía *Tàpies*, y la revista *Papeles de Son Armadans* (Palma de Mallorca), dirigida por Camilo José Cela, le dedica un número monográfico con colaboraciones de Giulio Carlo Argan, Umbro Apollonio, Jacques Dupin, Pierre Restany y Herbert Read, entre otros muchos. Tàpies participa en las exposiciones colectivas *The Spanish Painting and Sculpture* (The Museum of Modern Art, Nueva York), *Before Picasso, after Miró* (The Solomon R. Guggenheim Museum, Nueva York) y *Neue Malerei. Form, Struktur, Bedeutung* (Städtische Galeri, Múnich). Exposiciones individuales en Barcelona, Nueva York, Milán, Bilbao y Estocolmo.

1961
Viaja a Nueva York con motivo de su nueva exposición individual en la Martha Jackson Gallery, cuyo catálogo es prologado por J. J. Sweeney, entonces director del Guggenheim Museum. Junto con Tapié, visita al compositor Edgar Varese, cuya obra admira desde tiempo atrás. A lo largo del año, distintas galerías de Europa y América acogen exposiciones de su obra (en Washington DC, Essen, Múnich, París, Buenos Aires y Estocolmo). Participa en las exposiciones colectivas *Arte e Contemplazione* (Palazzo Grassi, Venecia) y *Paris, carrefour de la peinture 1945-1961* (Stedelijk Van Abbe Museum, Eindhoven).

1962
En Hannover, asiste a la inauguración de su primera exposición retrospectiva, organizada por Werner Schmalenbach, en la Kestner Gesellschaft. Viaja a Nueva York, donde inaugura una nueva exposición retrospectiva, en The Solomon R. Guggenheim Museum, organizada por Thomas Messer. Exposición retrospectiva en la Kunsthaus de Zúrich. Establece contacto con Bertrand Russell para adherirse al Congreso por la Paz que éste preside en Moscú. Se instala durante un mes en la ciudad suiza de St. Gallen, y realiza una pintura mural de grandes dimensiones para la Escuela Superior de Comercio. J. E. Cirlot publica *Significación de la pintura de Tàpies*. Exposiciones individuales en Roma, Estocolmo y Caracas.

1963
Premio del Art Club de Providence (Rhode Island, EE.UU.). Exposiciones personales en Phoenix, Pasadena, Los Ángeles, Nueva York, Turín y París. Se instala en su nueva casa-estudio de la calle Zaragoza, Barcelona, proyectada por el arquitecto Coderch. Junto con Joan Brossa, publica *El pa a la barca*, libro de bibliófilo para el que realiza veinticuatro litografías-collage.

1964
Sala especial en la III Documenta de Kassel. Se publican las monografías *Tàpies* (de Blai Bonet), *Tàpies 1954-1964* (de Alexandre Cirici) y *Antoni Tàpies. Fustes, papers, cartons i collages* (de Joan Teixidor). Exposiciones individuales en Colonia, Roma, París, Toronto, Bonn, Estocolmo, Barcelona y Montreal. Participa en las exposiciones colectivas *Painting and Sculpture of a Decade* (Tate Gallery, Londres) y *España Libre* (Rímini, Florencia, Reggio Emilia, Venecia y Ferrara).

1965
Exposición retrospectiva en el Institute of Contemporary Arts de Londres, organizada por Roland Penrose. Realiza treinta y seis litografías para *Novel.la*, nuevo libro de bibliófilo en colaboración con Brossa. Exposiciones personales en Colonia, Múnich, Solothurn, St. Gallen y Barcelona. Participa en la exposición *Collages and Constructions* (Martha Jackson Gallery, Nueva York), junto con Burri, Nevelson y Van Leyden.

1966
Participa en una reunión clandestina en el Convento de los Capuchinos de Sarrià, Barcelona, donde estudiantes e intelectuales debaten la creación del primer sindicato universitario democrático tras el fin de la Guerra Civil. Como consecuencia, es detenido por la policía y multado. Empieza a redactar sus memorias. En la Bienal de Menton gana el Grand Prix du Président de la République Française. El XV Congreso Internacional de Críticos de Arte le concede la Medalla de Oro por el valor artístico y moral de su obra. Exposiciones individuales en Madrid, Cannes, Toulouse, París y Estocolmo.

1967
Recibe el Gran Premio del Grabado en la Bienal de Ljubljana, Yugoslavia. Giuseppe Gatt publica la monografía *Tàpies*, que incluye colaboraciones de Giulio Carlo Argan, Renato Barilli, Maurizio Calvesi, Filiberto Menna, Nello Ponente e Italo Tomassoni. Se publica *Antoni Tàpies o l'escarnidor de diademes*, con aportaciones de Joan Brossa, Joaquim Gomis, Joan Prats y Francesc Vicens. Tàpies realiza los decorados para *Semimaru*, pieza de teatro Nô de Yuzaki Motokiyo Zeami (1363-1443), que se estrena en el Teatre de l'Aliança del Poblenou, Barcelona. Exposición antológica de su obra gráfica en el Kunstmuseum de St. Gallen, Suiza. Nuevas exposiciones individuales en París (Galerie Maeght) y Nueva York (Martha Jackson Gallery). El artista participa en diversas exposiciones colectivas, entre las que destacan *Dix ans d'art vivant* (Fondation Maeght, Saint-Paul-de-Vence) y *Vom Bauhaus bis zur Gegenwart* (Kunstverein, Hamburgo).

1968
Colabora con Jacques Dupin en el libro de bibliófilo *La Nuit grandissante*. Viaja a Viena y asiste a la inauguración de su exposición retrospectiva en el Museum des 20. Jahrhunderts, organizada por Werner Hofmann. Con sábanas dobladas y cosidas, crea unas pantallas para tres ventanas del convento de capuchinos de Sion, Suiza. Nuevas exposiciones antológicas en Hamburgo (Kunstverein) y Colonia (Kunstverein). Exposiciones individuales en Nueva York, París y Düsseldorf.

1969

Michel Tapié publica la monografía *Tàpies*. Exposición retrospectiva de obra gráfica en la Kunstverein de Kassel. Exposiciones individuales en Barcelona, París, Múnich y Toronto.

1970

Junto con Joan Miró, acude a una asamblea clandestina que se celebra en el monasterio de Montserrat, Barcelona, para protestar por el llamado "Proceso de Burgos", en que un tribunal militar juzga a opositores del régimen de Franco. A lo largo del año, realiza una gran variedad de objetos-escultura, y de este modo incrementa el número de experiencias en el terreno del assemblage, una técnica que utilizaba desde tiempo atrás. Realiza una obra mural para el nuevo teatro de St. Gallen, Suiza. Se publica *La pràctica de l'art*, una compilación de escritos y declaraciones del artista. Alexandre Cirici publica *Tàpies, testimoni del silenci*. Exposiciones individuales en Nueva York, Baden-Baden, Estocolmo, Barcelona y Milán.

1971

Realiza la suite de dibujos y collages *Cartes per a la Teresa*, que más tarde (1974) se editará litográficamente en forma de libro. En la Galerie Maeght de Zúrich presenta su producción reciente de assemblages y esculturas-objeto (realizados entre 1968 y 1970). Colabora con André du Bouchet en el libro de bibliófilo *Air*, con catorce litografías y aguafuertes. Sebastià Gasch publica la monografía *Tàpies*. Nuevas exposiciones individuales en Colonia, Londres, Balstahl, Palma de Mallorca y Barcelona.

1972

Le conceden el Premio Rubens, en Siegen, Alemania, donde se inaugura una exposición retrospectiva de su obra (Städtische Galerie im Haus Seel). Tàpies realiza la *Suite catalana*, una edición de cinco aguafuertes con el motivo central de los colores de la bandera catalana. Joan Miró le nombra miembro del patronato de la fundación que acaba de crear. Exposición de pinturas, objetos y assemblages en la Galerie Maeght de París. Vera Linhartova publica la monografía *Tàpies*. El artista participa, junto con John Cage y Bob Thomson, en la exposición *Concept and Content* (Martha Jackson Gallery, Nueva York).

1973

En París, asiste a la inauguración de su exposición retrospectiva en el Musée d'Art Moderne de la Ville de Paris, que posteriormente viajará a Ginebra (Musée Rath) y Charleroi (Palais de Beaux-Arts). Realiza una serie de litografías para el libro *La clau del foc*, con prólogo y selección de textos de Pere Gimferrer. También crea los primeros proyectos para *Llull*, libro de bibliófilo con grabados del artista y textos de Llull, que no se publicará hasta 1985. Mariuccia Galfetti publica *Tàpies*.

Obra gráfica 1947-1972. Exposiciones personales en Barcelona, Sevilla, Bonn y Madrid.

1974

Recibe el Premio del British Arts Council con motivo de la Exposición Internacional del Grabado, y en Colonia le conceden la Stephan-Locher-Medaille. Publica *L'art contra l'estètica*, nueva compilación de artículos y declaraciones. Se publican las monografías *Antoni Tàpies i l'esperit català* (de Pere Gimferrer) y *Antoni Tàpies. Zeichen und Strukturen* (de Werner Schmalenbach). Exposiciones retrospectivas en Humlebæk (Louisiana Museum), Berlín (Nationalgalerie), Londres (Hayward Gallery) y Swansea (Glynn Vivian Art Gallery). Exposiciones personales en Düsseldorf, Londres, Toronto, Goteburgo, México DF, París y Nueva York.

1975

Por encargo de diversas entidades pacifistas, realiza el cartel "Pro Abolición Pena de Muerte", y participa activamente en las distintas campañas para la amnistía de los presos políticos españoles y el retorno de las libertades democráticas. Realiza cinco aguafuertes para el libro de Edmond Jabès *Ça suit son cours*, así como una serie de grabados para un libro de Jean Daive, y colabora con Shuzo Takiguchi en la obra *Llambrec material*. Exposiciones personales en Barcelona, Zúrich, Nueva York, Basilea, Sevilla, Los Ángeles, Ginebra, Palma de Mallorca y Madrid.

1976

Viaja a Saint-Paul-de-Vence, donde inaugura su exposición retrospectiva en la Fondation Maeght, que posteriormente recalará en la Fundació Joan Miró de Barcelona. En Venecia, visita la Bienal, donde participa en la exposición *Spagna: Avanguardia artistica e realtà sociale*. Nueva exposición retrospectiva en Tokio (Seibu Museum). Georges Raillard publica la monografía *Tàpies*. Exposiciones individuales en Boston, París, Ginebra, Girona, Múnich y Barcelona.

1977

Exposición retrospectiva itinerante en Norteamérica (Albright-Knox Art Gallery, Buffalo; Museum of Contemporary Art, Chicago; Marion Koogler McNay Art Institute, San Antonio; Des Moines Art Center, Des Moines; y Musée d'Art Contemporain, Montreal). Exposición retrospectiva de obra sobre papel en Bremen (Kunsthalle), Baden-Baden (Staatliche Kunsthalle) y Winterthur (Kunstmuseum). Tàpies colabora con Rafael Alberti en el libro de bibliófilo *Retornos de lo vivo lejano*. Roland Penrose publica la monografía *Tàpies*. Exposiciones individuales en Barcelona, Lleida y Madrid.

1978

Publica el libro autobiográfico *Memòria personal*, con el que obtendrá —al año siguiente— el Premio Pablo Antonio Olavide de literatura testimonial. Exposición retrospectiva de obra sobre papel en Les Sables d'Olonne (Abbaye Sainte-Croix). Tàpies viaja a Nueva York, con motivo de su exposición en la Martha Jackson Gallery; visita a Robert Motherwell en su casa de Greenwich, Connecticut. Realiza ocho grabados para *Petrificada petrificante*, libro de poemas de Octavio Paz. Exposiciones personales en Basilea, Madrid, París, Düsseldorf, Isernhagen, St. Gallen, Hamburgo y Barcelona.

1979
Su *Memòria personal* recibe el Premio Ciudad de Barcelona, y el artista es elegido miembro honorario de la Academia de las Artes de Berlín. Exposición retrospectiva itinerante en Karlsruhe (Badischer Kunstverein) y Linz (Neue Galerie im Stadt Linz), con motivo de la cual Andreas Franzke y Michael Schwarz publican la monografía *Antoni Tàpies. Werk und Zeit*. Exposiciones individuales en México DF, Amsterdam, Barcelona, Colonia, Girona, Valencia, Stuttgart y París. Participa en la exposición colectiva *Soft-art. Weich und Plastisch* (Kunsthaus, Zúrich).

1980
En Madrid, asiste a la inauguración de su exposición retrospectiva en el Museo Español de Arte Contemporáneo. Viaja a Amsterdam, para inaugurar una nueva exposición antológica en el Stedelijk Museum. En las Jornadas de Estudio sobre los Derechos Humanos, organizadas por la Cruz Roja en el monasterio de Montserrat de Barcelona, lee la ponencia "El arte y los derechos humanos". Exposición retrospectiva en Kiel (Kunsthalle). El artista realiza una serie de aguafuertes para el libro de Jorge Guillén *Repertorio de Junio*. Mariuccia Galfetti publica *Tàpies. Obra gráfica 1973-1978*. Exposiciones individuales en Zúrich, Roma y Viena. Tàpies participa en diversas exposiciones colectivas, entre las que destacan *Zeichen des Glaubens* (Schloss Charlottenburg, Berlín Occidental) y *Umanesimo, disumanesimo nell'arte europea 1890/1980* (Palagio di Parte Guelfa, Florencia).

1981
En Saint-Paul-de-Vence, crea sus primeras esculturas de cerámica, asistido por el ceramista alemán Hans Spinner. En Madrid, el rey Juan Carlos I le otorga la Medalla de Oro de Bellas Artes, y en Londres es investido doctor *honoris causa* por el Royal College of Art. Recibe el encargo del Ayuntamiento de Barcelona de realizar un monumento dedicado a Picasso, y hace los primeros bocetos. Colabora con José-Miguel Ullán en el libro *Anular*. Asiste a la inauguración de su exposición retrospectiva en la Fondation Château de Jau (Cases de Pène, Francia). Durante el otoño, nuevo viaje a Nueva York con motivo de su exposición en la galería M. Knoedler. Exposiciones individuales en Tokio, Lindau, St. Gallen, San Francisco, Madrid, Barcelona, Colonia,

Düsseldorf, Osaka y Zúrich. Participa en la exposición *Paris-Paris, 1937-1957. Création en France* (Centre Georges Pompidou, París).

1982
Se publica *La realitat com a art*, tercera recopilación de artículos y declaraciones del artista. Tàpies asiste a la inauguración de su exposición retrospectiva en Venecia (Scuola di San Giovanni Evangelista), celebrada en el marco de la Bienal. Recibe un premio, junto con Marc Chagall, de la Fundación Wolf de Jerusalén. Diseña los decorados de la obra de Jacques Dupin *L'éboulement*. Colabora con Pere Gimferrer en el libro de bibliófilo *Aparicions*, y realiza cuatro aguafuertes para el libro de Jean Daive *Tàpies, répliquer*. Josep Vallès publica *Tàpies empremta* (Art, Vida). Exposiciones personales en Roma, París, Zaragoza, Stuttgart, Los Ángeles, Barcelona, Nueva York, Salzburgo y Múnich.

1983
Se inaugura en Barcelona su escultura monumental en homenaje a Pablo Picasso, encargada por el Ayuntamiento de la ciudad. Tàpies realiza el pavimento de la Plaça Catalunya de Sant Boi de Llobregat (Barcelona), asistido por J. Gardy Artigas. Le conceden la Medalla de Oro de la Generalitat de Catalunya, y la Fundación Toepfer de Hamburgo le otorga el Premio Rembrandt. Es nombrado Officier des Arts et des Lettres por el gobierno francés. Asiste a la inauguración de su exposición en la Abbaye de Sénanque (Gordes, Francia). En la Fundació Joan Miró de Barcelona, se celebra una exposición antológica de carteles, portadas de libros y fundas de disco de Antoni Tàpies. Exposiciones individuales en Hannover, Zúrich, París y Barcelona.

1984
Asiste a la inauguración en Zúrich de su exposición de esculturas de cerámica del período 1981-1983. Viaja a San Sebastián con motivo de su exposición antológica en el Museo de San Telmo. La Asociación para las Naciones Unidas en España le concede el Premio de la Paz. El artista colabora con Edmond Jabès en el libro *Dans la double dépendance du dit*. Se publica el libro *Els cartells de Tàpies* con texto de Rosa Maria Malet y catalogación de Miquel Tàpies. Victòria Combalia publica la monografía *Tàpies*. Por iniciativa del propio artista, se constituye en Barcelona la Fundació Antoni Tàpies. Exposiciones personales en Berlín Occidental, París, Colonia, Madrid, Estocolmo, Seúl, Tokio, Nueva York y Francfort.

1985
Publica *Per un art modern i progressista*, nueva recopilación de escritos y declaraciones. Viaja a Milán con motivo de su exposición retrospectiva en el Palazzo Reale, organizada por el Ayuntamiento de la ciudad. En Bruselas, asiste a la inauguración de una nueva exposición antológica de su obra en el Musée d'Art Moderne, organizada en el

marco de Europalia 88. El gobierno francés le concede el Prix National de Peinture, y es nombrado miembro de la Academia Real de Bellas Artes de Estocolmo. Recibe el Premio de la Internationale Triennale für farbige Originalgrafik de Grenchen, Suiza. Se publica el libro de bibliófilo *L'Estació*, con textos de J. V. Foix y grabados de Tàpies. Se publica *Llull* (proyecto iniciado en 1973), con grabados del artista y una selección de textos de Ramon Llull (s. XIII) a cargo de Pere Gimferrer y un texto introductorio de Miquel Batllori. Exposiciones individuales en Barcelona, San Francisco, Madrid, Milán, Düsseldorf, Helsinki y París.

1986

Asiste a la inauguración de su exposición antológica en la Wienes Künstlerhaus de Viena. La exposición, organizada por Rudi Fuchs, viajará posteriormente a Eindhoven (Stedelijk van Abbemuseum). Durante el verano, Tàpies expone nuevas esculturas y relieves murales de cerámica en la Abbaye de Montmajour de Arles. Participa en la exposición inaugural del Centro de Arte Reina Sofía, de Madrid, junto con Baselitz, Chillida, Saura, Serra y Twombly. Exposiciones individuales en Madrid, Nueva York, París, Arles y Barcelona.

1987

Barbara Catoir publica *Gespräche mit Antoni Tàpies*. El artista participa en las exposiciones *Le Siècle de Picasso* y *Fifty Years of Collecting: An Anniversary Selection. Paintings Since World War II*, en el Musée d'Art Moderne de la Ville de Paris y en el Solomon R. Guggenheim Museum, de Nueva York, respectivamente. Exposiciones individuales en Nueva York, Madrid, Zúrich, Valencia, Colonia y Hannover.

1988

Es investido doctor *honoris causa* por la Universitat de Barcelona. El gobierno francés le otorga el grado de Comendador de la Orden de las Artes y las Letras, y es nombrado miembro honorario de la Gesellschaft Bildener Künstler Österreichs de Viena. Tàpies realiza los primeros bocetos de *Núvol i cadira*, escultura de grandes dimensiones que coronará la sede de la Fundació Antoni Tàpies. El Ayuntamiento de Barcelona organiza la exposición *Tàpies: els anys 80* (Saló del Tinell). Exposición retrospectiva en Marsella (Musée Cantini). Exposición retrospectiva itinerante de su obra gráfica por distintas ciudades de EE. UU. Anna Agustí publica *Tàpies. Obra completa, 1943-1960*, primer volumen del catálogo razonado de la obra del pintor, editado en colaboración con la Fundació Antoni Tàpies. El artista participa en la exposición *Aspects of collage, Assemblage and the Found Object in Twentieth-Century Art* (The Solomon R. Guggenheim Museum, Nueva York). Junto con Kounellis y Richard Serra, expone en la galería Jean Bernier de Atenas. Exposiciones individuales en París, Basilea, Berlín, Barcelona, Roma, Londres y St. Gallen.

1989

Exposición retrospectiva de obra gráfica en Pekín. El artista viaja a Düsseldorf con motivo de su exposición antológica en la Kunstsammlung Nordrhein-Westfalen, organizada por Werner Schmalenbach. En la Galerie Lelong de Zúrich, presenta su más reciente producción en esculturas y obra sobre cartón. Participa en la exposición inaugural del Instituto Valenciano de Arte Moderno de Valencia. Exposiciones individuales en Nueva York, Buenos Aires, Oporto y Düsseldorf.

1990

En febrero se inaugura la escultura monumental *Núvol i cadira*, que corona el edificio Montaner y Simón, nueva sede de la Fundació Antoni Tàpies. En junio, la fundación inicia sus actividades públicas. Se publica *Carrer de Wagner*, con grabados de Tàpies y poemas de Brossa. El artista realiza tres aguafuertes para el libro de bibliófilo *El árbol de la vida. La sierpe*, con textos de María Zambrano. Anna Agustí publica *Tàpies. Obra completa, 1961-1968*, segundo volumen del catálogo razonado de la obra del pintor. Le conceden el Premio Príncipe de Asturias de las Artes. Viaja a Tokio, donde recibe el "Praemium Imperiale" que otorga la Asociación Artística de Japón. Es investido doctor *honoris causa* por las universidades de Glasgow y de las Islas Baleares. En Madrid, asiste a la inauguración de su exposición retrospectiva en el Museo Nacional Centro de Arte Reina Sofía, que posteriormente viajará a la Fundació Joan Miró de Barcelona. Exposiciones personales en Nueva York, Milán, Bruselas, Marsella, Barcelona, Oviedo, Madrid, París y Chicago.

1991

Viaja a Praga, donde asiste a la inauguración de su exposición en el pabellón Micovna, en el Jardín Real del castillo de dicha ciudad. Se inaugura la exposición *Tàpies und die Bücher* (Schirn Kunsthalle, Frankfurt). La Fundación Cultural Casa de la Moneda de Madrid le concede el Premio Tomás Francisco Prieto. Tàpies participa en la exposición *Millares, Saura, Tàpies* (Museu Sztuki, Lodz, Polonia). Exposiciones individuales en Barcelona, Colonia, Zúrich, Las Palmas de Gran Canaria, Oporto, Londres, Tokio, México DF, Long Beach y Nueva York.

1992

En la Fundació Antoni Tàpies, se inaugura la exposición *Tàpies. Comunicació sobre el mur*, que posteriormente viajará al Instituto Valenciano de Arte Moderno de Valencia, y a la Serpentine Gallery de Londres. En Nueva York, asiste a la inauguración de su exposición retrospectiva de obra gráfica en el Museum of Modern Art. Es nombrado Miembro de Honor de la Royal Academy of Arts de Londres, y de la American Academy of Arts and Sciences de Cambridge (Estados Unidos). El Ayuntamiento de Barcelona le otorga la Medalla de Oro de la Ciudad. Exposiciones individuales en Lisboa, Sevilla, Zúrich y Bilbao.

1993

Viaja a Nueva York, donde asiste a la inauguración de su exposición individual en la Pace Gallery. En el mes de junio acude a la inauguración de la XLV Bienal de Venecia, y presenta en el Pabellón de España su instalación *Rinzen*, que obtendrá el León de Oro de este certamen. En Francfort, la Schirn Kunsthalle presenta una exposición retrospectiva de su obra. Se publica *Valor de l'art*, nueva recopilación de ensayos del artista. La UNESCO le concede la Medalla Picasso. La Fundació Antoni Tàpies inaugura en Barcelona la exposición *Tàpies. Celebració de la mel*. Exposiciones personales en Leipzig, Madrid, Zaragoza, Girona, St. Gallen, Liechtenstein y Lund.

1994

Viaja a Estocolmo para la inauguración de su exposición retrospectiva en el Prins Eugens Waldemarsudde. En Londres, se presenta una selección de su obra reciente (Waddington Galleries). El Palacio de Sástago, en Zaragoza, acoge la exposición *Antoni Tàpies. Obra gráfica 1947-1990*. Es nombrado doctor *honoris causa* por la Universitat Rovira i Virgili de Tarragona. Le conceden el Premio Herbert-Boeckl en Salzburgo. También recibe el Gran Premio Europeo de Obra Gráfica, concedido por la Bienal de Artes Gráficas de Eslovenia. A finales de septiembre el artista viaja a París, para asistir a la inauguración de su exposición retrospectiva en la Galerie Nationale du Jeu de Paume. Participa en la exposición *Picasso-Miró-Tàpies. Keramische Werke*, que tiene lugar en el Hetgens Museum de Düsseldorf. Exposiciones individuales en París, Barcelona y Salzburgo.

1995

En enero viaja a Nueva York, donde se inaugura una exposición retrospectiva de su obra (The Solomon R. Guggenheim Museum). Paralelamente, la galería Pace-Wildenstein presenta una selección de su producción más reciente. En Madrid, el Museo de la Casa de la Moneda acoge una exposición de su obra gráfica. Durante el verano, el Musée d'Art Moderne de Ceret exhibe una selección de obras suyas realizadas en los últimos años. La Generalitat de Catalunya le concede el Premi Nacional d'Arts Plàstiques. En noviembre, Tàpies viaja a París y asiste al acto de donación a la UNESCO de la obra *Totes les coses* (1994). Otras exposiciones personales en Madrid, Zúrich y Nueva York.

1996

Una amplia exposición retrospectiva de su obra itinera, a lo largo del año, por diversos museos japoneses (Marugame Genichiro Inokuma, Kagawa; Nigata City Art Museum, Nigata; Gunma Museum of Modern Art, Gunma; Kirin Art Space Harajuku, Tokio). En enero, viaja a Santiago de Compostela, para acudir a la inauguración de su exposición antológica en el Auditorio de Galicia (la exposición viajará posteriormente a Lisboa Centro Cultural de Belém). En Lisboa, es condecorado por el presidente de la República portuguesa con la Cruz de la Orden de Santiago. Expone sus nuevas esculturas en bronce en las Waddington Galleries de Londres. En noviembre, Edicions T Galeria d'Art, de Barcelona, expone una muestra de su producción más reciente. En diciembre, la Universitat Pompeu Fabra de Barcelona inaugura en uno de sus campus una "sala de reflexión" concebida por el artista. Tàpies participa en la exposición colectiva *Face à l'Histoire. L'artiste moderne devant l'événement historique*, que tiene lugar en el Centre Georges Pompidou de París. Exposiciones individuales en Lanzarote, Copenhagen, París y Aix-en-Provence.

1997

Participa en el foro de intelectuales sobre la intolerancia de la Académie Universelle des Cultures (París), con una ponencia titulada "L'art entre le despotisme et l'anarchie". A finales de marzo viaja a Prato, en Italia, donde el Centro per l'Arte Contemporanea Luigi Pecci acoge una exposición retrospectiva de su obra. Poco después, a mediados de abril, acude a la inauguración de su exposición personal en la Galleria Christian Stein de Milán. En octubre recibe la Medalla de Oro de la Universidad de Oporto. En diciembre expone en el Kestner Gessellschaft de Hannover una selección de obras realizadas entre 1981 y 1997; la muestra viaja, posteriormente, a la ciudad austríaca de Krems. Otras exposiciones personales en Zaragoza, Oporto y Zúrich.

1998

A principios de marzo, la Fundació Antoni Tàpies inaugura la exposición *Tàpies. El tatuatge i el cos*, que presenta una amplia muestra de la producción sobre papel y cartón del artista a lo largo de más de cincuenta años. A finales de verano se inaugura en Locarno una exposición retrospectiva sobre su obra (Casa Rusca, Pinacoteca Comunale). A mediados de diciembre se inaugura en el Museu d'Art Contemporani de Barcelona su instalación *Rinzen*. Anna Agustí publica *Tàpies. Obra completa, 1982-1985*. Exposiciones personales en París, Madrid, Soria y Barcelona.

1999

En febrero la exposición *Antoni Tàpies. El tatuatge i el cos* es galardonado con el premio Ciutat de Barcelona. Publica *El arte y sus lugares* y se edita *Tàpies*, una recopilación completa de los artículos y escritos de Juan Eduardo Cirlot sobre el artista. Exposiciones personales en Burgos, Logroño, Palma de Mallorca y San Sebastián. Participa en la exposición *L´Art médecine*, Musée Picasso, Antibes.

2000

Exposiciones personales en PaceWildenstein de Nueva York y en la Abadía de Santo Domingo de Silos. Retrospectiva en el Museo Nacional Centro de Arte Reina Sofía, Madrid.

1950

Galeries Laietanes, Barcelona.

1952

Galeries Laietanes, Barcelona.

1953

Marshall Field & Company, Chicago.
Galerías Biosca, Madrid.
Martha Jackson Gallery, Nueva York.

1954

Galeries Laietanes, Barcelona.

1956

Galerie Stadler, París.

1957

Martha Jackson Gallery, Nueva York.
Galerie Stadler, París.
Galerie Schmela, Düsseldorf.

1958

Galleria dell'Ariete, Milán.
XXIX Biennale Internazionale d'Arte, Venecia.

1959

Martha Jackson Gallery, Nueva York.
Galerie Stadler, París.

1960

Galerie Blanche, Estocolmo.

1961

Martha Jackson Gallery, Nueva York.
Gres Gallery, Washington, D.C.
Galerie Stadler, París.

1962

Kestner-Gesellschaft, Hannover. [Retrospectiva.]
The Solomon R. Guggenheim Museum, Nueva York.
   [Retrospectiva.]
Kunsthaus, Zúrich. [Retrospectiva.]
Museo de Bellas Artes, Caracas.

1963

Phoenix Art Center, Phoenix, Arizona.
Pasadena Art Museum, Pasadena, California.
Felix Landau Gallery, Los Ángeles.
Martha Jackson Gallery, Nueva York.
Berggruen & Cie., París.
Galerie Im Erker, St. Gallen.

1964

Galerie Rudolf Zwirner, Colonia.
Galerie Stadler, París.

Documenta III, Kassel.
Gallery Moos, Toronto.
Sala Gaspar, Barcelona. [Retrospectiva.]

1965

Institute of Contemporary Art, Londres. [Retrospectiva.]
Galerie Rudolf Zwirner, Colonia.
Galerie van de Loo, Múnich.

1966

Galerie Stadler, París.

1967

Martha Jackson Gallery, Nueva York.
Kunstmuseum, St. Gallen. [Retrospectiva.]
Galerie Maeght, París.

1968

Museum des 20. Jahrhunderts, Viena. [Retrospectiva.]
Kunstverein, Hamburg. [Retrospectiva.]
Kölnischer Kunstverein, Colonia. [Retrospectiva.]
Martha Jackson Gallery, Nueva York.
Galerie Maeght, París.
Galerie Schmela, Düsseldorf.

1969

Kasseler Kunstverein, Kassel. [Retrospectiva.]
Galerie Maeght, París.
Gallery Moos, Toronto.
Sala Gaspar, Barcelona.

1970

Martha Jackson Gallery, Nueva York.

1971

Maeght Zúrich, Zúrich.
Il Collezionista d'Arte Contemporanea, Roma.

1972

Städtische Galerie im Haus Seel, Siegen. [Retrospectiva.]
Galerie Maeght, París.

1973

Musée d'Art Moderne de la Ville de Paris, París. [Retrospectiva.]
Musée Rath, Ginebra. [Retrospectiva.]
Martha Jackson Gallery, Nueva York.
Palais de Beaux-Arts, Charleroi. [Retrospectiva.]
Jodi Scully Gallery, Los Ángeles.
Galería Juana Mordó, Madrid.

1974

Louisiana Museum, Humlebaeck (Dinamarca). [Retrospectiva.]
Nationalgalerie, Berlin. [Retrospectiva.]
Galerie Maeght, París.

Hayward Gallery, Londres. [Retrospectiva.]
Glynn Vivian Art Gallery, Swansea. [Retrospectiva.]
Gallery Moos, Toronto.

1975

Galeria Maeght, Barcelona.
Maeght Zúrich, Zúrich.
Ruth S. Schaffner Gallery, Los Ángeles.
Galerie Beyeler, Basilea.
Martha Jackson Gallery, Nueva York.

1976

Fondation Maeght, Saint-Paul-de-Vence. [Retrospectiva.]
The Seibu Museum of Art, Tokyo. [Retrospectiva.]
Fundació Joan Miró, Barcelona. [Retrospectiva.]
Galeria Maeght, Barcelona.

1977

Albright-Knox Art Gallery, Buffalo, Nueva York.
    [Retrospectiva.]
Museum of Contemporary Art, Chicago. [Retrospectiva.]
Marion Koogler McNay Art Institute, San Antonio, Texas.
    [Retrospectiva.]
Des Moines Art Center, Des Moines, Iowa. [Retrospectiva.]
Musée d'Art Contemporain, Montreal. [Retrospectiva.]
Kunstverein, Bremen. [Retrospectiva.]
Staatliche Kunsthalle, Baden-Baden. [Retrospectiva.]

1978

Kunstmuseum, Winterthur. [Retrospectiva.]
Martha Jackson Gallery, Nueva York.
Musée de l'Abbaye de Sainte Croix, Les Sables-d'Olonne.
    [Retrospectiva.]
Galeria Maeght, Barcelona.
Galerie Schmela, Düsseldorf.
Artema, Barcelona.

1979

Galerie Maeght, París.
Badischer Kunstverein, Karlsruhe. [Retrospectiva.]
Hastings Gallery, The Spanish Institute, Nueva York.

1980

Kunsthalle, Kiel. [Retrospectiva.]
Wolfgang-Gurlitt-Museum, Linz. [Retrospectiva.]
Museo Español de Arte Contemporáneo, Madrid.
    [Retrospectiva.]
Stedelijk Museum, Amsterdam. [Retrospectiva.]
Maeght Zúrich, Zúrich.
Studio Dueci, Roma.

1981

Galeria Maeght, Barcelona.
Fondation du Chateau de Jau, Cases de Pène. [Retrospectiva.]
Maeght Zúrich, Zúrich.
M. Knoedler & Co., Nueva York.
Stephen Wirtz Gallery, San Francisco.

1982

Palacio de la Lonja, Zaragoza. [Retrospectiva.]
Marisa del Re Gallery, Nueva York.
Galerie Maeght, París.
Scuola di San Giovanni Evangelista, Venecia. [Retrospectiva.]
Studio Dueci, Roma.

1983

Maeght Zúrich, Zúrich.
Saló del Paranimf, Universitat de Barcelona.
Abbaye de Sénanque, Gordes.
Städtische Galerie Prinz-Max-Palais, Karlsruhe.
Galeria Maeght, Barcelona.
Fundació Joan Miró, CEAC, Barcelona. [Retrospectiva.]

1984

Museo Municipal de San Telmo, San Sebastián.
Galerie Maeght Lelong, Nueva York.
Maeght Lelong Zúrich, Zúrich.
Galería Antonio Machón, Madrid,
Galerie Maeght Lelong, París.
Galerie Brusberg, Berlín.

1985

Palazzo Reale, Milán. [Retrospectiva.]
Museum voor Moderne Kunst, Bruselas. [Retrospectiva.]
Stephen Wirtz Gallery, San Francisco.

1986

Künstlerhaus, Viena. [Retrospectiva.]
Stedelijk Van Abbemuseum, Eindhoven. [Retrospectiva.]
Galería Theo, Madrid.
Galerie Maeght Lelong, Nueva York.
Abbaye de Montmajour, Arles.
Galerie Maeght Lelong, París.
Galeria Joan Prats, Barcelona.
Dau al Set, Barcelona.
Galeria Carles Taché, Barcelona.

1987

Galeria Maeght, Barcelona.
Galerie Lelong, Zúrich.
Galeria Carles Taché, Barcelona.

1988

Galerie Lelong, París.
Annely Juda Fine Arts, Londres.
Saló del Tinell, Barcelona. [Retrospectiva.]
Galerie Beyeler, Basilea.
Musée Cantini, Marsella. [Retrospectiva.]

1989

Galerie Lelong, Nueva York.
Elkon Gallery, Nueva York.
Galerie Lelong, Zúrich.
Palau de Belles Arts, Pekín. [Retrospectiva.]
Kunstsammlung Nordrhein-Westfalen, Düsseldorf.
    [Retrospectiva.]

1990

Fundació Antoni Tàpies, Barcelona. [Retrospectiva.]
Galerie Lelong, Nueva York.
Galerie Lelong, París.
Richard Gray Gallery, Chicago.
Museo Nacional Centro de Arte Reina Sofía, Madrid.
    [Retrospectiva.]

1991

Fundació Joan Miró, Barcelona. [Retrospectiva.]
Fuji Television Gallery, Tokio.
Galeria Carles Taché, Barcelona
Galerie Lelong, Nueva York.
Fundació Antoni Tàpies, Barcelona.
Galerie Lelong, Zúrich.
Centro Atlántico de Arte Moderno, Las Palmas. [Retrospectiva.]
Centro Cultural Arte Contemporáneo, México, DF. [Retrospectiva.]
Long Beach Museum of Art, Long Beach, California.
    [Retrospectiva.]
Fundação Serralves, Porto. [Retrospectiva.]
Centro de Arte Moderna, Fundação Calouste Goulbenkian,
    Lisboa. [Retrospectiva.]
Waddington Galleries, Londres.
Galerie Lelong, París.

1992

Fundació Antoni Tàpies, Barcelona. [Retrospectiva.]
IVAM, Centre Julio González, Valencia. [Retrospectiva.]
Serpentine Gallery, Londres. [Retrospectiva.]
Meadows Museum, Dallas, Texas. [Retrospectiva.]
Museum of Modern Art, Nueva York. [Retrospectiva.]
Middlesbrough Art Gallery, Middlesbrough.
Galería Nieves Fernández, Madrid.
Juan Gris, Galería de Arte, Madrid.
Galería Theo, Valencia.

1993

Pace Gallery, Nueva York.
Pabellón de España, Biennal de Venecia.
Schirn Kunsthalle, Frankfurt. [Retrospectiva.]
Erker Galerie, St. Gallen.
Fundació Antoni Tàpies, Barcelona. [Retrospectiva.]

1994

Prins Eugens Waldemarsudde, Estocolmo. [Retrospectiva.]
Waddington Galleries, Londres.
Palacio de Sástago, Zaragoza. [Retrospectiva.]
Rupertinum, Moderne Galerie und Graphische Sammlung,
    Salzburgo.
Galerie Nationale du Jeu de Paume, París. [Retrospectiva.]
Museo de Bellas Artes, Santa Fe.

1995

The Solomon R. Guggenheim Museum, Nueva York.
    [Retrospectiva.]
Pace Wildenstein, Nueva York.
Edicions T-Galeria d'Art, Barcelona
Galería Soledad Lorenzo, Madrid.
Museo Casa de la Moneda, Madrid.
Musée d'Art Moderne, Ceret.
Galerie Lelong, Zúrich.
Kunsthaus, Zug.
Marburger Universitäts-Museum, Marburg.

1996

Auditorio de Galicia, Santiago de Compostela.
Centro Cultural de Belém, Lisboa.
Galerie Lelong, París.
Marugame Genichiro Inokuma Museum of
    Contemporary Art, Kagawa. [Retrospectiva.]
Nigata City Art Museum, Nigata. [Retrospectiva.]
Gunma Museum of Modern Art, Gunma. [Retrospectiva.]
Fundación César Manrique, Lanzarote.
Edicions T-Galeria d'Art, Barcelona.

1997

Centro per l'Arte Contemporanea Luigi Pecci, Prato.
Galleria Christian Stein, Milán.
Sala de Exposiciones del Banco Zaragozano, Zaragoza.
Galería Fernando Santos, Porto.
Kestner-Gesellschaft, Hannover.
Galerie Lelong, Zúrich.

1998

Fundació Antoni Tàpies, Barcelona.
Casa Rusca, Pinacoteca Comunale, Locarno.

Galerie Lelong, París.
Kunsthalle, Krems.
Galería Soledad Lorenzo, Madrid.
Sala de Exposiciones del Centro Cultural Palacio de la
    Audiencia, Soria.
Pace Wildenstein, Los Ángeles.
Galería Antonio Machón, Madrid.
Galeria Toni Tàpies-Edicions T, Barcelona.
Galeria Joan Prats, Barcelona.
Galeria Senda, Barcelona.

1999
Caja de Burgos, Burgos.
Sala Pelaires, Palma de Mallorca.
Sala Amós Salvador, Logroño.
Galería Altxerri, San Sebastián.

2000
PaceWildenstein, Nueva York.
Abadía de Santo Domingo de Silos, Burgos.
Museo Nacional Centro de Arte Reina Sofía, Madrid.
    [Retrospectiva.]

1950

Barcelona, *Exposició Antoni Tàpies*, Galeries Laietanes. (Catálogo; texto de Juan-Eduardo Cirlot.)

1954

Barcelona, *Antoni Tàpies*, Galeries Laietanes. (Catálogo; texto de Alejandro Cirici Pellicer.)

1955

Barcelona, *Presentació de les ultimes obres d'Antoni Tàpies*, Sala Gaspar. (Catálogo; texto de Joan Teixidor.)

Santander, *Pinturas de Antonio Tàpies*, Galería Sur. (Catálogo; texto de Juan Eduardo Cirlot.)

1956

París, *Tàpies*, Galerie Stadler. (Catálogo; texto de Michel Tapié.)

1957

París, *Tàpies*, Galerie Stadler. (Catálogo; texto de Michel Tapié.)

1958

Milán, *Tàpies*, Galleria dell'Ariete. (Catálogo; texto de Jacques Dupin.)

1960

Estocolmo, *Antonio Tàpies. Malningar, Litografier*, Galerie Blanche. (Catálogo; texto de Ulf Linde.)

1961

Washington D.C., *Tàpies*, Gress Gallery. (Catálogo; texto de James J. Sweeney.)

1962

Hannover, *1962 Antoni Tàpies*, Kestner-Gesellschaft. (Catálogo; texto de Werner Schmalenbach.)

Zúrich, *Antoni Tàpies*, Kunsthaus (Catálogo; texto de Eduard Hüttinger.)

Nueva York, *Antoni Tàpies*, The Solomon R. Guggenheim Museum. (Catálogo; texto de Lawrence Alloway.)

Roma, *Antoni Tàpies*, Galleria Il Segno. (Catálogo; texto de Lorenza Trucchi.)

1963

Nueva York, *Antonio Tàpies,* Martha Jackson Gallery. (Catálogo; texto de Martha Jackson.)

París, *Tàpies. Papiers & cartons*, Galerie Berggruen. (Catálogo; texto de Jacques Dupin.)

St. Gallen, *Antoni Tàpies. Gemälde*, Galerie Im Erker. (Catálogo; texto de Hans Platscheh.)

Turín, *Tàpies*, Notizie. (Catálogo; texto de Antoni Tàpies.)

1964

Roma*, Tàpies,* Galleria d'Arte La Tartaruga. (Catálogo; texto de Antoni Tàpies.)

Barcelona, *Antoni Tàpies. Cartons, papers, fustes i collages. Obres del 1946 al 1964,* Sala Gaspar. (Catálogo; texto de Joan Teixidor.)

1965

Múnich, *Antoni Tàpies. Gouachen, Zeichnungen und Collagen aus den Jahren 1963-1965,* Galerie van de Loo. (Catálogo; texto de Antoni Tàpies.)

Londres, *Antoni Tàpies. Paintings,* Institute of Contemporary Arts. (Catálogo; texto de Roland Penrose.)

1966

Madrid, *Tàpies,* Galería Biosca. (Catálogo; texto de José María Moreno Galván.)

Toulouse, *Espagne,* Centre Culturel. (Catálogo; texto de Juan Eduardo Cirlot.)

París, *Tàpies,* Galerie Stadler. (Catálogo; texto de Michel Tapié.)

Cannes, *Tàpies.Œuvres récentes,* Galerie Jacques Verrière. (Catálogo; texto de François Pluchart.)

1967

Nueva York, *Antoni Tàpies. Recent Paintings,* Martha Jackson Gallery. (Catálogo; texto de Dan Evans.)

St. Gallen, *Antoni Tàpies. Das gesamte graphische Werk*, Kunstmuseum. (Catálogo; texto de Dieter Jähnig.)

París, *Tàpies,* Galerie Maeght. (Catálogo incluido en *Derrière le Miroir*, n.º 168; texto de Jacques Dupin y Michel Tapié.)

Barcelona, *Antoni Tàpies o L'escarnidor de diademes,* Sala Gaspar. (Catálogo; textos de Joan Brossa, Joaquim Gomis, Joan Prats y Francesc Vicens.)

1968

Hamburgo, *Antoni Tàpies,* Kunstverein. Exp. itinerante: Kölnischer Kunstverein, Colonia. (Catálogo; texto de Hans Platte.)

Viena, *Antoni Tàpies,* Museum des 20. Jahhunderts. (Catálogo; texto de Werner Hofmann.)

Nueva York, *Antoni Tàpies. Paintings Collages and Works on Paper. 1966-1968,* Martha Jackson Gallery. (Catálogo; texto de Edward Albee.)

París, *Tàpies, Encres et collages,* Galerie Maeght. (Catálogo incluido en *Derrière le Miroir,* n.º 175; texto de Pierre Volboudt.)

1969

Kassel, *Antoni Tàpies. Das gesamte graphische Werk. Sammlung Dr. Friedrich und Maria Pilar Herlt,* Kasseler Kunstverein. (Catálogo; texto de Werner Hofmann.)

Barcelona, *Antoni Tàpies. Pintura, tapís, obra gràfica. «Frègoli»,* Sala Gaspar. (Catálogo; texto de Joan Brossa.)

Toronto, *Tàpies. Paintings, Collages and Works on Paper*, Gallery Moos. (Invitación con texto de Edward Albee.)

París, *Tàpies,* Galerie Maeght. (Catálogo incluido en *Derrière le Miroir,* n.º 180; texto de Joan Brossa.)

1970

Milán, *Tàpies,* Galleria dell'Ariete. (Catálogo; texto de Carlos Franqui.)

Estocolmo, *Antoni Tàpies, Gouacher, gouacherade litografier, grafik,* Galerie Bleue. (Catálogo; texto de Antoni Tàpies.)

1971

Zúrich, *Tàpies. Peintures. Objets,* Galerie Maeght. (Catálogo; texto de Félix Andreas Baumann.)

Roma, *Antoni Tàpies. Opere 1946-1970,* Il Collezionista d'Arte Contemporanea. (Catálogo; textos de Giuseppe Gatt y Nello Ponente.)

Palma de Mallorca, *Antoni Tàpies*, Sala Pelaires. (Catálogo; texto de A. Cirici Pellicer.)

Barcelona, *A. Tàpies. Tapissos. Gouaches,* Sala Gaspar. (Catálogo; texto de Antoni Tàpies.)

Tokio, *Martha Jackson Collection,* Seibu Department Stores, The Seibu Museum of Art. (Catálogo; textos de Makoto Ooka y Takahiko Okada.)

1972

París, *Tàpies. Objets et grands formats,* Galerie Maeght. (Catálogo incluido en *Derrière le Miroir,* n.º 200; texto de Jacques Dupin.)

Siegen, *Antoni Tàpies,* Städtische Galerie im Haus Seel. (Catálogo; texto de Joachim Büchner.)

1973

Nueva York, *Tàpies. Works 1969-1972,* Martha Jackson Gallery. (Catálogo; texto de Antoni Tàpies.)

París, *Antoni Tàpies. Exposition rétrospective 1946-1973,* Musée d'Art Moderne de la Ville de Paris. Exp. itinerante: Musée d'Art et d'Histoire /Musée Rath, Ginebra; Palais des Beaux-Arts, Charleroi, 1973-1974. (Catálogo; textos de Jacques Lassaigne y Antoni Tàpies.)

París, *Salon de Mai,* Salles New York. (Catálogo; texto de Gaston Diehl.)

Madrid, *Tàpies,* Galeria Juana Mordó. (Catálogo; texto de José María Moreno Galván.)

1974

Humlebaek, *Antoni Tàpies,* Louisiana Museum of Modern Art (Dinamarca). (Catálogo incluido en *Lousiana Revy* (Humlebaek), vol. 14, n.º 2; textos de Jacques Dupin, Vera Linhartová y Antoni Tàpies.)

Berlín, *Antoni Tàpies. Retrospektive 1946-1973. Bilder, Objekte und Zeichnungen,* Nationalgalerie. (Catálogo; texto de Werner Haftmann y Werner Schmalenbach.)

París, *Tàpies, Monotypes,* Galerie Maeght. (Catálogo incluido en *Derrière le Miroir,* n.º 210; texto de Georges Raillard.)

Londres, *Antoni Tàpies,* Hayward Gallery. Exp. itinerante: Glynn Vivian Art Gallery, Swansea. (Catálogo; texto de Antoni Tàpies.)

México, *Tàpies,* Galería Juan Martín. (Catálogo; texto de María Lluïsa Borrás.)

1975

Barcelona, *Tàpies. Obra recent,* Galeria Maeght. (Catálogo; texto de Pere Gimferrer.)

Mannheim, *Der ausgeparte Mensch. Aspekte der Kunst der Gegenwart,* Kunsthalle. (Catálogo; texto de Heinz Fuchs.)

Nueva York, *Tàpies. Selected Work, 1973-1974. Paintings, Objects, Works on Cardboard and Paper,* Martha Jackson Gallery. (Catálogo; texto de David Anderson.)

Basilea, *Antoni Tàpies, Werke von 1954 bis 1974,* Galerie Beyeler. (Catálogo; texto de Antoni Tàpies.)

Palma de Mallorca, *Tàpies,* Sala Pelaires. (Catálogo; texto de Josep Melià.)

Zúrich, *Tàpies. Peintures, Gouaches, 1973-1974,* Galerie Maeght. (Catálogo; texto de Peter F. Althaus.)

1976

Barcelona, *Antoni Tàpies (Obra 1956-1976),* Fundació Joan Miró. (Catálogo; texto de Tomás Llorens.)

Saint-Paul-de-Vence, *Antoni Tàpies,* Fondation Maeght. (Catálogo; texto de Michael Butor.)

Tokio, *Antoni Tàpies,* The Seibu Museum of Art. (Catálogo; textos de Takahiko Okada, Shuzo Takiguchi, Yoshiaki Tono y Lee U-Fan.)

Venecia, *Spagna. Avanguardia artistica e realtà sociale (1936-1976),* Biennale di Venezia. Exp. itinerante: Fundació Joan Miró, Barcelona. (Catálogo; textos de Valeriano Bozal y Tomás Llorens.)

1977

Bremen, *Antoni Tàpies. Handzeichnungen, Aquarellen, Gouachen, Collagen, 1944-1976,* Kunsthalle. Exp. itinerante: Staatliche Kunsthalle, Baden-Baden, 1977-1978; Kunstverein, Winterthur, 1978. (Catálogo; textos de Peter F. Althaus, Barbara Catoir, Werner Schnackenburg y Antoni Tàpies.)

Buffalo, *Antoni Tàpies. Thirty-three Years of His Work,* The Albright-Knox Art Gallery. Exp. itinerante: Museum of Contemporary Art, Chicago; Marion Koogler McNay Art Institute, San Antonio; Des Moines Art Center, Des Moines; Musée d'Art Contemporain, Montreal. (Catálogo; texto de José Luis Barrio-Garay.)

Granollers, *ACC 1. Joan Brossa, Joan Miró, Antoni Tàpies,* Museu de Granollers. (Catálogo; textos de María Lluïsa Borrás et al.)

Saskatoon, *Antoni Tàpies,* Mendel Art Gallery. (Catálogo; texto de George Moppet.)

1978

Nueva York, *Tàpies. Selected Work, 1975-1977. Paintings, Works on Cardboard and Paper,* Martha Jackson Gallery. (Catálogo; textos de Roland Penrose y Antoni Tàpies.)

Les Sables-d'Olonne, *Antoni Tàpies. Œuvres sur papier,* Musée de L'Abbaye Sainte-Croix. (Catálogo; texto de Jean Frémon.)

Barcelona, *Tàpies. Obra 1945-1954,* Galeria Artema. (Catálogo; texto de Joan Brossa.)

Barcelona, *Tàpies,* Galeria Maeght. (Catálogo; texto de Julio Cortázar.)

1979

Karlsruhe, *Antoni Tàpies. Bilder und Ojekte,* Badischer Kunstverein. Exp. itinerante: Kunsthalle zu Kiel; Neue Galerie der Stadt Linz;. Wolfgang-Gurlitt-Museum, Linz. (Catálogo; textos de Andreas Franzke y Michael Schwarz.)

París, *Antoni Tàpies,* Galerie Maeght. (Catálogo incluido en *Derrière le Miroir,* n.º 234; texto de Julio Cortázar.)

1980

Roma, *Antoni Tàpies. Opere recenti,* Studio Dueci. (Catálogo; texto de Giulio Carlo Argan.)

Zúrich, *Weich und Plastik. Soft Sculpture,* Kunsthaus. (Catálogo; texto de Erika Billeter.)

Amsterdam, *Antoni Tàpies,* Stedelijk Museum. (Catálogo; texto de Edy de Wilde.)

Berlín, *Zeichen des Glaubens. Geist der Avantgarde,* Schloss Charlottenburg, Grosse Orangerie. (Catálogo; texto de Wieland Schmiedt.)

Madrid, *Antoni Tàpies. Exposición retrospectiva,* Museo Español de Arte Contemporáneo. (Catálogo; textos de Joan Brossa, Lluís Permanyer, José María Valverde, Carl Vogel y Antoni Tàpies.)

Miami, *Other Media,* Visual Arts Gallery, Florida International Univesity. (Catálogo; texto de James M. Couper.)

1981

Tokio, *Antoni Tàpies,* Gallery Ueda. (Catálogo; texto de Yoshiaki Tono.)

1998

Barcelona, *Tàpies. El tatuatge i el cos. Papers, cartons i collages*, Fundació Antoni Tàpies. (Catálogo; textos de Peter Bürger, Xavier Antich y entrevista con Antoni Tàpies por Manuel J. Borja-Villel.)

París, *Tàpies. Esprit de papier*, Galerie Lelong. (Catálogo; texto de Antoni Tàpies.)

Soria, *Antoni Tàpies. Resumen sobre papel*, Centro Cultural Palacio de la Audiencia, Fundación Duques de Soria. (Catálogo; texto de José-Miguel Ullán.)

Madrid, *Tàpies. Mira la mà*, Galería Antonio Machón. (Catálogo; texto de Aurora García.)

Madrid, *Tàpies*, Galería Soledad Lorenzo. (Catálogo; texto de Estrella de Diego.)

Barcelona, *Antoni Tàpies. Obra 1997-1998*, Galería Joan Prats. (Catálogo; texto de Jacques Dupin.)

Barcelona, *Antoni Tàpies. Obra recent*, Galería Toni Tàpies - Ediciones T. (Catálogo; texto de Olvido García Valdés.)

1999

Locarno, *Antoni Tàpies*, Pinacoteca Comunale, Casa Rusca. (Catálogo; textos de Renato Barilli, Antoni Tàpies y Andreas Franzke.)

Burgos, *Antoni Tàpies. Obras 1990-1998*, Centro Cultural Casa del Cordón, Caja de Burgos. (Catálogo; textos de Elvira Maluquer y Valentín Roma.)

A Coruña, *Antoni Tàpies. Litografías e augafortes*, Fundación Caixa Galicia. (Catálogo; textos de Arnau Puig e Inmaculada Julián.)

Palma de Mallorca, *Antoni Tàpies*, Sala Pelaires. (Catálogo; texto de Josep Melià.)

2000

Nueva York, *Antoni Tàpies. Recent Work*, PaceWildenstein. (Catálogo; texto de Dan Cameron.)

Silos, *Tàpies en Silos*, Abadía de Santo Domingo de Silos. (Catálogo; texto de José-Miguel Ullán.)

Madrid, *Tàpies. Retrospectiva*, Museo Nacional Centro de Arte Reina Sofía. (Catálogo; textos de Manuel J. Borja Villel, Antoni Tàpies, John C. Welchman y Alexander G. Düttman.)

1950

THARRATS, Joan Josep. *Antoni Tàpies o el dau modern de Versalles*, Dau al Set, Barcelona, 1950.

1956

TAPIÉ, Michel. *Antoni Tàpies et l'oeuvre complète*, Dau al Set, Barcelona, 1956.

1959

TAPIÉ, Michel. *Antoni Tàpies,* Editorial RM, Barcelona, 1959.

1960

CIRLOT, Juan Eduardo. *Tàpies,* Ediciones Omega, Barcelona, 1960.

1962

CIRLOT, Juan Eduardo. *Significación de la pintura de Tàpies,* Editorial Seix Barral, Barcelona, 1962.

1964

BONET, Blai. *Tàpies,* Ediciones Polígrafa, Barcelona, 1964.

CIRICI, Alexandre. *Tàpies 1954-1964,* Editorial Gustavo Gili, Barcelona, 1964. [Edición inglesa: Methuen, Londres, 1965.]

TEIXIDOR, Joan. *Antoni Tàpies. Fustes, papers, cartons i collages,* Sala Gaspar, Barcelona, 1964.

1967

BROSSA, Joan; GOMIS, Joaquim; PRATS, Joan; VICENS, Francesc. *Antoni Tàpies o l'escarnidor de diademes,* Ediciones Polígrafa, Barcelona, 1967.

GATT, Giuseppe. *Antoni Tàpies,* Cappelli Editore, Boloña, 1967.

1969

TAPIÉ, Michel. *Antoni Tàpies,* Fratelli Fabbri, Milán, 1969. [Reedición abreviada: Gruppo Editorial Fabbri, Milán, 1990. Edición castellana: Susaeta Ediciones, Barcelona, 1990.]

1970

CIRICI, Alexandre. *Tàpies, testimoni del silenci,* Ediciones Polígrafa, Barcelona, 1970. [Ediciones alemana, francesa, inglesa y castellana: Ediciones Polígrafa, Barcelona, 1971-1973.]

1971

GASCH, Sebastiá. *Tàpies,* Dirección General de Bellas Artes, Madrid, 1971.

1972

LINHARTOVÁ, Vera. *Tàpies,* Editorial Gustavo Gili, Barcelona, 1972.

1973

GALFETTI, Mariuccia. *Tàpies: Obra gráfica 1947-1972,* Editorial Gustavo Gili, Barcelona, 1973.

1974

GIMFERRER, Pere. *Antoni Tàpies i l'esperit català,* Ediciones Polígrafa, Barcelona, 1974. [Ediciones castellana e inglesa: Ediciones Polígrafa, Barcelona, 1974 y 1975. Edición francesa: Cercle d'Art, París, 1976. Edición alemana: Propyläen, Francfort, 1976.]

SCHMALENBACH, Werner. *Antoni Tàpies. Zeichen un Strukturen,* Propyläen Verlag, Berlín, 1974. [Edición castellana: Ediciones Polígrafa, Barcelona, 1975.]

1976

MARÍN-MEDINA, José. *Tàpies/Meditaciones/1976.* Ediciones Rayuela, Madrid, 1976.

RAILLARD, Georges. *Tàpies,* Maeght Éditeur, París, 1976.

1977

JULIÁN, Inma y TÀPIES, Antoni. *Diálogos sobre arte, cultura y sociedad,* Icaria Editorial, Barcelona, 1977.

PENROSE, Roland. *Tàpies,* Ediciones Polígrafa, Barcelona, 1977. [Edición inglesa: Rizzoli, Nueva York, 1977. Ediciones castellana y francesa: Ediciones Polígrafa, 1986.]

1979

FRANZKE, Andreas, y SCHWARZ, Michael. *Antoni Tàpies. Werk und Zeit,* Gerd Hatje, Stuttgart, 1979.

1980

GALFETTI, Mariuccia. *Tàpies: Obra gráfica 1973-1978,* Editorial Gustavo Gili, Barcelona, 1980.

1981

FERNÁNDEZ-BRASO, Miguel. *Conversaciones con Tàpies,* Ediciones Rayuela, Madrid, 1981.

1982

BENINCASA, Carmine, CALVESI, Maurizio y SGARBI, Vittorio. *Tàpies. Opere dal 1946 al 1982,* Edizioni La Biennale di Venezia, Venecia, 1982.

VALLÈS ROVIRA, Josep. *Tàpies Empremta (art-vida),* Ed. Robrenyo, Barcelona, 1982.

1983

PERMANYER, Lluís. *Tàpies i les civilitzacions orientals,* Edhasa, Barcelona, 1983.

1984

COMBALIA, Victòria. *Tàpies,* Ediciones Polígrafa, Barcelona, 1984. [Edición francesa: Albin Michel, París, 1984. Edición inglesa: Rizzoli, Nueva York, 1989. Edición alemana: Westernann, Braunschweig, 1990.]

MALET, Rosa María. *Los carteles de Tàpies,* Ediciones Polígrafa, Barcelona, 1984.

1986

AINAUD I ESCUDERO, J. Francesc. *Introducció a l'estètica d'Antoni Tàpies,* Edicions 62, Barcelona, 1986.

MIRALLES, Francesc. *Antoni Tàpies. Tapissos,* Escola Massana, Barcelona, 1986.

PERMANYER, Lluís. *Tàpies i la nova cultura,* Ediciones Polígrafa, Barcelona, 1986. [Edición francesa: Cercle d'Art, París, 1986. Edición inglesa: Rizzoli, Nueva York, 1986. Edición castellana: Ediciones Polígrafa, Barcelona, 1986.]

1988

AGUSTÍ, Anna. *Tàpies. Obra Completa. Volumen 1. 1943-1960,* Fundació Antoni Tàpies, Barcelona, y Ediciones Polígrafa, Barcelona, 1988. [Edición castellana: Fundació Antoni Tàpies/Ediciones Polígrafa, Barcelona, 1989. Edición inglesa: Rizzoli, Nueva York, 1988. Edición francesa: Cercle d'Art, París, 1989.]

WATTS, Harriet. *Antoni Tàpies. Die Bildzeichen und das Buch,* Herzog Aug. Bibliothek, Wolfenbüttel, 1988.

CATOIR, Barbara. *Converses amb Antoni Tàpies,* Ediciones Polígrafa, Barcelona, 1988. [Edición alemana: Prestel, Munich, 1987. Edición francesa: Cercle d'Art, París, 1988. Edición castellana: Ediciones Polígrafa, Barcelona, 1989.]

COMBALIA, Victòria y LOMBA, Concha. *Tàpies,* Col. Los Genios de la Pintura Española, Sarpe, Madrid, 1988.

FEBRÉS, Xavier. *Diàlegs a Barcelona. Antoni Tàpies-Isidre Molas,* Ayuntament de Barcelona, Barcelona, 1988.

1990

AGUSTÍ, Anna. *Tàpies. Obra Completa. Volumen 2. 1961-1968,* Fundació Antoni Tàpies, Barcelona, y Ediciones Polígrafa, Barcelona, 1990. [Edición castellana: Fundació Antoni Tàpies/Ediciones Polígrafa, Barcelona, 1990. Edición inglesa: Rizzoli, Nueva York, 1990. Edición francesa: Cercle d'Art, París, 1990.]

BORJA-VILLEL, Manuel J. y TÁPIES, Miquel. *Fundació Antoni Tàpies,* Fundació Antoni Tàpies, Barcelona, 1990.

1991

WYE, Deborah. *Antoni Tàpies in Print,* The Museum of Modern Art, Nueva York, 1991. [Edición castellana: Ediciones Polígrafa, Barcelona, 1992.]

1992

AGUSTÍ, Anna. *Tàpies. Obra Completa. Volumen 3. 1969-1975,* Fundació Antoni Tàpies, Barcelona, y Ediciones Polígrafa, Barcelona, 1992. [Edición castellana: Fundació Antoni Tàpies/Ediciones Polígrafa, Barcelona, 1992. Edición inglesa: Rizzoli, Nueva York, 1992. Edición francesa: Cercle d'Art, París, 1992.]

CORREDOR-MATHEOS, J. *Antoni Tàpies. Matèria, signe, esperit,* Generalitat de Catalunya, Departament de la Presidència, Barcelona, 1992.

FRANZKE, Andreas. *Tàpies,* Ediciones Polígrafa, Barcelona, 1992. [Ediciones alemana e inglesa: Prestel, Munich, 1992. Edición francesa: Cercle d'Art, París, 1993.]

FUCHSHUBER, Gregor. *El edificio de la Fundació Antoni Tàpies,* SAPIC, S.A., Barcelona, 1992.

1993

HERMANNS, Ralph. *Tàpies,* Lunds Konsthall, Lund; Prins Eugens Waldemarsudde, Estocolmo, 1993.

1994

MOURE, Gloria. *Tàpies: objetos del tiempo,* Ediciones Polígrafa, Barcelona, 1994.

DAVVETAS, Demosthénès. *Tàpies,* Éditions Cercle d'Art, París, 1994.

DUPIN, Jacques. *Matière du souffle (Antoni Tàpies),* Fourbis, París, 1994.

RAILLARD, Georges. *La syllabe noire de Tàpies,* André Dimanche, Marsella, 1994.

TÀPIES. Colloque organisé dans le cadre de la retrospéctive Tàpies, Galerie Nationale du Jeu de Pomme, París, 1995.

1995

AGUSTÍ, Anna. *Tàpies. Obra Completa. Volumen 4. 1976-1981,* Fundació Antoni Tàpies, Barcelona, y Ediciones Polígrafa, Barcelona, 1995. [Edición castellana: Fundació Antoni Tàpies/Ediciones Polígrafa, Barcelona, 1995.]

1998

AGUSTÍ, Anna. *Tàpies. Obra Completa. Volumen 5. 1982-1985,* Fundació Antoni Tàpies, Barcelona, y Ediciones Polígrafa, Barcelona, 1998. [Edición castellana: Fundació Antoni Tàpies/Ediciones Polígrafa, Barcelona, 1998.]

2000

CIRLOT, Juan Eduardo. *Tàpies,* Ediciones Omega, Barcelona, 2000. (Recopilación de escritos de Cirlot sobre Tàpies publicados anteriormente en forma de libro o artículo; edición a cargo de Lourdes Cirlot.)

LIBROS DE ANTONI TÀPIES

La pràctica de l'art, Ariel, Barcelona, 1970. [Edición castellana: *La práctica del arte,* Ariel, Barcelona, 1971.]

L'art contra l'estètica, Editorial Ariel, Barcelona, 1970. [Edición castellana: *El arte contra la estética,* Ariel, Barcelona, 1978; Planeta Agostini, Barcelona, 1986.]

Memòria personal. Fragment per a una autobiografia, Editorial Crítica, Barcelona, 1977. [Edición castellana: *Memoria personal. Fragmento para una autobiografía,* Editorial Seix Barral, Barcelona, 1983; Fundació Antoni Tàpies, Barcelona, 1993.]

La realitat com a art, Editorial Laertes, Barcelona, 1982. [Edición castellana: *La realidad como arte. Por un arte moderno y progresista,* Colegio Oficial de Aparejadores y Arquitectos Técnicos, Galería Yerba, Consejería de Cultura y Educación, Murcia, 1989.]

Per un art modern i progressista, Editorial Empúries, Barcelona, 1985.

Selected Essays, Van Abbemuseum, Eindhoven, 1986.

Art i espiritualitat, Universidad de Barcelona, 1988.

Valor de l'art, Fundació Antoni Tàpies y Editorial Empúries, Barcelona, 1993.

L'experiència de l'art, Edicions 62, Barcelona, 1996.

L´art i els seus llocs, Editorial Siruela, Madrid, 1999. [Edición castellana: *El arte y sus lugares,* Editorial Siruela, Madrid, 1999.]

~

TEXTOS EN INGLÉS

ANTONI TÀPIES   *ESSAYS*

MODERN ART, MYSTICISM AND HUMOUR

Contemplation is not inactivity, but exercise.

FERRATER MORA

Human reactions to the mystery of life vary widely. This mystery provokes fear, rebellion, reverent submission, as well as attempts to solve it, to make it more benign, to organise it. In our civilisation it has been widely believed that such reactions are the origin of two important groups of impulses which, until recently, were considered to be opposed. Broadly speaking, we are reminded that, on the one hand, impulses exist which some describe as mystic-religious intuitions, and, on the other, there are those that lead to the rigorous constructions of science. But today it has been discovered that these groups, far from being antagonistic, seem to be complementary and inseparable in every human being.

This does not mean that only lofty mystical-religious lucubrations and great scientific methods have emerged from the reactions to the mystery. The different methods to be found in the world of poetry, painting and music have also resulted, and likewise the wide variety of everyday, apparently simple attitudes which can shape the art of living: from ways of loving to children's games, from the guffaws of the clowns to the art of making a bouquet of flowers, a dress or a house. Therefore it is said that, as in some of Mozart's operas, Chekov's writing, or Morandi's still lifes, the most trivial situations or objects can sometimes also suggest to us widely ranging metaphysical and ontological feelings and reflections.

HUMAN ACTIVITY AND TRANSCENDENTAL MEANING

Originally, and more in some civilisations than in others, these impulses and activities have cohabited naturally and have even been mistaken for each other. In fact —to mention just one example— the desire to make the unknown forces of nature favourable to us has given riseh as much to magic as to the art of medicine or the technique for producing calendars. From fear and the instinct to seek protection there has emerged both prayer and poetic expression, agrarian rites, painting and politics. The mystical and religious impulses which developed around the mystery, the sacred or the divine —it has been given many names— with all their myths, symbols, cosmologies and rituals, have been omnipresent and inseparable in all human activity at certain times. And art, as is known, has been one of its most important vehicles.

Many are in agreement that well-measured doses of religious mysticism can be of great help in finding meaning in life, inspiring the necessary respect and solidarity between races and harmony between men and nature. It is clear that we are far from the «revolutionaries» who felt that mysticism was contrary to the world of the future, as being «the passive deification of nature, an aristocratic slackness, imagination and the tearful», as Trotsky described it. But we should not forget that when the scale is out of balance and the mystical-religious vision becomes intransigent and opposes reason and science, nations enter a period of obscurantism and cruelty. Is it necessary, therefore, to demonstrate that the contrary can also occur, and that the imbalance springs from the excessive domination of the material side of things and the oblivion to the so-called spiritual and moral values? Nowadays this is a well-known danger in the so-called Western civilisation, and one which, for that very reason, involves, as has been said so many times, the very dynamics of the models of the religious beliefs and dual philosophies which have held sway until now in our civilisation, with their old separations between the spiritual and the material, body and soul, religion and science, between serving God and serving Caesar. They are beliefs which have perhaps provided us with spectacular material growth, but undoubtedly, as Joseph Needham observed, they have also led us to a sort of inverted medieval period where the excess of scientific spirit and technology is beginning to make us afraid for the continuation of life on this planet[1].

At the present time, not only does everything speak to us as never before of the need to re-encounter a spiritual complement to the abuses of scientific positivism, anarchic technology and the prevailing aggressive, macho, coarse materialism, but, the scientific world itself proclaims it as well. Particularly, in recent years various prestigious physicists have referred to this change in modern science. The image of science must be reconstructed, they are beginning to tell us, showing that a necessary harmony can exist between the vision of the mystics and that of the physicists. For today it is known that physics goes far beyond the materialism and mere technology with which it was associated previously. Thanks to its recent discoveries, physics has achieved the capacity to become another «a path with a heart which takes us towards spiritual knowledge and personal fulfilment»[2] In the vision of reality that emerges after quantum physics, the new biology, analytical psychology, neuro- and psycho- physiology, and the new ecology and anthropology, we can no longer omit the symbolic messages of our spirit, however delirious they may seem at times, which provide us with the possibility of approaching a model of the universe distanced from both material short-sightedness or naive spiritualism.

INDUSTRIAL SOCIETIES AND THE «KNOWLEDGE OF THE SOUTH»

Twentieth-century art in the past few years has been very sensitive to these changes and has understood that, in our time, it is very important to work within this new unitary framework, which recuperates mystic, symbolist, cosmological, interdisciplinary, and ecumenical emotions. Thanks to scientific advances we will now understand that «every human phenomenon contains and produces significance» and that, to a large degree, through the phenomenon of human imagination, the symbolisation processes, and even, at times, of false starts in observation, we have reached the furthest borders of knowledge. As has been become more widely know for some time, now there are those who are finding these forms of knowledge in what is called «knowledge of the South» or from pathos, which, it is believed, is able to complement the shortcomings of the knowledge of classical science knowledge and those of the industrialised societies[3]. The countries in the South, then, do not only worry us because of the need to free them from the economic and political exploitation to which they are victim. Nowadays it is also understood that much of their learning and cultural expressions make up a treasure which must be preserved, for it might help us to escape the danger of the cretinising uniformity which threatens the way of life of the countries in the North.

At any rate, it should not surprise us that the modern artist, especially since Surrealism, should reflect this new sense. In the cultural world of today, enormous curiosity is felt for both for the knowledge and non-dual religions of the East and the customs of some of the so-called third world, primitive nations, with which modern science often feels more identified than with the official Jewish-Christian orthodoxy of the West. Apart from this, within our tradition and that of the enigmatic paths of art and poetry, there now exists a place for authors who, until a short while ago, would have been considered foolish and total outcasts in classical education and industrialised societies. And, as Breton did, it is now possible to talk naturally about the Cabala alongside the strange metaphysics of Jean-Pierre Brisset or the paraphysics of Jarry[4]. Nowadays, among our thinkers, pronouncements are made ranging from the fragments of Heraclites to hermetic doctrines, from alchemy to Meister Eckart, from the philosophy of Franciscan nature to Robert Fludd, from St. John of the Cross to Jacob Böhme, from Paracelsus to William Blake, from a certain Christian cult of the esoteric to Della Porta, Boscovich, Vico, some German Romantics or Teilhard de Chardin. It is clear, also, that in modern culture a name which is again becoming exceptionally important is that of our own Ramón Llull, himself the teacher of many of the abovementioned, and who, because of this among other reasons is today one of the great prides of the Catalán-speaking people.

We all know that it seems strange to the superficial observer that some modern poets and artists —and who knows if they are agnostic or sceptics— can refer to mysticism and that, to be exact, they admire Llull. However, there is no contradiction. The mystical visions, which to some seem puerile and even morbid, are not always linked to institutionalised beliefs and religious dogmas, nor do they have to be considered as a description of the universes that should be taken literally. If they are useful to the man of today it is rather because of the association of ideas, feelings and emotions that they awaken in the private life of each one rather than for what they literally seem to describe. This occurs also in the field of science. We know now that a geocentric vision of the world like that of Ptolemy, for example, is incorrect. But, symbolically, «from our position as human beings incarnate on a physical earth, we continue to have the feeling that we are the centre of the universe»[5]. The symbolic vision, myth, metaphor, the poetic image, make up, therefore, a kind of game which, in some way, is anticipated and, of course, complements intellectual knowledge, acting to preserve certain values that man should always bear in mind.

THE GAME AND THE WORLD OF THE SACRED

For more than twenty-five centuries great eastern wisdom has been based on the importance of this game. According to the Hindus supreme knowledge consists precisely of the discovery that everything that is multiplied is a dream of God, the Maya, a word which not only means illusion, but also art and miraculous power. The universe of the Hindu mystics really seems to be a game (lila) which God (the Atman) plays. His activity is playful. Those who believe that mysticism —and important art— is soporific and requires the use of hair shirts and the putting on of a sour face, will now be surprised to see that in moments of deep ecstasy, the game will unexpectedly emerge. Suddenly, as Dante said, «all that I saw seemed to me to be the laughter of the Universe»; or as Freud stated: humour is not far from the exalted or the sublime.

It is important to stress these points at a time in which, from the «pseudocultures» of distraction and business to some misunderstood socialising doctrines, and without taking into account the old positivists and vulgar materialists, efforts have been made to discredit mysticism, and the art which resembles it, saying that it is something sad and funereal which paralyses and which is only derived from the ignorance of other times. On the contrary, coinciding with new scientific conceptions, it is known today that some of the mystics most incredible visions not only make sense for the man of today, but are closer to vital happiness and healthy irony than many tendencies which are seen as «trendy». Enthusiasm and happiness, as Martí de Riquer has pointed out, are the first characteristics which stand out in the *Libro de contemplación* (Book of Contemplation) by Llull. Nobody more playful and amusing than the Zen mystics with their Koans and their surprising witticisms, as, for example, that which defined the essence of Buddha giving forth a sonorous belch. Likewise, and in our tradition, some of God's madmen, like our Llull or that saint who always chuckled as he took communion, must have reached the great game of the mystery with a joke on their lips. An attitude which would not seem to go against even the strictest orthodoxy

We should recall, in short, that they are not ways to escape from the world, but precisely to understand it better and take more part in it. The mystic does not remain there like a simpleton in his visions. The mystic ecstasy is a transitory state. The mystic himself leads the «enlightened» to a more external, more active life. Before knowing Zen, say the adepts of this branch of Buddhism, mountains are mountains. As they advance in their studies of Buddhism, mountains stop being mountains. But when supreme knowledge is attained mountains become mountains once again, but seen, however, from another light. Because, as Ferrater Mora so ably observes, mysticism does not try to eliminate the world, but to illuminate it. As would later also happen with Saint Teresa, Llull's own work is replete with a sense of practical life, and it is well-known that «at times he attained humour and a certain popular irony», qualities which were later carried on in the Catalán literature in the stories of Turmeda and Eiximenis, in the sermons of St. Vicente Ferrer, Valencian satire, and the work of Jaume Roig[6]. Llull was plainly even the inspiration for the mysterious, tragicomic world of J. V. Foix. And there is no doubt that, through him, it also reached some later poets.

THE LLULLIAN PARADIGM

Ramón Llull is the great model of the mystic who at the same time is also a scientist, philosopher and poet, a contemplative man and a man of action. This way of being is so like that of today that certain of Llull's works seem as much precursors of modern cybernetics as lyricist poems. See the last part of the Libro de contemplación itself, with all its combination of letters and concepts which are as disturbing as they are humorous. And we won't talk now of the anticipatory value of Llull's fondness for translating into diagrams all the logic of his Ars magna.

Likewise, it is very curious the interest that is shown today in the personalities who have expressed themselves extensively by means of the visual arts, or else those of a nature sensitive to the world of the plastic arts. In this, it is evident, is the desire to make understood, to popularise certain ideas, as we see in the illustrations in many illuminated medieval books, as well as early woodcuts and later copperplates, and even the illustrations of more modern books and prints. But, it must also be kept in mind that the world of the mystics, like that of the modern physicist cannot always be «explained» in ordinary words, but is often «shown» better through plastic images. The question lies in that the arts of these unitary wisdoms —ranging from some calligraphies from the Far East to certain decorations on African masks and fabrics, from the Tibetan mandala paintings to the illustrations for the books by Fludd or Blake— has had, as is known, great influence on modern art. It is not by chance that Llull appears in the dictionary of surrealism, and neither that the modern artist feels more attraction for the unitary purity which can sometimes be glimpsed in Christian primitive art, than for the dualisms and separations of later Vatican classicism.

Llull is an interesting example even for his critical sense of painters' and sculptors' work, and for his ideal of beauty. Llull did not believe in formal beauty alone because he knew that what counts is «the content of the psychic process of association of images, thoughts, and feelings, suggested by the contemplated object[7]. In this way, as in modern arte povera, he found more beauty in country manure than in the supposed beauty of a woman of doubtful morals. Llull felt it was dreadful that there were so many «villainous» painters in the world, wasting their time with minor things. And it is prophetic that Llull used the word «villainous», which now not only hints at being a bad artist but also a bad person, someone who could be harmful for society. A warning too often forgotten in our time, where everything is accepted without any serious criticism which would anticipate the real social damage that bad art can cause.

In the same sense, let us say, to conclude, that Llull's insistence in the importance of painting only the essential, the most profound, is ideal, and for him meant nothing more than the image of the cross. But the ideal, taken symbolically, continues to be as valid as many others. It would not be bad, then, that today we would think it impossible, as did Llull, «that painters paint, draw, or carve nothing else but crosses»[8]. Perhaps in this way we would save ourselves from many of the excesses produced by many of the allegedly cultural transactions in the industrialised society that we live in.

1   Joseph Needham, *Dentro de los cuatro mares. El diálogo entre Oriente y Occidente*, Siglo XXI, Madrid, 1975.

2   Frithjof Capra, *Le Tao de la Physique*, Tchou éditeur, Paris, 1979.

3   Yujiro Nakamura, "Links between Classical Science and the Industrial Society", parer given at the UNESCO symposium in Venice, published as *La ciència i les fronteres del coneixement*, Centre Unesco de Catalunya y la Magrana, Barcelona, 1987.

4   André Breton, *Dictionnaire de l'humour noir*.

5   Joscelyn Godwin, *Robert Fludd. Hermetic Philosopher and Surveyor of Two Worlds*, Thames and Hudson, London, 1979.

6   The Llullian bibliography consulted is numerous. But this text has used especially the interesting *Quaderns de poesia*, no. 4, Barcelona, November, 1935, with articles about Llull by Josep M. Capdevila, Manuel de Montoliu, Joan Teixidor, Pere Font y Puig, Alfons Serra-Baldó and a poetic text by J. V. Foix. Also Martí de Riquer, *Historia de la literatura catalana*, Ariel, Barcelona, 1964

7   Pere Font i Puig, *Quaderns de poesia*, no. 4.

8   Ramon Llull, *Libre de contemplació en Déu*, (llibre ters, chap. 120).

CHANGES IN AESTHETICS
(New contents and artistic forms)

Before executing a painting it is necessary to study thousands of books.

TONG K'I-TCH'ANG

In an interview not so long ago, Umberto Eco said that the intellectual, the artist..., however varied the things he does are, is basically always writing the same book and developing the same almost unique ideals. But the case is perhaps as much one of a position, a way of being..., as it is of ideals. And it might be said that that way of being does not itself involve a great deal of variety. Furthermore, there is much of the de rigueur product of the times it has fallen to us to live in about it. If we were asked to give a definition capable of summing it up, we would always find ourselves (on the threshold of the ideals which obsess some of the intellectuals and artists of our times) faced with a persistent commitment to the conquest of "modern" times which, as Habermas pointed out, no-one can question when discussing the term "subjective freedom". A state or condition which, though still an individual achievement, we now know goes far beyond the private sphere and may even concern the highest conceptions of public space[1].

For some intellectuals and artists this has perhaps always simply consisted of a single desire for "knowledge without impediments", for an "instinct for truth", a desire to understand things oneself while helping others to do the same. But this entails so many things! First of all because for many there is inextricably linked to this desire the wish that the gulf between "what man knows" and "what man does" in his life and times will be bridged once and for all. This is the most disturbing drama of the man of today, for although we have succeeded in getting to know the Universe better than in any other period in history and have shown ourselves capable of building democracies, of proclaiming human rights, of producing sublime works of art..., we are nevertheless still capable of the most appalling cruelty, lies and destruction.

SCIENCE AND SPIRITUAL CONTEMPLATION

This is not the first time (nor will it be the last) that readers have seen me insisting on reflection on the kind of knowledge conveyed by art and, at the same time, on art's affinities and differences vis-à-vis other forms of knowledge. But in this essay they may find me more specific.

First it should be remembered that, unlike intellectual knowledge, the kind of knowledge sought by the artist has traditionally been included within the range of spiritual experiences belonging to the world of visionaries, oracles, myths, legends, rites..., and which, in general, has always been very close to the vision of mystics, of certain religious feelings and of that knowledge known as "metaphysical". Thus in modern times art as a cognitive source has often been viewed as something distant from and even inferior to the "definite values" of the intellectual world (in the normal sense of logical reasoning) and particularly of the world of science. In any event, it does not tend to be regarded as indispensable to human life. Even in this, art resembles certain mystical-religious experiences which the Church in the West may in the best of cases find interesting, although perhaps elitist and not necessary for salvation.

Recently, however, the idea has been gaining more and more ground that, with the new spirit of the physical sciences, these distances have become narrower. It is now understood that the holistic view of the world revealed to us by eminent scientists is not so very different from that direct view of deep reality —of the "divine tenebrae" as some theologians say— achieved through spiritual contemplation. Thus it is science itself which today tells us that these two types of "knowledge" should be considered as necessarily complementary and, furthermore, indispensable to our lives.

One point that has perhaps received less attention is that the coming together of these two kinds of "knowledge" goes beyond simple civilized tolerance or mere more or less fortuitous coincidence in the manner of what used to be understood by the closeness of "the two cultures" —the scientific and the humanistic. And that today the question of the complementariness of the two kinds of "knowledge" has been confirmed thanks to scientific research— something which may well have strong repercussions in many fields of social life. In fact, revolutionary breakthroughs in the field of the cognitive functions in the last few years have revealed that the two forms of knowledge can be traced to the higher functions situated in each hemisphere of the human brain. To sum it up in the words of the physiologist David Ottoson: "Pavlov said that mankind can be divided into artists and thinkers". On the other hand, the most recent studies of the brain enable us to say that "in artists the right —the holistic— hemisphere is the dominant one, while in thinkers it is the left —the 'analytical'[2]— hemisphere". In other words each individual possesses two faculties, one sometimes more developed than the other but both working together in harmony. Faculties —and this should be stressed— which "only reach their full potential through the functional cooperation of both hemispheres".

Thus, science itself confirms that "science (the analytical, sequential, rational function...) does not by itself constitute wisdom". Furthermore, what we understand by "spiritual contemplation" (the synthetic, holistic, intuitive function...) is a vivid memory of the inner world and, were it not for its constant presence, all might dissolve into chaos and destruction[3]. Despite this, neither can the "spiritual" functions per se constitute "knowledge".

ART AND THE NON-COMMUNICABLE FUNCTIONS

As can be seen, we now find ourselves far from all that the trendy liberals of some years ago considered unnecessary legends, superfluous mysticism, elitist artistic luxuries. And instead of forming an inferior, non-indispensable "knowledge", the illuminated vision —the kind of ecstasy that can be caused by the contemplation of masterpieces of art, literature, music...— has become, so, we are now seeing, as necessary and urgent as our daily bread. As are many of the psychophysical methods of metaphysical contemplation and of duly updated and supervised universal mysticism which, when all is said and done, also attempt to provide us with a clear awareness.

In this respect, no-one should be surprised —not even from an agnostic standpoint— if the different attitudes of modern artists are now said to be similar in many ways to mysticism. Furthermore, in the current revival of so many of the attitudes and beliefs of the past that are worth taking advantage of, it is also undoubtedly important to uphold the virtues of the system of ascension at its various levels (purgative, meditative, contemplative, etc.,) always used in the spiritual quest. Studying these may well help us to understand the artist's way of working. And even to understand many of the proposals of present-day art, whose meaning people often do not understand. There is no doubt that the art of our century has passed through many of the levels described by the masters of spiritual exercises: from the descent into the most infernal depths of the individual and society to the pursuit of the most beatific of states, from the most rampant catharses and critiques to the most fervent desire for union with the ultimate reality...

It must also be admitted that a great deal of this century's art has strongly accentuated (at times because it is the easiest and the most striking thing to do) the purgative path —exaggeration of the absurd, sharp criticism, satire, caricature, histrionics, sexual provocation, violence...This was the first step, of course. But it was not one to be sneered at, above all when exactly the right moment had been chosen to throw at society's feet so many things which deserved to be reviled and trampled on; to discredit, in short, the "unauthentic reality". But it is obvious that that step should today be completed with other, more subtle artistic forms, with a more total art that will take us on to the final step: that of the intimate experience of true reality.

Surrounded by the positivist and excessively materialistic habits which continue to prevail in the world we live in, many might find it disheartening, and even a reason for scepticism, to see how few words actually exist to describe that last step of mysticism, metaphysical awareness or artistic creation, or how those very words may even have an adverse effect. And, in truth, very few have ventured to describe "what is it that is felt at the moment of one's own spiritual experience". How, then, is the "face" that is seen at the end. What is the knowledge that is found there? What is that thing called "deep reality"? They may be meaningful, but the answers given by the great masters of spirituality are always too brief and ambiguous. The Hindu tradition confines itself to answering: the universe is a subtle essence and tat tvam asi, you are it(...). Buddhism refers us to the fundamental void. Chinese lore states categorically that the Tao cannot be spoken of and alludes at most to a "vital principle". And the great biblical prophets said that they met with the "I am who I am...". For the great visionaries and mystics of the West the answer consisted of the discovery of their purest ego, their most absolute beauty, the light that brings meaning to existence.

However, the sceptics should remember that science, after a couple of centuries of over-optimism, now concurs with this same position in telling us that the right hemisphere of the human brain is like a "silent passenger", incapable of expressing itself by means of ordinary language and therefore of manifesting perception or knowledge through it. For this reason its faculties are regarded more as an "inner experience" than as a form of "knowledge". But science now also tells us that these faculties are essential to human life, for us to find our place in the world and in the cosmos. And that they are the faculties which give us stability and permanency, are most directly linked to our bodies, act upon our instincts, feelings, emotions and intuition(...). They are, then, faculties which make us feel ourselves to be within the direct, comprehensive experience of reality, while playing an important part in guiding our existence and behaviour.

OLD NORMATIVE TREATISES AND NEW EXPERIMENTAL ART

Let us bear in mind that although they neither analyze nor speak, these all-encompassing, synthesizing faculties are complemented by the knowledge and analysis of the neighbouring hemisphere. This means that although the visions of mystics, metaphysicians or artists afford us a certain degree of stability and permanency, they possess contents and forms which differ according to the complements they find in the analysis and knowledge conveyed to each individual at any given time by the left hemisphere. Patanjali's visions, for example, were surely not the same as those of St John of the Cross, nor Leonardo da Vinci's the same as Paul Gauguin's. It is therefore not surprising that even theologians have said that the "face of God" —or the idea of God— they claim to have found on the last step of the mystic experience has changed with the passing of time. In that case it might be necessary to add that the mysticism of each age has always had (albeit in a lay or metaphorical sense) its own doctrinal corpus and even its own "holy spirit", and these, as can be inferred from the requirements of all well-understood mystical (or artistic) experiences have served to give life to it. Thus it is not surprising either that artists' "visions" have also evolved with time.

I thought it is important to mention all this because, as the experts in the brain's cognitive functions believe, it will no doubt have a far-reaching effect on the culture of the near future. Above all on educational systems, which, in the West, now limit themselves almost exclusively to the development of the brain's left hemisphere —to the rational, the analytical(...). And it goes without saying that these discoveries will solve many of the problems involved in the idea of creativity in general and the question of necessary historical changes in aesthetics and artistic creation in particular; changes which prove so irritating to many of those who venture to discuss art without the necessary knowledge.

It was precisely on creativity —currently a much talked-about and often demagogically exploited subject— that the science philosopher Paul Feyerabend (*Adieu la raison,* Seuil, 1989) wrote a number of observations which may help to dispel confusion. We know that the subject of so-called artistic creation can be approached from two inseparable angles. One is based on the complete "knowledge" —of the brain's two hemispheres together— possessed by an artist at all times. In art this is usually known as "content", and obviously consists of a stock of knowledge common to various disciplines. In this respect, it is difficult, as Feyerabend says, to maintain that "personal creation should be viewed as a special gift", as if "each human being were an independent and autonomous entity..., a mentor of Nature and Society". Due to this it can be said that, to a certain extent, art is actually a collective issue —a belief in which all civilizations coincide and which to me it has sometimes seemed urgent to insist upon as a contribution to the march of the world of present-day art. On the other hand— and here we may perhaps be drawing away from Feyerabend —artists are well aware that special artistic gifts will not cease to exist because of this. First of all because it is probably a special privilege to know how or to be able to connect better than others with the knowledge and beliefs of a given period, but, primarily because the quality of art, i.e. that which really makes art what it is and not just a metaphysical or moral discourse, comes from the forms which the artist, through his specific works, has made in order to suggest contents. Contents of which, on the other hand, the artist can be the co-author.

This other —formal— aspect of creativity, which is currently not limited to the intrinsic forms in a painting or sculpture but also includes the form as it is presented among the various cultural options of our time, should obviously not be forgotten. However, it is also important to consider that this is a subject which cannot be studied and taught today as it was in the old Western treatises on normative art which, until a short time ago, revolved around the idea of mimesis. This should be stressed, for some 20th-century artists have on occasions been criticised for discussing many things in their writings or statements while saying very little about the way of painting or sculpting, as had been customary in the past. Consequently everything suggests that no other alternative exists today while the conviction continues to be held that important painting and sculpture have ceased to be a description of visual reality (just as all epistemology currently worthy of appreciation, as Piaget pointed out, cannot accept that knowledge is a kind of "copy" of the real) and become a mechanism taking us to the states of direct contemplation of deep reality mentioned above. A mechanism which must vary constantly by virtue of the changing nations which provide us with new contents.

Due to all this, it appears that the study of artistic forms, far from following a set of fixed rules, can now only be viewed as constant experimentation carried out by each artist as changes appear. As confirmation of this we have the meagre results —which become so quickly standardized and old-fashioned— obtained in the art schools, where too much stress is placed on formal aspects, and the importance of training pupils in the new contents of "knowledge" is ignored. In this respect, it seems true to say that it would be better for artists to get down to work and forget about classical normative aesthetics. And, consonant with the advice Pollock is said to have given to those who wished to study painting, it might be better today if more interest were shown in the Vedanta, Buddhism or C. G. Jung than in intellectualized ways of using colours[4].

In all likelihood this way of regarding creativity will put an end to the sort of deified fatuity some artists have exhibited in the past and others continue to exhibit. And as Feyerabend —this time quite rightly— said, perhaps it will also put an end to the most widespread pretentious notion that some human beings possess a kind of supernatural gift for creativity and "can reconstruct Creation according to their own fantasy" while forgetting certain constant values inherent in tradition and, above all, paying no heed to the new values dictated by "the spirit" of our times. A danger which, as we know, though actually existing in the world of art (especially among many young —and also old— people with little training) is also found, and possibly with more serious implications, in many other human activities, from economic theories to religion, from information to town planning, from architecture to politics, from business to warfare...

ART AND DOCTRINES OF SALVATION

I would like to conclude by emphasizing that it is a scientific fact that the attainment of the beauty of the ultimate reality is due to a variable but necessary function of the brain. And to such an extent that many people now regard "contemplation" as a very important therapy in general and the form of contemplation stimulated by art in particular. In this respect, it may even be said that art lies very close to all "doctrines of salvation", no matter how they are now interpreted in their purely human sense as systems or ideals with which man endows himself in order to achieve his complete identity, whether as an individual or a member of society. All of this has given rise to what is a relatively new situation in the world of art and culture in general, although evidently one which the great masters of spirituality have always sensed. One example of this was the "yes" followed immediately by the "no" with which the great Sufi mystic Ibn al-Arabi answered the philosopher Averroës when he realised that the latter had happily interpreted his "yes" in a restrictive manner, as consent to philosophical rationalism. "Between yes and no," the then very young mystic added, "spirits are separated from their matter and necks from their bodies". But in his maturity, Ibn al-Arabi was able to see the true triumph: the balance between the weight of the sage's books and that of his body.

This may be the case of the great obsession of some artists and intellectuals of our times to find the balance between "knowledge" and "doing", between knowing and working. Let us remember that the desire to find this balance also forms part of the almost unique "ideals" (or way of being) mentioned at the beginning of this essay to which many intellectuals and artists are constantly giving so much thought in the hope that those ideals will become a reality in the hearts of all men.

---

1   Jürgen Habermas, *Le discours philosophique de la modernité*, Gallimard, Paris, 1988.

2   David Ottoson, *La ciència i les fronteres del coneixement*, UNESCO de Catalunya y La Magrana, Barcelona, 1987.

3   Basarab Nicolescu, *ibid.*

4   Here it is very significant that, in his interesting study of the artists of our century he regards as the most profound —particu-
     larly from North America— (*An Art of Our Own*, Shambhala Publications, Boston, 1988), Professor Roger Lipsey devotes a chap-
     ter to art teaching and begins by speaking of it as a wide range of doctrines and practical approaches for the cultivation of
     human nature, from the great religions and mystical schools to esoteric sects, from the teaching of psychology to medical scien-
     ce, from the names of Fritjof Schuon and Krishnamurti to Freud, Adler, Maslow... and, above all, Jung. On the other hand, he
     makes no allusion to the formal studies of those great artists, while mentioning with relish that Pollock, Rothko and Reinhardt
     preferred to speak of their religious feelings than of their knowledge of colour or composition.

"PSYCHOLOGICAL TRUTHS" IN THE AESTHETICS OF TODAY

Every speck of dust has a marvellous soul,
but to understand it, one must recover one's religious and magical sense of things.

JOAN MIRÓ

Let no-one expect the following lines to propose a set of rules on aesthetics. Once again we must simply quiz ourselves on a number of cultural facts that are staring us in the face. The great changes which have taken place in the art of our century are due to many factors, among these a number of theories of aesthetics which cannot be omitted. But, as commentators and historians point out —and please let me say this yet again— one of the main reasons why those changes have come about is due to the development —also in the last century— of science. More specifically, it is a case of the influence of the new view of the world revealed to us by physics. Actually, this branch of science, with its revolutionary theories on matter, space and time, cause and effect..., is to be found in all the human activities of the 20th century: in philosophy, in all culture, in modern technology...

THE LESSON OF THE NEW SCIENCE

Being related to science and particularly to physics, this fact might initially appear to have favoured the views of the unilateral supporters of materialism, rationality and objectivity, many of whom perhaps thought that the nebulous world of the spirit had been superseded. But nothing could have been further from the truth. First of all it must be stressed that since it first encountered epistemological problems it was precisely physics —a field hitherto devoted solely to the "materiality" (physis) of things, and very definite about objective reality— which told us of the need to pay more attention to the subjective, spiritual and even moral aspects of human nature.

This is an issue which for some time has given rise to much discussion, especially where the interest of the new physics in the spirituality of certain Eastern religions and lores is concerned. Years ago the famous physicist Niels Bohr said: "Today we must return to the epistemological problems which faced thinkers like Buddha and Lao-Tse when they attempted to bring harmony to our position both as actors and spectators in the great drama of existence"[1]. And many other scientists have pointed out that the new theories in physics are also closely related to the ideas of the mystically orientated schools in the West.

So now it is science that warns us not to forget that the part played by the new physics in present-day culture is inseparable from the part responsible for the research and the changes taking place in the spiritual and religious world. A world which, apace with science, is undergoing a far-reaching process of modernization, despite the fact that the West often continues to be held back by old institutions intent on monopolizing and even immobilizing it. Or, in other words: an art that is related to the new science must also be related to questions arising out of what many scientists accept at least as the "psychological truths" of religions, and of mysticism in particular. And therefore —though they do not have the exclusive rights— related to many of their moral values, no matter how much all the talk of religions and moral authority might, to many "materialists", seem like something from another age.

ART AND THE APOPHATIC APPROACH

It has often been said —and it would be ridiculous to ignore this— that art of consequence has always had a magical-religious function. But it is a less well-known fact that this function, in parallel with scientific development, took on a new dimension with the modern movements which established "creative individualism as the touchstone of the emancipation of the artist"[2]. Here I refer of course to those movements from Romanticism to Expressionism, from Cubism to the pioneers of abstract art, from Dada to Surrealism... and, in general to those which, returning to the original meaning of art, again identified themselves with the great Symbolist tradition. All these movements saw that the case was not necessarily one of conveying their psychic, religious or moral content through thought and the positive theological-dogmatic language of the institutional religions, as it is possible to do so through other, more spontaneous and indirect mechanisms of our psychism which sometimes operate through denial, through the famous apophatic approach of the mystics... Mechanisms which even Christian writers of proven orthodoxy have on occasions found more perfect than those used in the positive approach. Furthermore, such mechanisms often involve many of the historical religious attitudes, although this does not mean that their importance is lessened in any way. To use more precise terms, the question is one of all those mechanisms which make up the generic framework interpreted by some scholars as anthropological mysticism, as opposed to the more specific theological mysticism. (Let us remember C. G. Jung's observation that even a ceremony as unique as the Christian Mass can be included within the more general group of "sacrificial" and "transformational" rites found in the religions of other civilizations)[3].

Here I refer —through the joint studies of psychology, ethnology and comparative religions— to the great symbolization processes of the unconscious, to the important messages of the imaginary world, to the creation of myths, to divine imaginings, attraction to mysteries, the ecstasy of the believer, prophetic intuition, the fantasies of children, the hallucinations of the sick and even of lunatics, to the language of the dream world, to many aspects of desire, affection, hatred(...). All of which can endow works of art with that magical, religious aureole that is evoked without the need of liturgical backgrounds and even without their authors actually being conscious.

Is it necessary to recall the importance of the interrelation of the disciplines mentioned above, from Freud on, to become more familiar with all this? The exploration of the world of the unconscious has been compared with the geographical discoveries of the Renaissance and the breakthroughs made in astronomy since the invention of the telescope. Yet it was probably only after the work of C. G. Jung and other psychologist disciples of his like J. L. Henderson, M. L. von Franz, A. Jaffé, J. Jacobi...[4], that the treasures of the unconscious came to be understood as a function of the human soul that has far-reaching positive effects on the cognitive and ethical development of nations and above all on their cultural life —something which, in short, has greatly contributed to their progress and, because of that, has been studied more and more closely by science. Studies which, as their number increased, have played their part in redirecting the old question of art's role in society in a truly modern and progressive way through an approach very different from that of many misunderstood socializers of culture.

Not in vain have treatises abounded over the last sixty years on the unconscious functions of the brain and the production of the images and symbols they generate, while at the same time in the field of culture, a new category has been assigned to many of the beliefs deriving from the symbolic world of the different religions, their countless rites, their sacred celebrations..., all of which, even for the unbeliever, have never ceased to be the most important depositories and traditional actors in much of that production. Just as some of the so-called "alternative creeds", certain esoteric doctrines, the world of mysteries, of gnosis, of cabbala..., are also depositaries.

These are subjects which, since the late-1920s and early-1930s, have fascinated psychologists, ethnologists, philosophers, orientalists... and also, as we have said before, eminent representatives of the physical sciences. They are an essential part of what might be called "the spirit of our time", and have never ceased to enliven laboratory work, symposia, discussions, conferences, etc. Studies whose number has risen sharply in the last few years and which have even given rise to major international exhibitions with the participation of prominent artists. To mention only a few examples, let us recall the famous exhibitions at the Los Angeles County Museum of Art and at the Gemmente in The Hague in 1986 and 1987 —very significantly entitled *The Spiritual in Art: Abstract Painting 1890-1986*— and the *Gegenwart Ewigkeit. Spuren des Transzendenten in der Kunst unserer Zeit* exhibition held at the Martin Gropius Bau, Berlin, in 1990; and that at the 1988 Venice Biennale, which was devoted to the relationships between art, a large section was dedicated to the possible parallelisms between art and alchemy. This section was directed by A. Schwartz, an expert on the man considered "the alchemist of the avant-garde" —Marcel Duchamp.

THE ALCHEMIC MODEL

Naturally there is a danger that such studies may appear to those who do not look beyond the surface as a kind of return to unscientific gullibility and even to that dabbling in the occult sciences and paranormal phenomena so fashionable with the leisure culture of today. And more so in these times when in Europe (in the wake of the trouble the Eastern European countries have had with anything that smacks of spirituality) the reaction of many is that religion is the solution to all problems and that the Vatican may still provide us with the magic formula for curing the world's social and economic ills. (Indeed, the way fashions change, it would come as no surprise to me if we swung from the present situation of materialistic and rationalistic excesses to one of exaggerated spirituality and religiousness —a bandwagon which, as everyone knows, would be readily jumped on by many who are guided by self-interest). But despite appearances, such studies already constitute a stock of scientific and cultural knowledge we cannot ignore, no matter how flippant people are about it or how much they misinterpret it.

Let us take as an example the similarities that have been established between art and alchemy. It would of course be absurd to consider alchemy only as a set of superstitions, fallacies and pseudoscientific ideas that have gradually developed into the more "serious" studies of modern chemistry. As Mircea Eliade so rightly came to see, it would be wrong to think of alchemy simply as "pre-chemistry"[5]. But what many alchemists did was to perform symbolic ritualistic "operations" very similar, when all is said and done, to those required by some kinds of spiritual exercise, sacramental forms, or meditation through Zen or yoga..., all of which play a part in the kind of catalyst necessary for firing our imagination and bringing us closer to profound knowledge. This has been confirmed by the eminent expert on Islamic alchemy, Henry Corbin, who says that ultimately: "It is our true imagination that unites the alchemic operation with inner transmutation"[6]. That illuminative transmutation which seeks all wisdom.

It is therefore true to say (while not forgetting the different aims and numerous branches which —often to its discredit— went to make up that great conglomerate called alchemy) that there are ways of illustrating alchemy's relation to art and thus of explaining why the fact that it has served to fire the imagination of some artists is really not so surprising after all. Perhaps among the most important is that which links up with the "hermetic branch" and its more universal aspirations to discover and intimately experiment with the "ultimate causes" and "essential elements" of which reality is made up. Here we find a form of behaviour similar to that displayed by many artists and poets, one being Rimbaud with his "alchemy of the verb". This poetic metaphor expressed a true desire (and also the desire of some alchemists) to explore the occult in depth, to seek out the "ultimate mysteries" said to illuminate our arcane ego at the level of its deepest roots in nature.

Another approach to the study of the relationships between art and alchemy is through interpretation of the great iconographic wealth used over the ages to illustrate treatises on alchemy. We now know that we are drawn to it not because it serves as a purely aesthetic message, nor because of the intellectual effort we must make to grasp its rituals and ancient beliefs. It attracts us dynamically because it is a symbolic product common to the human soul —what Jung described as "archetypes of the collective unconscious"— similar in all men and in all ages. And what can be said of those images of alchemy could be applied to the "imagery" of all religions.

FAILURES AND SUCCESSES SINCE SURREALISM

It is probably true to say that the ideas set out here will come as nothing new to many connected with the world of art. Although often approached in a biased manner, re-examination of the spectrum of symbols —from the scatological to the sublime— which the human unconscious is capable of producing prompted many debates within the international avant-garde movements of the early decades of the 20th century, particularly among the artists and theoreticians of the Dada and Surrealist groups. This point is well worth pursuing in order to demonstrate that the conclusions those groups reached on the subjects I have mentioned above have not always been considered correct. And even less the conclusions of some of those who belonged to the second wave of Surrealism. Today, this group's campaigns of the early 1930s to exclusively defend irrationality, paranoia, the absurd, demoralization, confusion..., and to systematically discredit all the other functions of the psyche, seem more like a childish form of radicalism full of rhetoric; a demagogic rhetoric that misinterpreted part of the concepts of psychoanalysis, ultimately playing along with and sometimes surrendering to conservative standpoints. It is therefore not surprising that many prominent artists and poets soon dissociated themselves from the group. (In Spain, this was the case of the two capital figures of art and poetry, Joan Miró and J. V. Foix, who for this and other reasons, immediately detached themselves from Dalí's clique)[7]. Not to mention, of course, the damage done by some of the "shocking" methods —which finally came to nothing— encouraged by the group to mortify the bourgeoisie. In this respect, let us, for example, consider the difference between, the "convulsive beauty" inherent in the encounter between a sewing machine and an umbrella on a dissection table in Lautréamont's time and the trite combinations of so many objects made since.

On the other hand, there is no doubt regarding the validity, even today, of the first Surrealist group's expressive method as based on the total liberation of the individual spirit, psychic automatism, and the independence of the artist. And in particular that of the trends more concerned with ethnology and historical recognition of the tribal and Asiatic arts (Bataille, Leiris...), as well as of those who regarded themselves as heirs to other, more universal aesthetic trends closer to the new science. All these, clearly, have opened up their own paths.

THE NEW POSITION IN MODERN ART

In short, modern art can be shown to have gradually reached a new position. The question is now not one of wishing to punish those who continue to give free rein to the depiction of the unconscious impulses — something the best tendencies in art continue to do. For to punish a method involving a true achievement in the world of art would be as ridiculous a reaction as that of the Informal painter Georges Mathieu who, inversely, punished the encyclopaedists by turning their likenesses to his studio wall. But some artists now know better, and that all kinds of things stem from the unconscious —from the creative in man to the destructive, from the divine to the satanic (...). And that to take full advantage of this dynamic of contradictions is more difficult, risky and dangerous a task than it appears. It is therefore not surprising that there has been a call in recent times for stricter critical severity, greater preparation and even a certain degree of discipline, before allowing oneself to be "carried away" to that function of the psyche. Unfortunately, many have still not realised that the unconscious— or the imagination, or intuition, or visions, or art, or mysticism (and theologians are well aware of that)...— is nothing without a vigilant "spirit" and "doctrine" to accompany it and give meaning to it. Or in other (lay) words, without the counterweight of all the achievements of our science and the rational part of ourselves we have held on to. In spite of everything, the artistic climate —under pressure, of course, from other issues— is definitely changing.

As Jung said: "The study of symbolism, both individual and collective, is an enormous task that has still not been mastered. But it has finally begun. The first results are encouraging and augur the answers to many of the problems of the man of today". In any event, there are now many who clearly see that it is necessary, in a truly scientific manner, to take a fresh look at and at least show more respect for many of the symbols and values of the spiritual and religious worlds both old and new, of the great religions, and of the beliefs of peoples we regard as primitive. We do not know what shape all this will take but, as analytical psychology points out, it does seem a good idea to listen anew to "the dreams sent by the gods" (all things considered, perhaps they are the ancestral voices of nature itself) if they can actually "cure us of dissociation" —that famous schizophrenia of the West which separates the spirit from matter— and so establish a better balance between what we know and how we act.

As we have mentioned on other occasions, recent research into the physiology of the brain has now apparently confirmed that need to balance and complement the two "cognitive" processes. For on its own, neither can develop its own potential, nor lead us to that comprehensive knowledge which the man of today is so in need of. One part of the art of this century has already done much in this respect. And fortunately there lie before us, especially before the new generations of artists (in spite of those who say that art is falling into decline), a number of extraordinary paths capable of spurring us to delve ever deeper. And this applies not only to the exclusive work of the artist but also to the renovation of the context in which he must be presented in order to truly radiate his beneficial influence on society.

1   Quoted by Fritjof Capra, *Le Tao de la physique*, Tchou, Paris, 1979.

2   R. Argullol, *Tres miradas sobre el arte*, Destinolibro, Barcelona, 1989.

3   C. G. Jung. "Transformation Symbolism in the Mass", *The Mysteries*. Papers from the Eramos Yearbook, vol. 2, Princeton University Press, Princeton, 1990.

4   In particular see *L'Homme et ses symboles*, which contains texts by C. G. Jung, Franz, Henderson, Jacobi, Jaffé et al., Pont Royal, Paris, 1964.

5   Mircea Eliade, *Alchimie asiatique*, L'Herne, Paris, 1990.

6   Henry Corbin, *Alchimie comme art hiératique*, L'Herne, Paris, 1986.

7   On the short history of Dalí's local Surrealist clique see Joaquín Molas, *La literatura catalana d'avantguarda 1916-1938*, Ed. Antoni Bosch, Barcelona, 1983.

THE CONDITION OF THE ARTIST

This skinned head, blind and stinking, Again appears on the paper.

(From a self-portrait by HAKUIN)

May one speak today in general terms of the condition of the artist, of features common to all? In the West quite diverse considerations of the nature of those who practice the fine arts have been posed. They may be regarded as simple labourers, or as great intellectual figures, or people touched by divine grace, the range of opinions is a broad one. But it is likely that until our century there was never more laxity in the definition of their characteristics or their human qualities. Indeed, if a list were made of the attitudes that are indiscriminately included under the "artist" label, it would be surprisingly long.

Indeed, there may be a special willingness today to show that human defects —immaturity, plunder, even crime— are no obstacles to inclusion in the guild of artists. Consider, for instance, the desire of some contemporary commentators to explain that his licentious behaviour, extending even to homicide, did not disqualify Caravaggio from being regarded as a genius. In contrast, the same commentators show no interest in recalling that this argument and this praise —so controversial to the modern mentality, as is the praise of other post-Trent painters— was brandished by the Catholic Cardinals of the Counter Reformation. Thus they boasted of respecting the myth of the autonomy of art and of their supposed tolerance of the new without abandoning the academic canons or the "photographic realism" of the time which, as always, was intended to attract the common folk to the doctrines of the Church. This very realism and the tactic of changing things a little so that all could remain essentially unchanged are the cherished stratagems of totalitarian systems. Hence it would appear that today we are asked to believe that after all, there is merely a "diversity of artists and trends", and that in a democracy, all have the right to enter the museums. It may be possible, then, that it would suit many people to answer "no" to the question posed at the beginning.

This is not to say that the same thing didn't happen in other civilisations, nor, obviously, can it conceal the fact that in our own tradition minorities still exist, however small, that guard the sacred flame which has always given some coherence to genuine artists; those who still think that the importance of a work of art, notwithstanding today's laxity, depends totally on a special human quality in the artist, and who do not share the idea embodied in the phrase, "let us enjoy the work and denigrate the author", which was the attitude of some of the ancients. Such minorities hold that some artists are exemplary —though they might be at odds with official mores— and thus worthy of a closer look. And who can say whether the "diversity" that is so much touted today (thanks to a misunderstanding of democracy), consists only of a graduation of the distance of each artists from these ideal models. More plainly stated, diversity is one thing, and another is that different "artists" deserve the same consideration and the same respect.

AN ORIENTAL MODEL

Hakuin Ekaku (1685 – 1768) was a painter and monk of the rinsaï branch of Japanese Zen Buddhism. He belonged to the tradition of subversive masters originated by Chines painters under the Song and Yuan dynasties who performed the miracle of ink painting and calligraphy, called suibocu-ga in Japan, where it was introduced by Minxo, Jotetsu, Shubun, and Sesshu, all of them Zen monks who lived in the monasteries of Kyoto in the 15th century.

However, it was not until the 17th and 18th centuries that the most surprising and subtle practitioners appeared. They were more independent and humorous, both in the subjects addressed and in their treatment of them. To mention just a few, we should recall those whose paintings were made with a single stroke, like the traditional enshu, consisting of a circle. In this manner, the master Isshi Bunsho made a portrait of Bodhidharma, the founder of Chinese Buddhism, and this subject and technique gave rise to a whole school of painting.

Hakuin was one of those who took this approach to its greatest lengths, making paintings and calligraphy with incredible freedom and violence, but also refinement, which shocked an irritated viewers in a way intended to spark the sudden enlightenment sought with Zen.

He was succeeded by a group of enormously prolific artists. One of these was Sengai, whose most famous painting depicted a square, a triangle and a circumference; another was Tesshu, whose stubborn use of ink resulted in more than a million calligraphic works; Jiun may have been that most mysterious and savage of them all; Torei's capacity for synthesis was dazzling; Issa, a painter of enigmatic subjectivity, was also a wonderful poet; Rengetsu was a nun of sublime delicacy as a painter and also as a calligrapher and potter.

As much as or more than artists, they were regarded as genuine masters of spirituality and knowledge. Hakuin's pupil, Torei Enji —whose paintings are preserved as national treasures in Japan— once proclaimed that his teacher was the Buddha Shakyamuni of his age. But we should not imagine that their lives, like those of so many prophets, were those of orthodox saints. When the occasion demanded it, Hakuin was haughty and rude to his brother monks, and his hypercritical nature made him appear churlish to many of his contemporaries. His irony and gibes were aimed at others and himself. Even so, Hakuin is now regarded as one of the world's most exemplary artists, and his work continues to inspire and give hope to the contemporary art world. His biographer Kazuaki Tanahashi writes: "when people reflect upon the greatness of universal art, their thought take them immediately to Hakuin".

What are the fundaments of the singular art of this master, and those of many others of the Far East which preceded or succeeded him? He himself explained it and practised it with naturalness and in a way that, at first glance, may seem illogical and egocentric: ignoring not only the aesthetic canons of the time, but renouncing all concern with art itself. By devoting himself to personal self-realisation; to the search for the genuine and most complete awakening of his own nature. Thus he fulfilled the ancient Japanese dictum (which we in the West have ignored for hundreds of years) that, if you want to make a major work of art, you must first turn yourself into a work of art.

The shaping of Hakuin has been explained via an legendary anecdote. When he was twenty, and already a monk and a skilful conventional calligrapher, he visited the Shoshu monastery where he was shown certain scrolls one of which disturbed him deeply. It was a calligraphy by the great master Daigu Soshiku, conserved as a treasure in the monastery, where it was wrapped in a rich brocade and guarded in two coffers. Hakuin noticed immediately that it was made with clumsy, irregular strokes. Finally, he understood, and said: "Now I realise that what interests me in a calligraphy is the human quality of the artist; in this case of the monk". When he returned to his own community, he burned all the manuals of painting and calligraphy that he owned, along with all his early works and poems.

From then on he stopped thinking about art and concentrated more than ever on an internal preparation: years and years studying Buddhism —which does not necessarily mean the accumulation of knowledge, but often quite the reverse—, doing exercises, za-zen, and, of course, complete devotion to humanitarian causes, as he sought and awaited the deepest enlightenment. It was then, when he was about 60 years old, that his art emerged naturally and in all its grandeur.

The citing of Hakuin as an example is intended to serve a dual purpose. First of all, nobody can deny that he is one of those ideal models, uniting in a single person both wisdom —in the sense of spiritual teaching— and art, an art which even today is regarded as avant-garde. As a model, Hakuin may also serve as an interesting warning in an age like ours, when, as I have said, the most bastardised, superficial and immature aspects of culture are often emphasised.

This Oriental example is not intended to make us believe that other civilisation, including our own, have completely ignored this identity. Even so, we should recall that in Europe, such a model of an artist has not inspired much belief. Perhaps it has been more prominent in the world of letters. We should remember that in antiquity there was little difference between the prophet and the poet, and that some writers have been lifted to sainthood. But, as regards the visual arts, their acceptance has been belated and somewhat confused. It is true that modern Western historians have observed that in so-called primitive societies, the function of the artist has often coincided with that of the shaman, priest, or wise man. This is clearly seen in the ritual painting and carving of certain African and Oceanic peoples, and also in the liturgies and mandalas of India and Tibet. Thus it is understandable that some writers have claimed that art should be considered "a religious craft".

In some ways it might even be said that this coincidence of wisdom and art can be found in certain examples of early Christian art, and it surely obtains in the case of some painters among Medieval Christian monks. But it also occurs whenever the faithful penetrate the mysteries and dogmas of religion, of any religion. At such times lay believers, as well as their priests, become intermediaries of the sacred world, the true "officiators". This circumstance endows them with a sort of right for their imaginative processes to be heard.

CHANGE OF IDENTITY IN THE WEST

In Europe, however, this ideal conception of the complete artist has undergone a transformation. According to the Dominican theologian A. M. Henry, in the early centuries of the Christian tradition the priestly hierarchies acknowledged the role of artists as interpreters of popular religious sentiment. Such sentiment could sometimes even supply something new to religion. However, one must keep in mind that art was always in a subsidiary position. Thanks to their control over the education of the people, more directly their influence on artists and academies through patronage, the ecclesiastical hierarchies did not only dictate the subjects to be painted, but also the style. Soon people began to believe that no special personal conditions were necessary in an artist.

This belief spread even further with the acceptance of the fiction of the separation of religious from profane art that came with the birth of a new type of cultured and worldly artist during the Renaissance. This new type had intellectual concerns, and was interested in the natural sciences, anatomy, the mechanical and military arts, and perspective, and tried to employ this new knowledge to make visual representations of nature as accurate and possible, within the classical canons of "beauty". And it was concluded that all this gave art a value for its own sake. This model had its ups and downs, and a shrinking minority continued to believe in the divine inspiration of some geniuses, but the model has prevailed in the Western art world for centuries. Not many, if we consider the whole history of universal art, and that, besides, this situation extends to only one small part of the planet. But it did impose itself strongly, leading to widespread acceptance of this prototype of the artist.

This occurred while there predominated in Europe the vision of a universe that was mechanical, and above all, dual: spirit vs. matter, the world of the bishop's staff vs. the world of the sword. This vision, inspired by classical science and philosophy and by the Church as it adapted to the new times, led the West to its great technical successes and to the material welfare that characterises our civilisation. A civilisation, however, which many people today no longer regard as the pinnacle of humanity from a spiritual or moral viewpoint, and one which is not only immersed in a crisis, but in a crisis which, if left unresolved, may lead us to the final holocaust. Be that as it may, it is plain that the European idea of the artist was gradually stripped of the human qualities mentioned earlier. Thus it is not surprising that, given the pre-eminence of the "worldly" artist, we should end up concluding that painters and sculptors might make religious art even when they are not religious, nor do they adhere to a proper moral code.

What opposite ideas of the artist we obtain from a comparison of the biographies of the monks and scholars of Chinese suibocu art and later of Japanese art of the 15th and 16th centuries with, for instance, Vasari's Lives of the Most Excellent Painters, Sculptors and Architects, written in Europe in the same period! Despite efforts to exalt the names of European artists, the idea of the artist as a model of spirituality and ethical values gradually faded. Over time, the majority of artists become little more than craftsmen, and the earlier model, with few exceptions, would no longer trouble society with its visions, denunciations and "eccentricities", until the model was rediscovered by a handful of Romantics.

It is not my aim here to engage in comparative evaluations of the works of the different types of models of artist, and far less do I wish to polarise a supposed antagonism between Western and Eastern art, or whether Buddhist or Christian art is better. It would be a senseless polemic, since it is well known that tastes are formed, above all, by each society's great conceptions of the world and the beliefs of each individual. Accordingly, it is only natural that each person prefers the art that best suits his or her convictions. But still, it might be of interest to try to determine which of the two models may be most useful to art in our time, and hence is more worthy of our attention.

In general terms, and excepting some of the geniuses mentioned above, towards the end of the 18th and the beginning of the 19th centuries the condition of the artist was transformed with especial intensity as the world fell to pieces. We should recall that world, in the words of Georges Bataille in his essay on Manet and the Impressionists, "was one where all had been arranged in the churches of God and the palaces of kings, and, until then, art was meant to express an overwhelming and undeniable majesty that unites all men". "But now", continued the great French writer, "nothing remains of that majesty..., that artists were obliged to serve. Those craftsmen who had been sculptors or painters, as well as men of letters, could now proclaims only what they were. And now they were sovereign".

A RETURN TO ORIGINS?

The explosion of anti-academic movements and especially of the early avant-garde, though their objects at times seemed to be different, helped to restore to some degree the notion of the artist as inseparable from his human qualities. This was undoubtedly a return based on deeper reasons than those to be inferred from a hurried reading of Bataille's text. The progressive tendencies of the governments of sovereign people under the slogan, "neither Gods nor Masters" was certainly one of the platforms of this change. But it is accepted today that the great modern artists are not solely an exclusive product of the revolutionary ideologues of the time of the guillotine, nor of anticlerical rhetoric, nor of the later theories of class struggle, although all this really and necessarily occurred.

Recent cultural anthropology and all of psychohistory tells us that changes in belief systems and social behaviour, including that of artists, springs from more complex causes. There is one which we should regard as fundamental, and indeed, it took many left-wing critics by surprise. I refer to the influence of the new paradigm of the world that is emerging from the bridges built connecting the spirit of the new science to the subjective expressions of the mysticism of all time. Particularly in the visual arts, the descent from the supposedly objective description of reality which the so-called classical science and philosophy inculcated in us has had a decisive impact. Meanwhile, in parallel to this descent, expressions based on the personal relations of our deep psychology have gained importance. Accordingly, the myth of the artist as reproducer of reality, so magnified since the Renaissance, has gradually lost ground, and, at all events, its task has been downgraded to purely documentary functions which have ended up nourishing a large part of the world of photography and later of cinema and television.

Thus the new "vision" of reality, which all artists really worthy of the name aspire to discover, is not something that can be copied or described, and still less directed from the outside, by a church, an academy, or a government office. It has now been understood that the deepest reality is not only impossible to apprehend intellectually, but that it is a marvellous experience which each individual must find within himself, through his or her own efforts. And here resides the importance that our century ascribes to all states of introspection and of deep meditation which are viewed within the contemporary art world as an ordinary aspect of "creativity". For this very reason, it is not surprising that certain visions of mystics, poets, and artists which favour such states are now viewed by science itself as an essential component of our cognitive faculties.

For some of the early avant-garde artists, this new situation again enshrines the artist as person. The artist is once more a specialist in plumbing the depths, a genuine sorcerer, as the term is used by primitive peoples, i.e. one who knows, a sage, the tribal magician, the shaman, a certain conscience of the society not unlike Socrates' midwife which can assist —but only assist— at a birth. The visual artist, via the forms and mechanisms that result from the interaction of his conscious with his unconscious mind and with recourse to free mental association, can stimulate the viewer so that he or she, alone, can complete the process and discover his or her true nature, the genuine reality.

It is not necessary to disguise the fact that this condition of the artist at the service of humanity has encountered great opposition in the West, and has been very ill regarded, to say the least, by sectarian conservatives, who see only the absence of transcendent spirituality and of orthodox morality. Such criticism is at times partly accurate, when waged against some of the excesses of artistic pretensions, which confuse the artist's independence and freedom of expression with the amorality of the libertine or with senseless forms. This is why we pointed out above that the acceptance of the condition of the artist-man ideal has come belatedly and with some confusion to the West. And this is another reason to bring up Hakuin's Oriental example.

In effect, the Zen artists show us very clearly that their great independence and subjectivity, so close to the creative process of certain modern artists, by no means places them beyond the scope of particular religious forces, wisdom, and morality. However, let us not shrink from admitting that these forces, making up what we know as religion (or sagacity) flourish best in the man alone. In this respect, they may represent a millenarian model that is quite appropriate to the artists of our time, especially insofar as they may help us to understand that these artists do not lack spirituality, as some people hold, but that they have encountered different spiritual and liberating forces: all powers —including those scarcely known to or poorly explained by the Judeo-Christian tradition— that are more believable and more in keeping with the new paradigm of the world mentioned above. Lastly, we should say that, in spite of the somewhat begrudging respect earned by some modern artists who exemplify this condition, the difficulties remain. In fact, recent years have witnessed the appearance all over the world of other palaces and other churches whose leaders are no less dangerous that those of the old conservative orthodoxies. They are the powerful promotions of offers dubbed "cultural" that are noisy, of inferior level and easy consumption, and which, while pretending to want to educate and entertain the masses, in fact seek to turn citizens —and especially the young— into sheep, in order to turn a quick pecuniary or sometimes a political profit.

Thus we see that the success of the first avant-garde artists, though their works now hang in our museums, must not obscure the fact that in the West we are still far from reaching a full understanding of the artists-age that I have referred to. The ideals of the artist as a stimulant to meditation and deep contemplation, of the contemplative life that is no longer exclusive to any church, is apparently dissipating once again. The societies that today have understood little —or have though it unwise to understand— the condition of the artist as priest in those temples of the genuine culture of the spirit, as were so lucidly demanded for our cities by the author of *Thus Spoke Zarathustra:* "vast and silent space reserved for meditation, protected from the noise of traffic and the shouts of the street (...). Architecture and gardens which express the sublime sense of retreat (...). Where a more delicate decency forbids even praying out loud". But may the new generations of artists not lose heart. For though the road may be long and society often hostile, experience teaches that the most complete and authentic artists are, ultimately, the ones that society wants and finds most necessary.

EXTRAMURAL

JOHN C. WELCHMAN

Walls —literal, nominal and metaphoric— stand at the center of Antoni Tàpies' artistic development. They figure as the field of his work, as the name of the artist, and as a sustaining armature for the delivery of his visual messages. What I attempt here, however, is look over and around the wall, to the places that make up its context. I will suggest that the wall is enveloped by three spaces —a before, a present, and an after, or a top and two sides: first, it is the place of Tàpies' self-reflection, where it functions both as a mirror and an inscriptive surface (FACE, FRONT, WALL); secondly, it forms a boundary device between Tàpies and the Catalan traditions he simultaneously acknowledged and disavowed (TÀPIES, TÀPIES: DALÍ, DALÍ); and, thirdly, the form of abstraction it brokers is revealed by what I term its laminar constitution (LAMINAR ABSTRACTION). With these scaffoldings in place it will be clear that my project is, properly speaking, "extramural". Like Freud when he struggled to view and define the place occupied by narcissism within the general psychic economy, I find myself engaged that form of critical voyeurism, he described, with a hint of the schoolboy, as "peeping over the wall"[1].

Unlike Werner Hofmann, whose contact with the wall was through its insides (looking "Intra Muros"[2] as he put it), the wall is reconceived here not as a surface or even as an environment, but as a face, or front, a hallucination and an assemblage of folded layers, articulated brick by brick, crust on crust. The wall is a machine of connections producing images of identity that exceed the parameters of the face; representations of the real that explode the "epidermal realism" of Dalí (while sharing fragments of his imagination); and textural abstractions that defer neither to the absolutes of the non-iconic nor the allures of the legible. Perhaps the coordinates I offer below answer to the three dimensions lost by Tàpies in his pursuit of matter. For as well as connecting faciality, irrationality and material abstraction, they are also predicated on the details and contradictions of the fold, which is both the technique and the location of the laminar. The lost dimensions serve as questions and retorts posed to the fundamental ambiguities of Tàpies' message: how his images are not religious, yet somehow mystical; how they are materially intense, but never (quite) formalist; how they don't so much represent as intimate the self; how they reach for social engagement and political commentary through a kind of tactical retreat; how they mediate between West and East; and how they dwell not exactly on the wall, nor precisely in or beyond it.

FACE, FRONT, WALL

Your painting is the veil of Veronica
with that faceless Christ that is time.

OCTAVIO PAZ[3]

The current exhibition has an important "preface" in which we encounter an unusual range of Tàpies' earliest facial images, a series of self-portraits in pen and pencil on paper and oil on canvas begun in the mid-1940s. Seeing these assembled, it is clear, as Roland Penrose remarked more than twenty years ago, that "the haunting presence of the human face dominates Tàpies' early work"[4]. Responding to this founding iconographic impulse, I will attend to a cluster issues that focus on the position of the face in Tàpies' art. My first extramural gesture is to look back from the wall, using it not as a marker of the inevitable cen-

321

trality of the "matter paintings", but as a vantage point to discuss what arrives before them, and to survey some of the materials that made them up. This move carries with it a defection from the idea long associated with the development of Tàpies' oeuvre, and partly supported by the artist himself, that the pre-1953 work is both more uneven (which it in some respects it clearly is), but also less significant than the materially innovative and formally more consistent sign-bearing textured surfaces that achieved idiomatic dominance after that date. Writing about one of the artists' most comprehensive retrospective exhibitions —at the Jeu de Paume in Paris in 1994— Pierre Restany's comment that it left aside "rightly so, the figurative beginnings or the works that were marked by a provincial surrealism"[5] is emblematic of this received opinion.

Attending closely to the origins —and destines— of Tàpies' portrait and figure-bearing images, we will find that while his complex faciality develops around a series of material and formal strategies, it is also located in an intricate matrix of historical associations, borrowings and allusions, as well as in a set of wider contexts that can only be understood in relation to the development of the mid-twentieth century avant-garde in Catalonia, France and the US, and the ideas which sustained them.

My claim is that even after it ceased to have a literal presence in Tàpies work, from the mid-1950s, the residues and wider effects of facial envisioning are crucial, perhaps central, to the mission he conceived for himself as an artist. In part, I build on the suggestions of critics and historians who have emphasized the continuity of Tàpies' career in terms of an abiding interest in self representation, and the persistence throughout it of what amounted to a "cult of the ego"[6] —a determination that has occasioned some of the most negative criticism directed at the artist.[7] But I want to move through and beyond several contentions that elaborate on Tàpies' narcissistic visuality: that his images are always self-signing; that after around 1954 "he contemplates himself in elements that are external to him"[8]; or that, in an important contrary argument, put forward most persuasively by Serge Guilbault, "Tàpies' art", actually "escapes its author" instead of representing him"[9]. The idea that Tàpies' work is configured as an array of "mentalized" surfaces[10], or "anthropomorphized" everyday objects[11], has become commonplace, answering as it does to the often vaguely premised phenomenological-type theorizing held to underpin most species of international expressive and informal art in the later 1940s and 50s. Rather than simply accede to —or dispute— this generality (which is given some sanction, at least, in Tàpies' own writings), I want to inquire, instead, into what it is that actually sustains the notion that Tàpies' work is imbued, as he and others have put it, with the powerful, shamanistic qualities of a fetish or an ex-voto?

The earliest work of the artist, achieved between 1943 and his departure for Paris in 1950, some of it little known and seldom exhibited, unfolds as an experimental assemblage of self-portraits, anti-types and facial suggestions. Tàpies' account of his childhood and adolescence in the Barcelona of the late 1920s and 30s lends some sanctions to my suggestion that his address to the face was both deep-rooted and sustained. For his sickly, distracted and highly impressionable childhood provoked a kind of intimist retreat from the outside world that expressed itself in several singular symbolic moments of facial passion and imitation. He writes, for example, of his "glacial fear" when confronted by the intimidating proximity of an exaggerated mask worn by his father during carnival. The discomforting approach of this false cardboard face with its enormous nose and bristling whiskers is consummated by the "brutal" act of exposure which reveals his father's face —"dying with laughter"— pressed closely against his own[12]. Traumatic impersonation and anxious genetic reflection finds its opposite in the calm, mannered style of an American-influenced portraitist named Recoder, much admired by his family, whose work and sheer facial presence (he was transfixed by "the noses that suck out of his paintings") formed one of the two axes of influence on Tàpies' early work: "for a long time this seemed to be the summit of art"[13].

With these experiences behind him, Tàpies' inaugural idiom arrives in a diverse set of pen and ink drawings, some spare and sketch-like, looking to the pre-Cubist Picasso (laced with a touch of Ingres), others elaborated in that fussy, humorous, spiky style associated with the Surrealist *cadavre exquis* and the graphic styles of Paul Klee, Joan Miró and Salvador Dalí from the mid-1920s —a fancifully versatile outline method that was also adopted by the poet Federico García Lorca[14], among other, and given a youthfully indulgent twist by fellow members of the review *Dau al Set* first published in 1948[15]. *Autoritratto* (1944) cat. no. 2, one of the more sober and direct self-portraits done in pen or pencil, was apparently rendered while Tàpies stared at his reflection in his bedroom mirror. Though Tàpies later dismissed it as overly "mimetic" and expository, even here he carefully defends his desire "to penetrate the interior" and relinquish his "poor carcass"[16]. We are prompted to read the facial concentration of the young artist as an emblem of the intense interiority dispensed through the body or its parts that has characterized Tàpies' images for more than half a century.

One of the most fully considered account Tàpies offered of this crucial early confrontation with his facial self, came in the first of three interviews he conducted with Lluís Permanyer for a series of articles published in *La Vanguardia* in March and April 1973. This brief autobiographic recollection (filled out in greater detail in his *Mémoire*) lends an added significance to Tàpies' adolescent self-scrutinies as it constitutes the first representational experience of a young man who had just begun to paint. The moment of this self-reflection is foundational and intense, granting us access to a set of desires and determinations anchored to the career-long pursuit of the self from reflection to surface to mediated interiority.

> *I often looked at my reflection in the mirror of the wardrobe in my bedroom: a pale young man, eyes set with dark circles, sitting on his bed. The look seemed deep to me, and the whole picture was interesting, and had a strange intensity. Moreover, I never left, so there wasn't a cheaper model. It was hardly surprising, then, that I took a pencil or pen and went to work copying myself. I conscientiously exaggerated the features of the face, above all the eyes, responding to a desire —similar to that perceptible in Romanesque art— to incorporate the internal magic of personhood in the portrait. There then began a battle to make all the atmosphere behind the eyes appear on the paper. To me the results were always deceptive, and I was rather dissatisfied with my efforts[17].*

Several suggestions arising from this reflection relate to Tàpies' larger project, and are renegotiated in his works for a decade or more. These include, first, the "intensity" of the artist's gaze at his imaged self, and the corresponding struggle (that "battle") to convert the strong impression of an apparent self into a represented image. Secondly, a key aspect of Tàpies' imagistic fight centers on the conflict between certain "deceptive," presumably over-mimetic, results, and his explicit desire to "incorporate," as he puts it, "the internal magic of personhood in the portrait". The search for a kind of abstract substrate of the self, not made visible just by "copying", will, I suggest, continue in Tàpies' work even after the arrival of the new style of the matter paintings in the early 1950s. Thirdly, we should notice that the chief instrument of his search for internal magic is found in the distortion and "exaggeration" of facial parts, especially of the eyes (an emphasis he often noted[18]); and that this interiorized amplification of the personage —like his adoption of marble powder a decade later— finds historical sanction in the art of the Catalan Romanesque.

For the next several years Tàpies explored the implications of these initiatives, crossing them, sometimes erratically, with a wide spectrum of borrowings, allusions and innovations. In 1945, for example, he commences a series of works, some in Paris pencil on paper (such as *Personages with heads turned*, 1945) in which the head of one or more of the humanoid subjects are "turned", usually 180 degrees, so that particular heads are rendered precisely upside down. Anticipating a technique of inversion that Georg Baselitz would later make his signature gesture, these turns have the effect of grossly distorting the format of the body, while at the same maintaining the symmetry of the figure's posture.

When Tàpies reflected on his early portraits in interviews conducted thirty or more years later, he underlined not only his dissatisfaction with some of them (which he found "pointedly ugly"), but that those he most disliked were "painted in a style which is a bit like Neue Sachlichkeit, the German School of Magic Realism with a critical message", while others (which he deemed "quite attractive") were "heavily influenced by Matisse"[19]. These symbolically annotated selves are aligned on a reflexive facial axis whose other dimensions embrace a wild variety of what Tàpies nicely termed "personnages fabuleux"[20].

In his paintings of 1946, Tàpies turned to the expressive traditions of early European modernism, especially to the furrowed visages of Vincent Van Gogh, whose letters he reports reading at around the same time. Part copies, part extrapolations, the series of Van Goghian studies dramatically reverse the stylistic clarities and referential opacity of the line drawings.

Tàpies emphasizes the iconic isolation of the turned head, and layers it with a tumultuous, "radiated" style derived from Van Gogh. In *Painting-Relief* (1945; *catalogue raisonné* no. 78), the single head becomes a sunflower, supplied with grain-stalk ears, a vast triangular nose, and miniature "sunflower" eyes, and set in a ploughed brown field. *Zoom* (1946) represents the climax of these expressivist works. Here, an auratic, inverted head, its hair streaming downwards toward a yellow circumference dotted with green stalks, is ringed with burs of yellow and set in a blue, furrowed sky, streaked with little gullies of paint that appear to emanate from its core. The head is flanked by two palm prints painted in whiting that hover like angel wings. The head-palm compound offers not so much an intimation of internal magic as a defiant, rather over-elaborated gesture of riotous detachment, as the head spins and shines in its own expressionist universe. Writing of *Zoom* and other works affecting the style of Van Gogh, Tàpies recalls that he "studied his [Van Gogh's] self-portraits, full of this aureole, of a kind of grandiose solemnity that I imagined was the product of madness"[21].

Yet, around the same time as he was indulging in these unrelieved Van Goghian exercises, Tàpies was also drawing restrained, almost decorative, Matisse-like portraits in pen and ink, commencing his exploration of collaged composition, as well as making a number of academically "correct" portraits and self-portraits. Within this frenzy of stylistic types, all centring on the head and face, it is key that as he staged his first move towards the deployment of non-traditional media, his facial preoccupations were dominant yet again. This is clearly apparent in *Head on Blue Space* (1946; *catalogue raisonné* no. 104), for which Tàpies for the first (and last) time used a photographic fragment (of a tiny human face), suspending it like a locket on a painted, "V"-shaped "string". But it is equally true of his more developed material experiments, such as *Collage of Rice and String* (1947; *catalogue raisonné* no.138), which combines grains of rice and lengths of jumbled string on a scored support to image a face with eyes, a nose and a distinctive (self-signing) thatch of eyebrows that tracks across the "forehead".

Two more associative self-portraits from 1947 represent the artist as a magus-like figure whose hands are raised in supplication (cat. no. 8) or pressed palms-down against his chest (no. 9). In both the protagonist is hemmed in and written over by a panoply of signs and symbols —a balloon, architectural model, tree, necklace and vaginal kite (filled with a schematic figure like the aureole of Christ), in the first; and a crystal ball and chalice, insect menagerie, and half a dozen symbolic instruments emanating from the eyes but tethered by little circumferences of dotted lines, in the second. The literalism of this last effort, in particular, is rather overwhelming, for as Manuel Borja-Villel has noted, the apparatus laid out around the artist's body carries no meaning apart from its projective value[22]. Each mark is a fanciful crystallization of an inner proclivity or attribute that could not signify outside the sustaining presence of Tàpies himself, and the result is destined by its method to be simultaneously crude and hermetic.

Two works from 1947 (cat. nos. 14 and 15 in the present exhibition) present the face as a counter-subjective emanation. In *Composition*, a pair of unbodied, balloon-like faces are hatched with childlike features. The right face is supplied with an aura of striations fanning out from the ovoid terminus of the head, both are set in a field of rayonnist streaks, which double, Miró-like, as stick limbs and gestures of proximity and interchange. The second image reduces the texture of the brownish furrowed field, which is marked with more architectonic linear divisions, but doubles the number and complicates the disposition of the faces. Two larger faces overlap like Venn diagrams at the top left of the work, one bearing white features and spiky emanations, the other, black. Below, two smaller ovals set with even less distinguishable features, are linked together and with those above them by a garment of particles. With these floating, granulated, generic heads, Tàpies embarks here on a metaphorical journey for the face which will cast it in the role of a constellation and layer it with the emergence of all symbolic forms.

We can see that Tàpies' journey through the history and types of facial representation crosses, often briefly, with the European expressive and Symbolist traditions that run from Van Gogh to Fauvism, and from Dada caricature and German political realism, to the absurdist imaginary of Surrealism. What Tàpies consistently disparaged as he plundered these traditions was the hard-edged response to facial representation present in the obsessively ordered visages of Jawlensky or Oskar Schlemmer. Although he negotiated his own form of facial stringency, such rigidities of the head were filtered through a variant of the post-Purist geometricism which had become the lingua franca of international abstraction by the end of the 30s —one of Tàpies iterated *bêtes noires*.

Just as important as Tàpies' dialogues with the historical avant-garde is the fact that the moment of his emergence as an artist in the mid-1940s saw an astonishing renegotiation of the representational contingencies of the human face, ranged, just as his were, against both the counter-corporalities of abstraction and the acephalic or ecstatic drives of the fading Surrealist tradition. Tàpies must be situated alongside Jean Dubuffet, Antonin Artaud and others, who during these difficult years in the aftermath of the Second World War, worked through the attenuated traditions of the Surrealist personage in order to reinvent the traumatic physicality of the represented face. For Artaud, who began his extraordinary series of drawings in 1944, and wrote his key text "On the human face" three years later, the face offered an ineffable correlation with death: "The human face", he wrote, "is an empty force, a field of death"[23]. Artaud set himself against the repetitive failure of historical representation, "from Holbein to Ingres", to make the face "talk". As with Tàpies who turned to Van Gogh at precisely the same time, Artaud insisted that it was "Van Gogh only [who] could make of the human head a portrait which was the bursting flare of a throbbing, exploded heart. His own". For both artists —though most assertively, of course, for Artaud— it was the uniquely self-expressive self-portraiture of the displaced Dutchman that exposed what Artaud termed the insufficiency of "all the attempts at abstract painting" made after him. Van Gogh's butcher-like face, "projected as though fired from a cannon... exhausts the totality of the most specious secrets of the abstract world..."[24]. Despite that explicit correlation of his Van Gogh--influenced work with "madness", at this stage in his career, and arguably throughout it, Tàpies was not invested in the kind of pugnacious expressionism that allowed Artaud to write of "the barbarity and disorder of the graphic expression, which never concerned itself with art, but with the sincerity and spontaneity of the stroke".

On the other hand, Artaud's delirious writing on Van Gogh allows us to glimpse several strategies of reading and representing that stage precisely the kind of move from the face to landscape, texture and surrogate self-hood that I am claiming for Tàpies. Two of these are particularly relevant. First, Artaud directly invokes the facial investment of the artist in images that render not the body but the natural world, claiming further, that the artist's face is not only *seen in* the image, but that it also *emerges from* it, almost threateningly: "I have seen Van Gogh's face, red with blood in the explosions of his landscapes, coming at me"[25]. The reversal here, loosely analogous to the literal turning of the head by Tàpies, also recalls Dalí's paranoid criticism, according to which the artist is in some sense read or produced by his image, rather than the other way round. Secondly, Artaud writes of the super-sensitivity and tragic potential invested in Van Gogh's "simple motifs" (such as a "lighted candle on a straw armchair")[26], allowing us to read the similarly simple objects of Tàpies —doors, walls, windows, chairs— as also painted with "the common color of things"[27], likewise mysterious (Artaud writes of Van Gogh's "bedroom occult") and similarly charged with affective force. These two moves (there are others) are passageways traversed between the artist and the viewer, and the artist and his "self". They are tunneled through the wall of the medium itself, "like the secret door to a possible beyond"[28].

In the end, however, the interest of Tàpies for insanity and other modified states of consciousness allowed him to go further than Artaud in relegating the literal dimensions of the face. For where Artaud could only "summon" "objects trees or animals to come near" his "human heads", Tàpies was able to erase and substitute them. While Artaud remained continually unsure "of the limits by which the body of my human Self may be stopped", Tàpies calibrated corporal loss quite precisely, swapped images of bodies for landscapes of matter, and allowed the body to reappear as a cascade of pressures and parts. And if both Tàpies and Artaud actively mixed "poems and portraits", "written interjections and plastic evocations of fundamental materials of human beings", Tàpies, with some exceptions, was able to treat graphisms, letters and phrases as autonomous domains not co-extensions of an uttering face.

While Artaud sought for a remedial faciality in the "restoration" of facial "features", Tàpies is perhaps more convincingly aligned with Dubuffet's move from the expressive surface to the territorialized personage. In October 1947 Dubuffet exhibited at the Galerie René Drouin in Paris some seventy oil paintings, and drawings in crayon, ink and gouache. Representing friends, writers, literary critics, artists in the circle of French artists and intellectuals loosely centred on Jean Paulhan and *La Nouvelle Revue Française*, they were the central elements of a renovated genre of portrait-caricatures: "These people", wrote Dubuffet in a kind of subtitle for the exhibition, "are more handsome than they think; long live their true faces."

Supplied with deviant titles by Paulhan and Dubuffet (*Fautrier with Spidered Brow*; *Dhotel* [the novelist] *Hairy with yellow teeth*; *Lambour fashioned from chicken droppings*, and so on), the works are powerfully unromantic, their figures scraped and scratched into the surface, often on a casual hardboard support. Sparse features are rendered with no contour and little volume, apart from the contingencies of the paint itself. The colours are crude and muddy, infected by random impurities in the palette, and almost ploughed into the board at the edges of the composition. There are not so much traces of brushstrokes as an irregular geometry of creases and scars, the result of paint being smeared and knifed, pushed and pressed into place, never merely applied. As Dubuffet suggested, [for a portrait to go well] "it must scarcely be a portrait at all. It is then that it starts to function at full strength".

While I am unable to explore its implications at any length here, the powerful moment of reckoning with the face participated in by Artaud, Dubuffet and Tàpies (among others), and the facetious appearance of their savagely artless faces, was also attended by important philosophical and literary reflections.

Tàpies noted his contact with the writings of Jean-Paul Sartre, especially *Nausea*, early on, but the site of the face offers a conjunction between the concerns of Existentialism and the postwar artworld focused quite precisely through the antithesis between official and alternative or resistant culture that remained one of Tàpies' most trenchant concerns throughout the Franco years (as well as later in his career). Tàpies' most fulsome denigration of Dalí, for example, is organized around his designation as "an official painter"[29]. I want to spend a moment with Sartre's brief essay "FACES, preceded by OFFICIAL PORTRAITS", which establishes two sides in the question of the human face, as he sets up a profound opposition between the "real" face of a companion or interlocutor (like Tàpies using the eyes, "my friend's eyes"[30], he wrote, as his major affirmatory symbol) and the "official" faces unfurled by sanctioned authority.

In Sartre's view, the face of authority is always and only known as reproduced; and because its human reference has always "disappeared", it is an unmitigated image of power. The portrait representation of the power-head, however, never returns a merely "naked" face, and is never unadorned: for "a king's face is always dressed". Its role is to vindicate the divine right of power and to separate itself from the humble "humiliated countenance" of ordinary people. The isolated, disembodied, head of power, is also subject to a "minimization" of the flesh, a flattening of the palpability of the face so that its carnality and vulnerability do not undermine the expediencies of power. In this condition, the power-head is a face without features and life, or a face without a physiognomy. It must never be caught in moving expression (in "guile, nagging anxiety, meanness" or whatever), for it can never be seen as subject to a fleeting mood. In addition to its static, frontal presence, its parts must also be leveled into a facial super-sign that signifies a premeditated, quasi-religious, even totemic, combination of "quiet strength, serenity, severity, justice". The power-head is simultaneously an effigy of empowerment and an instrument of subjection.

Although his examples are historical —reaching from Charles the Bald to Napoleon— Sartre's notion of the abstracted face-of-power is really an allegory of the face of the tyrant brooding over the face of his Europe. To live a totalitarian life under the many cold gazes of power-head, is to live "in a society of statues" according to a stonelike system of "justice and reason". The tyrant reproduces his subjects as statues, "bodies without faces": "blind and deaf", "without fear or anger, concerned only with obedience to the laws of what is right, that is, to the laws of equilibrium and of motion". Now, Sartre opposes this hard counter-utopia to what he terms "societies of men" where "our faces rule": "we enslave our bodies, we bind them in swaddling clothes, we disguise them; their role is to bear, like a mule, a waxen relic". Not only is the face a great antithesis to masonry and marble, but it must also be conceived against the scientistic reductions of psychology whose analytic gestures "have turned man into a mechanism and his countenance into a sort of articulated penny-arcade target face" for the production of "electric smiles". For Sartre this expression is not a matter of simulation, of "experiment, calculations and photographs" (the whole tradition of analytic post-physiognomy developed by criminologists, psychiatrists, and comparative physical anthropologists), or of some mirrored understanding of the other that is deduced and mapped from the facial-self. He argues, to the contrary, that the facial self is "secret", that it is an instrument through which other faces are seen, and that far from being an analytic secretion, the face is an unknowable, unfathomable, whole.

It is clear that Tàpies' own obsession with faces and selfhood, and the fragility of their identities under official declensions of power, owes much to the assumptions underwriting Sartre's Existentialist humanism. Both share the suspicion of mechanical facialization, a commitment to the secrecy of real facial knowledge, and an antagonism to the frigid physiognomies of the State. But it is in Sartre's concluding comments that the most profound convergence emerges. Sartre's face is, finally, a kind of "natural fetish", possessing "the qualities of a spirit". It is an explicitly "magic" zone which "creates its own time within universal time" —a time of somewheres, destinations, purposes, anticipations within the "metronomic" flow or "fixed immobility," of a perpetual present. A face entering a room carries with it a piece of the future — "this visible future is in itself a kind of magic". For while the face is a Dubuffet-like voracious volume "pierced with greedy holes which snap at everything that passes within reach", it is also defined by eyes and looks which confer the "nobility" of perception. Its capacity for distantiation allows the face to "project itself forward in time and space": so that "to be a visible transcendence is the meaning of the face". "Every single feature of the face", Sartre concludes, "first receives its significance from this primitive witchcraft which we have called transcendence". We will see that Tàpies' struggle for the face, which began as an adolescent in front of his bedroom mirror, was, as he suggested himself a continuous battle to locate for it a territory that was simultaneously spiritual and material, transcendent —and "magic"— but also abidingly real.

As the formation of Tàpies' facial matrix continued, the centrality, frontality and subjective impress of the face essayed with such variety and intensity between 1943 and the early 1950s, remained present in Tàpies' art, hovering under its skin like a water-mark. In Tàpies' "Surrealist" phase, the face becomes a contraption assisting in the magical metamorphosis of the pictorial sign. One of those "parts of the human body [that] ... maintain astral correspondences"[31], the face, recurrent eyes and other body parts, are infiltrated into an incandescent iconography of exotic gardens, invented skylines, Surreal landscapes, and solitary deserts (e.g. *A Desert, B Solitude*, 1949). Faces are imprisoned behind bars in *Landscape with Grilles* (1950), while an Africanized self-portrait, surrounded by a decorative frame, hangs at the centre of *Turned Evening* (1950). Pairs of ovoid eyes and their accompanying brows are the most recombinant items in this evolving facial universe. Present as spectres in *Tribes. The Wheat of the Kaffirs* and *Furfú*, and traced out as a familiar facial triangle in *Trap* (1951), their salient shape will endure the leans years of the mid and later 1950s, to emerge in the hidden eyes and spectacles of Tàpies' later works.

Prodigal Night (1952) is emblematic of the turn away from directed symbolic faciality in Tàpies' work. A forest of fashionable shoes, both male and female, attached to truncated limbs, tramples down on the heads and fending hands of several ill-defined personages at the bottom of the composition. This stomping on the head literally precipitates the face out of the canvas frame. Facial cartography is replaced by surrogate imprints and impressions, as Tàpies reaches for the internality suggested in the face by substitute means —the suggestive object, the indexical sign and soundings on the soul of the foot. A transitional body of work engaging with a counter-biomorphic, yet residually Surrealist, style, largely banishes the face and body from its improbable architecture of semi-geometric shapes. So that in *Cry* (1953) we witness what is almost the last gasp (or *dernier cri*) for the face, as a gauzy head appears in a field of spiky architectonic abstractions, protesting its suffocation by these alien forms. This is underlined in *The Cry. Yellow and Violet* (1953), in which intimations of the face are finally absorbed by colour and shape, and its cry now performed chromatically.

The intensely textural work achieved between the mid-1950s and early 1960s offers the fewest tangible signs of the face, or indeed any easily legible, decodable reference to the object world, from any sustained period of Tàpies' production. At the very beginning of this shift we might glimpse an eye-brow or other facial hints in a few works rendered in Klee-like stipples, and bearing abstractly emotive titles, such as *Disturbing* (1953). Otherwise, the images are driven by arid corrugations, furrows, ribs, cracks and punctures, and commanded by titles that reinforce their counter-somatic proclivities. This new referential field is divided into zones that rarely defer to the body. One refers to the predominant colors of the images: notably, grey, ochre and brown. A second emphasizes the formal components of the work in terms of its predominant shapes: waves, arcs, ovals, quadrants, semicircles, fringes, dots. Other zones are governed by descriptions of process (incisions, perforations, finger impressions, reliefs, frottage, trickles, etc.); or sign-types (*White and Graphic Signs, Red Meta-sign, Monochrome with Two Symmetrical Marks, Black with*

Ochre Mark, *Hieroglyphics*, etc.). The purity of this zonal ordering is increasingly threatened during the late 1950s and early 60s, with the uneven emergence of titles that settle on object-nouns (battlements, door, orifice, boot, fingers, pyramid, matter), and, more occasionally, on abstract nouns (opposition) or adjectives (architectural, Medieval), or a combination (curved door, double beige door, shaken matter).

Within this force-field of colors, processes, textures, forms, alignments, spatial registers, objects and allusions, the face is all but obliterated. Its only explicit appearance is in a condition where the flesh has rotted away (*Skull*, 1959). When, around 1960, the artist moves back to more iconically allusive formats, the face is visible again, though sometimes only by virtue of its striking absence. A leading image in this elusive return is *M* (1960), one of the most notable of Tàpies "double" images, paying informal homage to Dalí's dream-driven technique. A giant, ragged-edged, mustard-colored letter "M" is imaged on a black background so that it also appears as the limbs and crotch of a prostrate splayed figure. Seen as a body, the painting, like *Prodigal Night*, offers a vision of the lower extremities, the legs and the feet, at the expense of the torso and the head. But these upper parts are not literally stomped on underfoot, physically precipitated out of the frame, by a gang of socially accoutered figures, as in the earlier work. Instead, they are illusionistically obscured by the low, highly frontal, angle of vision, the complete elimination of context, and the engulfing calligraphic pun. Apart from what we read as a rippling of the thighs and knobbling of the knees, a certain shading directly under the tapered "buttocks", and the addition of a spur to the left foot (which reads as a "heel"), and a couple of smears to the right (which read as "toes"), Tàpies makes few concessions to the enfleshment of the "figure". The only exception to this is a range of marks —punctures, lines, trails— scored into the feet. At first sight these are suggestive of legs that terminate in paw-like declensions. But in an image precisely set up for unstable, multiple readings, the pairs of holes, stubble of impressions and clusters of lines can also stand for peripheral faces, like those set at the joints and extremities of demonic figures in the Middle Ages.

Building on this body-doubled calligraphy, Tàpies insinuates the face back into the visual field by rhyming it with one or other aspect of his nominal zones. If we glimpse a pair of eyes in the underlined order of *Monochrome with Two Symmetrical Marks* (1960), then they become unmistakable in *Grey with a Mask Form* (1964) and *Two Eyelids* made in the following year. While the face itself, rather than being chapped off by a letter, as in *M*, is playfully emergent between the numbers in *6 and 4* (1965). Other facial ghosts haunt Tàpies' materials, objects and fields throughout the 60s and beyond. Look at the nasal profile of the chair-back in *En forma de silla* (1966, cat. no. 47); the tip of a hairy head in *Azul e imperdible* (1970, cat no. 52); the headless figure in *Las piernas* (1975, cat. no. 56); or the eyes, faces, and hidden profiles set out amidst one of the fullest itemizations of Tàpies' symbolic repertoire (numbers, equations, feet, crosses, countdowns, letters, chairs, cross-outs etc.) in *Jeroglíficos* (1985, cat. no. 67), a work that participates in the striking redeployment of the face, and its convergence with his other leading signs, that has informed Tàpies' images during the 1980s and 90s[32]. In one sense, as Jean Frémon wrote in 1988, "such parts of the face and body seem to be remnants of the art of portraiture"[33]. But these facial fragments are more than an reassemblage of parts, and their relation to the inaugural gestures of Tàpies' portraiture is quite different from the idea of remainder carried in the notion of the "remnant". For what is most significant about the refacialization of Tàpies' work in these years is that the face is brought into a merged, or compound, form with the supports and signs systems that previously accompanied, then eclipsed it.

Key examples of this new superimposition from among Tàpies' drawings were brought together in the 1996 exhibition, *Tàpies: Dessins, de profil et de face*[34]. *Moon and Head* (1994) revisited the astral symbolism of the Surrealist period; in *Calligraphy* (1993) lips and three teeth are set out with Warholian detachment amid other facial signs and numerical marks; and in *1-2-3* (1995) another open, dentured mouth hovers above the ankle of a profiled foot, the upper part of what we might read as the head, obscured by lines and squiggles. Completing this round of symbolic re-alliances, *Tête marron* (1994) conjugates a loosely lined head with a cross. Other recent works, including a series of skulls, signal a return to new forms of facial expressivity and herald more explicit premonitions of the violence Tàpies often associated with the head. *Tête 666* (1990) is one of the most explicit of these works, picturing an open-mouthed, closed-eyed face underneath a black ground scored with diagonal lines and marked to the left with crosses, and to the right with the devilish numerals *666*. A scroll of loosely brushed pigment gushes from the mouth, conferring on this work an unusual, almost Munch-ish, exuberance, as the face emits a painted scream.

In his later work, then, Tàpies regroups the central elements of his signage around the iconic centrality of the face. It's not just that "the walls... are a direct reference to the artist; but the man has disappeared from his portrait... [and] his presence is implied from the objects selected"[35]. Rather, we find that what was once graffiti on the wall is now, at the same time, a line of tattoos arranged on appropriately inscriptive parts of the body. In *Porta Roja* (1995), a six-paneled wooden frame encrusted with a perspectival wedge of soil on the left and an iron rail and brackets to the right has two eyes marked in black on a stretcher bar, surmounted by a cross. In one of the less subtle of his new facializations, even the door (to the other side of the wall) and its double, the canvas back (the second side of painting) are supplied with facial particulars. *Cap* (1995) offers up a skull-like cranium seen in profile, with a white cross to the rear and a cross-like assemblage of numerals above. The mouth issues a line of struck-out "Is" —signifying simultaneously as a suture, a zipper, and a prisoner's date-mark. The agitated emissions of *Cap* and *Tête 666* are the denouements of Tàpies' reinvented pathonomy. Respecting his demand for amplified reference in the abiding surrogacy of the face we can read them, finally, as tortured, anti-lyrical pictorial equivalents of the global portraiture of song celebrated by Herder: "A breath of our mouth becomes the portrait of the world"[36].

But neither hints of doubled readings, in which a foot, a chair, an oval, become lightly facialized, nor the literal reappearance of the face as a body-part, are sufficiently plausible, on their own at least, to justify my insistence that Tàpies' work can be identified with affective faciality long after the face ceased to occupy a dominant place in his iconography. This concern is clearly attested by several overlapping aspects of the theory, practice and context of the artist that converge on what he termed his "line of introspection"[37]. Tàpies' intense capacities for self-reflection precipitated an avowedly therapeutic view of painting that assisted in the process of "learning to live with myself, understanding myself"[38]. The internal directives of this comprehension have an unapologetically exterior correlate. "I would like my pictures", Tàpies said in an interview in the late 1980s, "to be charged with such power that they could cure when applied to the body or the head... That they should really heal"[39]. This is a remarkable formulation, suggesting that the artist's potent internal renderings are transferred from artist-subject to the viewing subject, from visual sign to real-life remedy, in an exchange that is specifically conceived as a face-to-face or body-to-body encounter. A "cure" is reached for here not through the (physical) laying on of hands, but in the (invisible) touch of heads.

Tàpies remained convinced throughout his career that the subject-position of the artist-author was crucial for both the making and reception of an artwork. Confronted by the attacks on authorship associated with the first wave of French structuralist theory in the 1960s and the related anti-subjectivist and counter-material polemics that accompanied the advent of Conceptual Art towards the end of the decade, Tàpies merely reaffirmed this belief. For him the artwork was imbued with —and must be read through— the determining presence of its maker: "I think that in art, personality is everything", he said in 1973, "including the name of the author"[40]. What he elsewhere termed "the value of presence" was sufficiently important to his conception of art that he was convinced the created image carried with it a remedial virtue and beneficial effects that led him specifically to liken it to a "talisman" or "icon". In this sense his half-serious designation as the "Malevich" of informal art could not be more appropriate[41]. For Malevich´s move from the primitive expressive body to a field of floating rectangles and crosses, which he identified not just as icons of pure emotivity, but actually as faces bearing new witness through their daring abstraction may be aligned with Tàpies' own shift from Surrealist and expressive corporeality to the underside of abstraction. Malevich, in addition, thought of his famous tilting black square as a repository of abstract emotive value that answered quite directly to the eastern Orthodox tradition of the transcendent icon.

We can locate, secondly, another strand of Tàpies' facial predispositions in the address and alignments of his work, in what we might term the governing aspect of his images. Several critics have noted the symmetrical order that informs Tàpies' work, but it was Cirici who wrote most emphatically of his abiding preoccupation —whether the subject is primarily figurative or not— with the production of frontal images. The directional empowerments manifest in Tàpies' square-on envisionings underline the spiritual connotations of the work as a presentational talisman. For, like Octavio Paz, Cirici also suggests that the studied frontality of Tàpies' work is coupled with the religious investments of divine portraiture. Thus, his "exaggeratedly frontal icons"[42] are not simply posed squarely and directly in front of the beholder's plane of vision, their situation is also aligned with the devotional transcendence of the iconic face. Even when shifted ninety degrees, as Tàpies, like Jackson Pollock, worked on the horizontal plane of the studio floor, such axial formality promotes effects of superimposition and transfer as the image is offered up to the viewer in a direct and engulfing confrontation. Unlike the layered effects of perspectival space or the traditional gradations of foreground, middle ground and background built up especially in the historical landscape genre, Tàpies creates a charged interface between object and audience, promoting an image that demands its own intersubjective consumption. This frontal iconicity and its investment in religious posture comes to a head in such works as *Subject-Object* (1979) in which an aggressive bilateral symmetry superimposes the symbolic cross, the artist's signature-self, and an abbreviated object world. It was also underlined by Tàpies in his *Mémoire*, where he writes of his "vision de la figure-axe, placée de façon symétrique, de face ou de dos, dans des attitudes également symétriques, semblables à celles des orants"[43]. The cumulative weight of such associations overcodes the visual configuration with a signifying force that attempts, at least, to participate in a regime of facial empowerment. It is one of several strategies and claims stressing the affective value of Tàpies' work, that allow critics from different points of view to underline its immediacy, emotional luster and anthropomorphic reference.

Thirdly, it is clear that the development of an iconography of non-facial body parts —toes, feet, arms, legs etc. (e.g. *Matter in the Form of a Foot*, 1965, cat. no. 44; *Matter in the Form of an Armpit*, 1968) —which might be seen as metonyms and displaced repositories for the interiorities of facial plenitude— is partly dependent on a relation with the head, the portrait and subjectivity, allowing the partitioned subject to appear through more indirect or non-indicative signs. The attribution of facialized meanings to Tàpies' work has been consistent, if occasional, from the 1960s forward, and embraces several aspects of the artist's more recent production. Reviewing the Tàpies show at Maeght Lelong in New York in 1986, Donald Kuspit suggests, for example, that *Fond-Form* (1985), a collaged work with paint-spattered slippers set out in red below a ragged cross which intrudes into the gray field above, appears not just as a "devotional image" —part of Tàpies' attempt to "respiritualize gesturalism"— but that it can be read as an "esoteric self-portrait"[44].

A similar superimposition on the facial grid arises in Tàpies' signature use of indexical marks from the early 1960s on. These impressions include a wide repertoire of hand-, finger- and foot- prints (see, e.g. *Polvo de mármol con seis pisadas*, 1959, or *Footprints*, 1969) but also embrace marks that simulate rather than register the pressures of the body, such as fleshy rings for the buttocks (see *Gran pintura gris no. III*, 1955, catalogue no. 23) or the facial suggestions of various partly infilled circular forms (see *Gran óvalo*, 1956, cat. no. 28, where an X located at the bottom right of a squashed ovoid form, which hovers over a rectangular "torso", subtly doubles hints of a frontal with a profile "face"). Because of its declarative immediacy and physical contiguities, we can situate the indexical mark as a proto-facialized sign. First, it emerges at a site of contact that is also a "print" (most obviously from a finger, but also from the foot, the palm and any other touching zone) —a direct inscription of an impressionable zone that bears with it the essential attributes of its origin. Secondly, the idexically printed sign is legible, and decodable, as an identity, or something that stands-in for it. In this condition it is regulated by the sciences or pseudo-sciences, of subject-interpretation, headed by physiognomy —directed at the face— but including finger-printing, general criminality, and the astral inscriptions of chiromancy. Thirdly, the indexical sign is also a copy, replication or body-double that, like commercial photographic prints or family digital archives, disseminates an intimate snapshot of a privileged body or body-part.

Tàpies' facial continuities are set out, of course, against his wider understanding of the body and its passage into representation. Somewhat at odds with the third aspect of the indexically facialized sign just described, an impulse against which he repetitively contends in his writings and interviews is the tradition of western figurative humanism, and its denouement and defeat in "photographic" rendering. Speaking against the declaration of man as "a privileged being", he suggests that human nature should be thought as continuous with "that of the stars, or of a piece of paper or a leaf"[45]. This molecular apprehension of universal continuity accords with the granular materiality of his pictorial formats. It also helps to account for his synechdochic incorporations, "which invoke man indirectly through impressions or parts of the human body... an arm, a hand, or an armpit"[46]. As Tàpies develops this thought we learn, almost by chance, about one of the motivations for his subjugation of the face from the mid-1950s. For it would appear that the face seen and represented head-on carries with it to much "dignity", that it is unavoidably overcoded with gravity and collateral divinity, which set it too much apart from the world of objects, notations and things. It is a kind of trans-facial democratic impulse, then, on behalf of the body's other territories, that motivates Tàpies to look "for parts of the human body that are generally considered undignified, in order to demonstrate that all the parts of the body have an equal value"[47].

An important corollary of Tàpies' contemplative facial subordination, of his willingness simply to pass from the face to the body as a gesture of material-universal continuity, arises in his violent urge to annihilate the represented head: "when I draw a head... I immediately feel an urge to destroy it, to erase it, because the drawing only captures an outward appearance, and for me the vital issue is what lies behind the visible form of the head"[48]. Once more, Tàpies' commentary on his facial iconoclasm reveals that the face presides over a larger field of representational possibilities than those suggested by the artists' rather literal desire attack a specific drawn face. Just as the face itself, in Tàpies' estimation, is locked into inevitable continuity with both other body parts and non-human atomic conglomerates, so the "work" —all and any work by the artist— is suddenly transformed into the face that is destroyed. Tàpies' "idea of destruction," vented every time he confronts the surfaces he works on, becomes caught up in the very drive to represent, and is dialectically reinvented through its opposites: "resurrection..., reconstruction and rebirth"[49]. "Destroying" the face is therefore another articulation of the ritualized everyday violence Tàpies visits on his artistic materials, giving rise to laminated surfaces that are scared and sutured, punctured, pulverized and scraped. In its double condition as object of desecration and iconic surplus, the face is perhaps exemplary of the affirmative "ruins" that Tàpies associates with cultural regeneration.

When Tàpies discussed the relation between an image and its wider national or political contexts, a forth formation of facial metaphoricity makes itself apparent. For the pursuit of the true face, the "vera icon", of Tàpies' modernity, led the artist to characterize the allusive, faintly critical, but finally facile work achieved in the uneasy cultural status quo of Franco's Spain as an "art-caricature". Like a humorously exaggerated caricatural face its points of view were loaded into its surface distortions, and knew nothing of the "depths of things", or forms of positive knowledge, whether "philosophical", "ethical", or even "violent"[50].

Caricatural discourse of any kind was antithetical to Tàpies' theory and method. Looking back on the twenty or so satirical drawings of his *Natural History* series (1950-51), some of his most overtly "political" works —seemingly influenced by the graphic style of Otto Dix and George Grosz— Tàpies emphasized his "aversion to the element of caricature in the work of those artists"[51]. Similarly, when he identifies in Dubuffet "a caricature-like element" he is quick to add that such proclivities "have nothing to do with my character"[52]. On Tàpies' view, caricature functions like an arbitrarily exaggerated mask posed in front of the iconic face. Its extension outwards from the features of the face is the opposite of his neo-physiognomic concern for probing its depths. It was the frightening deformities of the mask, we recall, that activated a founding trauma in Tàpies boyhood. There is a sense that his work plays out the redirection of this fear by refusing to accept the face as an apparatus of skin and bones. Instead, he sets out on a quest for its abstract interiorities, its material analogues and its intentioned pressures. The remark about Dubuffet is also significant for its purposive relay of the caricatural from social engagement (Dubuffet's series of anti-portraits from 1947 represented a cross-section of friends and acquaintances in the circle of Jean Paulhan and the *Nouvelle Revue Française*), to subjective desire. Tàpies is less interested in the effectiveness of Dubuffet's images in their context, than in his personal dislike for caricature, assessed quite deliberately in terms of his own "character". Tàpies seems to be suggesting here that he could never attempt a caricature for fear that it would distort his own person, rather than someone else's. This is another element in Tàpies' ceaseless redirection of image-making back onto his own identity.

Many of the facializations investigated by Tàpies appear to correlate with the attribution of human affective value to an object, motif or location, and are predicated on versions of mid-twentieth century phenomenology, or Zen transformation. In general, however, the more literalized cross-references between the face, the art object and the world are less than convincing: Jean Frémon proposes, for example, that the weathered grain of Tàpies' surfaces bears with it a revelatory "presence" that "just like the wrinkles of a face indicate[s] the depths of an individual's identity"[53]. On this reading, the wrinkled pictorial surface carries the same form of innate power and contextual predetermination that Heidegger loaded into the boots of Van Gogh. Such working objects, he claimed, have their own distinctive physiognomy —the creases in the leather are wrinkles, the splatters of mud and marks of wear are like a weathered complexion. The tongue of these shoes is tied to the character of the landscape and the texture of the sod it traverses on its diurnal duties. Boot, land, work and character are locked together in a relay of mutually dependent facialized signs. Now, what such declarations lack above all is an effective mediating term that secures the transfer of attributes from the subjective to the social world. In Tàpies' case such nuanced readings are only delivered in those rare instances when the tangled subject-object relationships that operate around his work are truly opened-up, or when the wall itself is understood as a facial surrogate.

Two of the more convincing critics of postwar art, Peter Bürger and Serge Guilbault, attempt just such negotiations. Bürger detects at least two levels of self-investment in Tàpies work. Some pieces, such as *White with Four Black Signs*, he situates in a pre-nominal past from which they emerge as neo-archaic "self-portrait[s]" looking back to "a world in which object and subject have not yet been split apart"[54]. Elsewhere, Bürger joins the archaic with the spiritual when he suggests that "rather than seeking to capture his own essence in mystical self-portraits..., [Tàpies] concentrates on his most intrinsic element, his name". For he knows that the object of his labor is not separated from him; it is not an object that he faces as a subject: it is a different form of his self —a tàpia, a wall"[55]. In the end Bürger falls back on a version of the physiognomic reading-in whose limitations we encountered above. For "though not animate itself", he writes", the wall testifies to the life inscribed in it"[56].

In the course of his own remarks on the timeliness —and effectiveness— of Tàpies leading format in the later 1950s, Guilbault draws attention to the larger implications of the wall as a site of social or political resistance: "walls, as the popular saying went, had ears and also mouths because they often violently and anonymously condemned the way things were". The speaking, listening wall, with its capacities to communicate, barricade and hide, and its provision of commentary and approbation, is both an instrument of social exchange and a "material for reflection"[57].

The persistence of Tàpies' facial vision is attested by other signs and suggestions which emerge as we read in his writings and ponder the quite vast body of work now assembled in six large volumes of his *catalogue raisonné*. He was, for example, much engaged by silent film, including the head-splitting acrobatics of Georges Méliès and facial epiphanies of Karl Theodor Dreyer, examples of which he collected for many years. He was "drawn to films of Nordic the countries" by virtue of their "strangely mystical side"[58]. It is unsurprising, perhaps, that a final horizon for Tàpies' facial inquiry is found a larger vision of this avowedly un-religious mysticism, which he describes as a search through "inaccessibility, secrecy, darkness" for "all the things which lie hidden beneath the visible face of reality"[59]. But the sum of Tàpies' paintings is not really, as Octavio Paz would have it, a metaphor for "the veil of Veronica", a realization of time itself as a kind of "faceless Christ"[60]. Tàpies' Catholic boyhood was too traumatic and his later spiritual involvements too ecumenical for them to merge with what is, after all, the ultimate indexical sign, as the passional face of Christ —a material epiphany and the First Icon— is imprinted with its mysterious wholeness on Veronica's handkerchief. Nor, on the other hand, can Tàpies' incessant fragmentation of both face and body into damaged parts —"where eyes are lurking behind a piece of cloth"—quite be likened to "A Veronica veil in reverse"— as one critic put it as he grappled with Tàpies' visualizations of "introspection" and "interior life"[61]. The work is organized, then, neither as an imprint of the divine nor as a rendering of Time. Nor is it ultimately configured as the veiled gaze of the artist or his surrogates staring at us from inside the work. What Tàpies reckons with instead are precisely the facialized spaces between these extremes of religious trans-temporality and subjective emergence. The face is located at the symbolic end of an artistic journey which mysteriously negotiates interior experience and trans-subjective projection (social, divine, metaphoric): "I've always compared the attitude of the artist to that of a mystic", said Tàpies in a recent interview. "They both follow a path which slowly leads towards an ultimate vision of reality. When you arrive at that point its difficult to talk about it: what is ultimate reality, or the face of God, as the mystics would say? It's not so much knowledge as inner experience"[62].

TÀPIES, TÀPIES / DALÍ, DALÍ

In a typically suggestive and stylistically pungent text published in *ArtNews* in 1962, Salvador Dalí offers a secret history of the work of his fellow Catalan, Antoni Tàpies[63]. The progenitor of paranoid criticism and dean of Surrealist doubling, situates Tàpies in a para-historical zone of seemingly absurd and apparently disconnected attributes. If we follow them through, however, Dalí's delirious musings produce a subtle and refracted image of the younger artist that received accounts have seldom reached for. While there are occasional exceptions, such as an early comment by Pierre Restany, who suggested in 1958 that "from 1945 until 1953 [Tàpies'] work shows the double influence of the paranoiac ideology of Dalí and the compensating elements borrowed from the semantic morphology of Miró"[64], Dalí is largely an offstage presence as either an historical influence or critical commentator on Tàpies. As an outline of the contextual impact of Dalí already exists[65], I will look here through the oblique lenses of Dalían critique. For, despite the abundant stylistic and political antagonisms between the two artists ("I began to dislike Dalí soon enough because of his political position", noted Tàpies[66]), a surprising number of shared concerns emerge from their different projects and periods.

While strikingly absent in his dedicated text from beginning of the 60s, Dalí would later sketch out a historical location for Tàpies in another of his copious and inflammatory writings. Dalí's modernist genealogy offers the first of several congruencies between the leading protagonists of Catalan-born, but internationally distributed Surrealism and informal art. Dalí's selective history runs along a line of cuts and breaks that is itself constituted by specific acts of splitting, dividing or pulverizing the components of the image. For him the most strategic innovations in modern art are found in "the Divisionism of Gaudí and Boccioni, Analytic Cubism, [and] Duchamp's epitaph Nothing creative", he continues, "has been produced since in the history of art"[67]. Tàpies is situated, then, as the inheritor of the cracked ceramics, pointillist dots, multiple facets and texted interventions that make up a tradition of innovative textures and visual cuts he clearly continues and reinvents. In addition to the avant-garde dot-matrix, these particular coordinates in the historical avant-garde are similar to the modernist signatures that Tàpies himself acknowledges when he offers his own historical summaries.

Secondly, in the hopelessly split lineage of Dalían modernism, Tàpies and the "art autre" group of which he was considered a loose affiliate, represent the return of a return to the archeological and the folkloric, whose first move was registered in the shift from Cubism to the dream-like fields of Joan Miró. Tàpies is thus considered by Dalí to be a participant in the general project of archetypal imaging inaugurated by Surrealism. Once more, Tàpies himself, acknowledges Miró as one of his greatest sources of inspiration.

A third continuity between Dalí and Tàpies is located in their shared —though differently adjudicated— commitment to the edges and outsides of reason. In one of his "Declarations", written in 1961, Tàpies confesses his imbrication in the lineage of Catalan "irrationality" that reaches from "Ramon Llull to Joan Miró, passing through Gaudí and all the modernist exuberance of our city"[68]. The impact of the irrational on Tàpies, as with Miró, was far more moderate and occasional than Dalí's calculated incubation of paranoia or the derangement of Artaud, whose "frightful disease of the mind" caused "thought" to "abandon" him "at all times"[69]. Tàpies' irrationality is sufficient to split letters and numbers —especially the "A" and "T" of his initials, from their normal nominal compounds, and reanimate them as forms of transient identity, or choric allegory. But, unlike Artaud, he is not compelled to cling onto their palpability as evidence for his sanity or mere existence— that frantic desire expressed by the poet "to prove that I have a mind that *literally* exists, as T. exists, or E., or S. or M"[70]. For all his dialectical balance, temperate social conscience, muted colors, and symmetrical impulses, Tàpies never relinquished his active interest in the domain of trans-rationality, both as an "object" and a "method"[71].

Tàpies once suggested[72] that there were two types of Catalan folly —one, associated with Gaudí, and implicitly a kind of good or creative madness, and another issuing from Dalí, that he clearly viewed as more self-serving, indulgent and narcissistic. In his *Mémoire*, Tàpies credits Dalí with making a contribution to the development of Freudian concepts, but in a frivolous and insecure manner and in "a hardly serious tone"[73]. Yet Dalí and Tàpies concur once more in a shared estimation that the vertiginous modernity of Gaudí operates as a kind of switch-system at the threshold of the radical experiments undertaken by the historical avant-garde —something that Tàpies acknowledged when he said that "One of Dalí's few wise decisions was to contribute greatly in promoting the interest for Gaudí"[74]. In "Tradition and its enemies",

Gaudí's "modernist exuberance" is noted once again, but now allied with what Tàpies refers to as "pantheist folly"[75]. Both attributes occupy a plateau between the central bipolar terms of western humanism: first, Greek democracy, Erasmus, Rembrandt —followed by the blackness of Goya, the demonism of Fuseli, the pathos of Böcklin, the "incandescence of Wagnerian Romanticism" and the "obscure wisdom" of Heraclitus, Nietzsche, Nagarjuna and Schopenhauer. And secondly, after Gaudí, the many "isms" of the modern move-ment. Dalí and Tàpies, the other "Antoni", achieve a clandestine proximity through their shared fixation on the great architect of *modernisme*. Janis Kounellis goes so far as to nominate Tàpies "the son of Gaudí"[76]. Dalí's obsession with Gaudí's achievement is the centerpiece of one of his most delirious effusions, his essay "Of the terrifying and edible beauty of Art Nouveau architecture"[77]. The seductive, encrusted, porous, anti-rectilinear walls put up by Gaudí were structures loaded with marvel and identification for both artists. But while Dalí wanted simply to eat them, Tàpies preferred to reconsecrate the wall as a succes-sion of fronts between the art object, the self and the everyday.

Beyond the Oedipal shadow of Gaudí, there is a network of further overlaps between the two artists, as well as several thematic compulsions that share the same founding terms, but which are often ventured on behalf of antithetical conclusions. Both, for example, actively cultivate the microscopic. Dalí's icono-graphic minutiae, his hairs, pebbles and wrinkles, are part of a theatrical stylistics that aims to conjure up a credible hallucinatory realism. Tàpies, on the other hand, while equally partisan in defense of smallness (and an occasional user of real hair) deploys the particle and the fine line (remember his early veinings of the eye) as symbolic spotlights and projective devices through which he reaches for grander, allegorical, insight: "this has always been a key in my work: the whole universe can be contemplated in something little and insignificant"[78]. Both artists were also obsessed with smoothness and its effects. For Tàpies the roun-ded, untextured surface ("anything that has connotations of being excessively worked, polished, machine-made"[79]) was an almost abhorrent sign of mechanical culture and the public's mass complicity its endless replication. For Dalí, on the other hand, the smooth, curved surface of the egg or the ball, was emblematic of the unacculturated or embryonic human face, its pure, uninflected skin ripe for narcissistic investment and its blankness capable of being filled in with oneric or delirious desire. Dalí's celebration of the smooth, whether a rounded object or a hyper-academic style, even led him to disavow the revolutionary notion of the wall or barricade —those ultimate impediments to movement or vision. For him the wall became an obstacle that defeated the "apotheosis of" "Louis XIVth style", predicated on "excavations, real anti-barricades that restored to the past the means of moving about in the future..."[80].

Most striking of all is the shared centrality for their theories of image-production of Leonardo's famous parable of incipient iconography as the stains and markings on a wall induce the formation of new artis-tic worlds, subjects and narratives. For Dalí the wall is a symbol for the projections of dream-like fantasy, and is itself, simply an occasion or an apparatus, which the Dalían vision will literally split and re-crystallize into associative fragments. For Tàpies, of course, the wall is simultaneously an inscriptive surface, a format and a material, on which the act of "finding" is deliberately —and endlessly— confused with gestures of making. Instructing his students to draw their "inspiration" from "the indefinite shapes of the spots of dampness and the cracks on the wall... [that] might immediately rise into view out of the confused and the amorphous, the precise contours of the visceral tumult of an imaginary equestrian battle," Dalí's Leonardo is enlisted, with Aristophanes, Freud, Arcimboldo and others, as an "authentic innovator of para-noiac painting"[81]. Written in 1939, the text in which Dalí reinvents the history of painting as a paranoid genealogy is called "Dali Dali!", a title that is glimpsed unmistakably in the later piece on Tàpies ("Tàpies, Tàpies, clàssic, clàssic"). Dalí's own "double image paranoiac paintings" stood at the head of this genealogy, and doubling or the multiplying of imaged reference emerged as his preferred Surrealist device. In 1939 Dalí doubled not only the image but also his name. In 1962, he doubles himself onto Tàpies, and then doubles Tàpies, twice: first, onto his own name and then onto the privileged wall of Leonardo (*Tàpies, Tàpies*); and, secondly, onto a double expression of timeless substantiality (*clàssic, clàssic*)—which is surely doubled again as homage and irony. Dalí's capacity to play with names and their double meanings was almost endless. In one of his fullest considerations of Gaudí, for example, he writes that in a conversation in 1929, he "affirmed categorically that the last great genius of architecture was Gaudí whose name in Catalan means orgasm just as Dalí means desire. I explained... that orgasm and desire are the distinctive features of Catholicism and the Mediterranean Gothic reinvented and carried to paroxysms by Gaudí"[82]. Desire, orgasm... wall. Now we understand why Tàpies was a "classic".

This architecture of parallels and obliques forms the strange dwelling in which Dalí and Tàpies momentarily cohabit when Dalí was asked to comment on his fellow Catalan's career in New York in 1962. Appropriately, the frame for the space is built by Gaudí, while the "wall panels" are a gift from Tàpies' name itself[83]. Like a magpie, Dalí furnishes his critical house of "cardinal virtues" with shiny details, whose chief representative is the entire terrain of "biological fragments". Extreme smallness is delivered from the artistic constraints of the dot, a textured gain or the hair's breadth through the agency of "the electron microscope", as Tàpies' particulate images become co-extensive with the minutest registers and "accidents" of matter itself —"deoxyribonucleic acid, which is nothing but the central factor of Life and of the Persistence of Memory." In this account, Tàpies becomes a hyper-Realist representing grains of the entire world under magnification. At the same time, perhaps in a gesture of solidarity to his Catalan "friend", he is quietly made over for a second time as Dalí himself: for both are now accredited authors of the "Persistence of Memory".

Conjugating the morphologically fluid subject-positions of the artist and the pictorial register of the microscopic, Tàpies finally becomes Velasquez —or rather his work emerges as a laborious variant of a magnified miniature strip from the florid courtly dress of a Spanish Infanta (Velasquez's *Portrait of the Infanta Maria Teresa,* 1623). Among other cunning intimations, Dalí reveals the disjunctive continuity between Tàpies and Velasquez not just in the matter of technique (as modernist abstraction is caught up in the hem-lines of the Master) but also in their different commitments to portraiture and the face. For with them, he writes, "one need only cut the [Velasquez] painting apart and add a face or anything else. The rest: the Microcosm."

What remains in Dalí's account following these shifts of structure, scale and persona is a single critical descriptor —one of the more interesting yet suggested in relation to Tàpies. The third of Dalí's cardinal virtues reads as follows: "The success and the secret of Tàpies reside in the fact that elements in his art are distributed chromosomatically". Dalí's striking formula accords well with Tàpies' "almost manic aversion to colour", especially to the primary colors "because the world around us is so full of them"[84]. It also provides the camouflage for another concern shared between the two artists —who are locked together again, this time in a reversed doubling. For it is Tàpies, not Dalí, who once described his search for "the colour of dream and fantasy, the colour of visions"[85].

LAMINAR ABSTRACTION

Laminar abstraction is layered and textured, rough and approximate. It is opposite of images that are smooth, transparent, and codified. Smooth abstraction operates on the surface, and with reflections. Laminar abstraction inhabits the folds and divisions that lend its surface depth. If smooth abstraction channels expression into form, laminar abstraction haunts the expressive mark with signifying strategies which ironize or defame it. Laminar abstraction accommodates writing, iconography and perspectival traces, while smooth abstraction and its putative opposites in social and hyper-realism, conspire either to banish them from the visual field, or over-indulge them into invisibility. The laminar image is haptic and tactile, the smooth is resoundingly optical. Laminar abstraction conceives of the visual arena as a territory —even when it attempts to render an identity. Jean Dubuffet, for example, referred to his anti-portraits of 1947 not as an array of faces, but a succession of "territories". While Tàpies himself, clearly thinking along the same lines, once wrote of his technique that "a whole new geography lit my way from one surprise to the next"[86].

Laminar abstraction is set out against a history, and is only possible as a defection from the received predicates of this tradition. For Tàpies, as for wide range of artists working in Spain, Italy, France and the US between the later 1940s and early 60s, the language of abstraction against which they contended was "founded", as Tàpies put it, in the ineffably "pure" "vocabulary of color and form" developed by above all by Kandinsky and Mondrian, then formalized, and rigidified by the international abstractions of the 1930s. At the risk of misrepresenting the more nuanced theory and practice of its founders[87], this style, especially as it was generalized, critically accepted, imitated and exported, gave rise to images that were, smooth, evenly factured, highly intentioned, repetitive, and symbolically codified. Tàpies in his way, and other artists in theirs, complained that the "vocabulary" of mainstream abstract art had become fixed and legalistic, its apprehensions routine, and its "signs" "trapped in the internal structure of the painting"[88]. Symmetry and "geometricism" left Tàpies "totally cold", as this form of representation was associated with a technological imperative he always resisted, and gave rise to certain discordant, untouchable effects analogous to the advent of rounded, "polished things, rationally made with calculations, set-squares and compasses"[89].

Critics, such as Lawrence Alloway (who is careful to separate the locality and drift of Tàpies' work from some "romantic geo-cultural presence" inferred from Spanish landscape and climate) offer similar distinctions when they point to the emergence of a Spanish school of abstraction which can be made contrasted with "the allegedly smooth flow of international abstract art"[90]. Smooth abstraction failed to accommodate the passional investments demanded of the artwork in the postwar period. How could such a language ever reach, Tàpies asked, for the true "appreciation" of the object (after Duchamp); how could it aspire to the "provocations" of Picabia; how was it possible to enfold in such art "the sexual liberty of Miró?"[91]

Tàpies produced several responses to this impasse, the most significant of which were a signature new materiality, an "auteur" theory of production; a distinctive form of object appropriation; and a carefully calibrated equivocation played out as we will see below between various regimes of representation. His deployment of glue, soil and marble dust, mixed with paint and later varnish, beginning in1946 and subject to constant experiment and revisited through the early 1950s, laminated the smoothness of the image surface transforming it into a textural landscape and particular field. The new materiality was profound in its substance and demonstrative in its effects. It eventually gave rise to "something doughy, which has honey-like properties, and which is uncontrollable to the point that sometimes a painting is done by itself"[92]. The quasi-autonomous function Tàpies concedes here to his fragrant, molten material magnifies the textural component of the laminar to its fullest amplitude. He is on the verge of waging war on his long-standing commitments to agency and self-expression, and surrendering his measured allegiance to associative contemplation to the heady, eruptive flow of the medium itself.

Tàpies' material innovations were not unique, of course. Picasso, and especially Georges Braque, had added sawdust and grit to their Cubist paintings in the early 1910s, André Masson, Miró and other Surrealists used sand and glue, among other materials, in the mid-1920s and among artists of roughly Tàpies' own generation the "haute pâte" experiments of Jean Dubuffet and Jean Fautrier in Paris began in the mid-1940s. But for the Cubists and Surrealists, as with Jackson Pollock in the period around 1947 when he painted *Full Fathom Five* with its embedded litter of small studio detritus, these admixtures constituted brief interludes which were followed either by other experiments, or the return to a normative, "flat" pictoriality. Tàpies' textural impulse is likewise distinct from Dubuffet's in that while adventurous with the ramifications of his material surfaces, he was much more focused on the continuity of a few predominant formulae than was the case with the French artist's promiscuous annexation of matter —tars, insect parts, leaves and other biological substances. Tàpies went so far as to describe himself as a "materialist" ("without the nuances of this term"), who strove "to understand the structure of matter," insisting, however, that it was his goal somehow to move from the exploration of "a particular material to a generalized material"[93]. His "materialism" was clearly more considered than a general participation in the "taste for texture"[94] associated with western avant-garde art in the mid-century. Above all, Tàpies' preferred medium of powdered marble exists in a laminar compound with the history of Catalan art, something like it having been used by artists of the Catalan Romanesque —a fact that both pleased and surprised him when he was told about the connection during the visit of a traditional painter[95].

A second form of lamination arrives with Tàpies repeated refusal to embrace rules, academies, schools, movements or any form of systematic impulse. "An effective work", he said, "is not made according to the intentions, good or bad, of a movement, but with those of its author... the artist has no need of rules"[96]. While another important aspect of Tàpies' laminar abstraction correlates with his obsessive para-pictoriality, an abiding concern to reach for the beyonds of painting, whether social, political, historical, mystical or personal. Wide, emphatic, though almost confoundingly abstract, declarations of the larger mission of painting make up perhaps the dominant register of the artists' copious writings. In a statement from 1967, for example, Tàpies insists that art should deal above all with "general and fundamental themes, elementary schemas, and global visions"; while four years earlier he conceived of his work as an aid which might assist people "to overcome their alienation by introducing into their everyday lives objects which render their spirits capable of perceiving the fundamental problems of existence"[97]. More often than not the theory supplied with the laminar image is delineated as a kind of abstract allegory, whose dimensions are perfectly encapsulated in Tàpies' suggestion that "instead of [offering] a grand discourse on human solidarity, perhaps it would be better to show an enormous heap of identical grains of sand, one after the other"[98]. The final effect of Tàpies' career-long admiration for Eastern art and philosophies begins in what we have already seen is his abiding concern for details and smallness, but crosses this, perhaps paradoxically, with another visualization of totality. For the most important aspect of the "aesthetic developed in the Far East" is its conception of art "as a total behaviour, engaging with everyday life down to the smallest details"[99].

From the 1960s on, at least, Tàpies stages this reach not through the production of illusionism, rêverie or directed reference, but through the grain of the image itself, its textures and material intimations. With their low-grade variant of the early Cubist color range, and texture of sand-paper or sugar cubes, his images arrive as a constellation of infinite particles, riveted together by binding agents that seemingly arrest the movement of the image in a moment of flow. The granule, the symbol and the exterior referent are locked together in a signifying trinity that attempts to by-pass each of the referential structures adopted and invented during the span of Tàpies' career —Surrealist inference, social realism, formalist self-reference, counter-visual conceptualization, and image-object appropriation. At different moments his art seems veined with one or other of these strategies, but looked on as a whole, Tàpies' bodies of work are carefully invested with an almost mannered resistance to the control conditions of these coordinates. The effect is analogous, if you like, to the turbulence that characterizes a laminar flow. But there is clearly something alchemical, even impossible, in this formation. For the particle, the iconography and the signified are somehow fused together into the abstraction of a theorem. It is in this sense that Tàpies thinks the relation of his images and their meanings to game theory, that aspect of his art which is not so much seen as "played".

Thought winner of the prestigious Carnegie international Prize in 1958 (awarded by a jury that included Marcel Duchamp), the subject of a 1962 retrospective at the Solomon R. Guggengheim Museum (the occasion that precipitated Dali's article for *ArtNews*) and lauded in the more popular press as the "Black Prince" of European informal abstraction, if we turn to the ambiguous position he occupies in the writings of Donald Judd and Clement Greenberg, Tàpies' own contradictions join with his uneasy reception to underline the laminar intensity of his marginal position. Like much in his work that is over-generalized or saliently undeclarative, Tàpies' achievement must be read through a series of aporias in the dominant criticism of the time.

As we follow through on this, we catch Tàpies doing service as a kind of unhappy consciousness of formalism. For the self-reference that saturates his images is predicated not on the reflexive object of/in painting, but on the porous surfaces of the self-as-subject. Contending against material purity, Tàpies was nevertheless consistent, even fixated, on his privileged material formulae. Denouncing the tyranny of the surface, and determinant vocabularies of color and shape, he at the same time invested in their subjective rearbitration. And while crusading against formal reduction, he has always been committed to stringency and restraint.

These contradictions make up the friction in Tàpies' work, the very gain of its laminarity. They emerge, fleetingly, but insistently, as a network of silences and fixations in the brief notice of Tàpies' exhibition at the Martha Jackson Gallery (October to November 1963) by Donald Judd, the future paragon of smooth abstractionism[100]. Written at the end of 1963 —a year or so after the Dalí piece— this one-paragraph review also has a critical resonance that extends beyond its brevity and somewhat occasional tone. For Judd is writing not only at the height of the first wave of Tàpies' international recognition, but at the sharp point of a complex fulcrum in the western artworld, which witnessed, simultaneously, the critical and institutional triumph of Greenbergian formalism, the commercial emergence of Pop Art and the first gestures of what would later be called the Minimalist aesthetic, of which Judd, of course, has long been considered one of the foremost exponents.

Writing in a style that combines the opinionated flourish of quality-control formalism and the throw-away acuteness of a habitual reviewer, Judd does not say very much about Tàpies in this little text. In fact, the review ends up celebrating the smallness, "brevity" and restraint of the artist. Unlike Dalí, who saw tinyness as a trigger for hallucination, and Tàpies himself, who tended to view the detail as a transcendent generality, Judd construes Tàpies' attributes of reduction as salutary, quasi-minimal effects. Using a central term that would be taken up by Peter Bürger a quarter of a century later[101], Judd pronounces three times on the affirmative "blandness" of Tàpies' works. The release of bland, "casual and laconic mark[s]", coupled with coarsely textured surfaces in a range of low-key colors ("tan[s]", "yellowish-tan[s], and "brown[s]"), is offered here as the chief characteristic of Tàpies' predominant style —what Judd terms his "own direction". So, miniaturism, the non-dramatic and the "almost accidental" join forces with a low-key gestural immediacy to stage a retreat from the expressivist connotations of another "direction", residual but secondary, in Tàpies' work. As Judd puts it: "Doing something small and casual, in passing or almost accidentally, simultaneously doing it and recording it, is very different from using the sand and paint in a one-to-one expression of immediate emotion".

There are several interesting outcomes of Judd's alignment of Tàpies with the anti-expressive abstraction in some measure shared between the common or banal imagery of Pop, and the uninflected surfaces of Minimalism. For in addition to provoking a dialogue with the dominant terms of the US vanguard of 1963, Judd's leading term opens yet more doors in the wall of Tàpies' work, leading backwards and forwards from the formalist/Pop/Minimalist moment. Key notions of "blandness" were also fundamental to the anti-art neo-avant-gardism of Allan Kaprow, who was already arguing for the collapse of the "art" gesture back into the common folds of the everyday before the 1960s. Different forms of the same idea also featured in the manifestos and polemics of the Conceptual generation which simultaneously fulfilled and refuted the logic of Minimalism towards the end of the 60s. Indeed one of the founding projects of Conceptual Art, Art & Language's "Remarks on Air-Conditioning" (1966-67) carries the subtitle "An Extravaganza of Blandness"[102], eliding the commonality of an everyday object with a reflection on the "bland" activity of an everyday process in order to challenge the prevailing view of an artwork as formally charged, institutionally visible, object-specific and self-declarative. The result for Art & Language was a textually assisted demonstration of a "super-usual quality"[103] which offered to collapse the efforts of old-order art back into the domain of "ornamentation". Tàpies' blandness, on the other hand, acts like a barrier between the impossible exuberance of Gaudí and the equally impossible clarities of stringent Conceptualism. Tapies, we must insist, did much to anticipate and trouble the effects that both Minimalists and Conceptualists foregrounded under the designation of the bland.

Indeed the sum and overlap of such registers of blandness clearly underlines a characteristic of Tàpies' work that has been noted by several critics: its capacity for both continuity (of materials and motifs) and mutation (as Tàpies responds directly —and indirectly— to international debate in the artworld)[104]. Such interruptive temporal continuity, folded over a succession of arguments and issues, is another mark of Tàpies' laminar abstraction —and one that we must again read between the lines. For paired with Judd's insistence on his blandness is Greenberg's typically condescending designation of Tàpies. On my count Greenberg mentions Tàpies only twice in his essays and criticism, once in 1962, and again in 1968. While both references are brief, and the second is almost parenthetical, we can, I think, learn something important from them about the limitations of U.S. formalism, the inconmensurabilities of transatlantic dialogue in these years, not to mention the reach and social provocation of Tapies' work —which made Greenberg revealingly unable to engage with it.

This occurs in the important essay "After Abstract Expressionism," first published in *Art International* (October 1962), and several times revised. Here Greenberg criticizes the turn in New York abstract painting following the Abstract Expressionist movement toward what he terms "homeless representation" —a form of "plastic and descriptive painterliness that is applied to abstract ends, but which continues to suggest representational ones" that followed on from the "outspokenly representational" women paintings of De Kooning made between 1952-55. Looking across to the European scene, Greenberg identifies two directions in painterly abstraction: one is a parallel version of "homeless representation" developed from the linear abstraction of "Hartung, Wols, and Mathieu"; while the other, building on the work of Dubuffet and Fautrier and coming to rest in the later works of De Staël, he designates as the practice of "furtive bas-relief", manifest in "the literal three dimensionality of piled-on paint". In Europe, as in the U.S., Greenberg is troubled by the preponderance of poor quality abstraction: "there, too", he remarks, "a vast body of abstract art that is bad because mannered is relieved, within the orbit of the mannerisms, only by felicitous minor art. For our Johns and Diebenkorn, Europe has its Tàpies and Sugai to show".

The Tàpies' laminated walls build another edifice entirely. Or, rather, they form a shifting camp of nomadic signs, a panorama of sandy fields, an archeology of reformatted doors and chairs, a territory of ridges, punctures, colors, shapes, prints and body parts. If Judd's thoughts of blandness force us to measure the past and future of Tàpies' representation of commonality, then the effect of some formalist cricicism's designations is turned, like Tàpies' early heads (and as Deleuze and Guattari argue for the language of Franz

Kafka) into a gesture of creative subversion. Pierre Restany ventures that Tàpies' work "has shifted entirely towards cultural anthropology", —that most homeless of pursuits— in which condition it assumes "the collective memory of a culture whose national identity has experienced a tormented destiny". The minority of homelessness becomes a mark of the interior exile of the Franco years, a sign of the quest for exteriority, not immured domestication, and a commitment to search beyond the safety of the self or the frame.

The bland and the qualifying of the formalist criticism come together in an ultimate location for the elusive suggestions of Tàpies' works, as the artist reaches for a semantic space that is somehow beyond the dream and the real, and outside the reduction to forms, then concepts, so vigorously defended in the U.S.-oriented international artworld of the 1960s and 70s. This space is measured through a practice of appropriation —both singular and inimitable— that resists the allures of popular culture and invests its taking (and giving back) in symbolically charged everyday objects —body parts, chairs, walls, textual fragments, and complex super-signs like the cross and the face. The laminar matrix, whose dimensions are constituted by these subtle incommensurabilities with mid and late 20th century reference systems, offers a "secret armature" for the artist's notorious opacity. Addressed by all commentators on Tàpies, and emphasized by several, (notably Barbara Catoir, whose introduction to her "conversations" with the artist bristles with references to his "self-sufficient cosmos" and "penchant for the hermetic, the mystical, the cryptic..., puzzles and enigmas...") this deliberated obscurity produces a field of reference that is constantly renegotiated between material and form, self and history, mark and symbol. The laminar effect, with its layers of combination and specificity, disturbs and finally dismantles those approaches to Tàpies' work which attempt either to decode it item by item, or reckon with it as a transcendental continuity. Even though the artist seems to sanction both approaches, here and there, we encounter Tàpies most effectively, neither through a process of "uncovering secrets" (Catoir) clue by clue, nor, on the other hand, by submitting ourselves to various domains regulated by unknowable archetypes (J. E. Cirlot), or national emblems, metaphors and sensations (Gimferrer). Tàpies' represented parts, signs and things are never be organized in terms of flatness and reproducibility. Instead, they are undeclaratively, sometimes dimly, set out in the long, flickering shadows of history, use and identification.

1   For further discussion of self-representation and visual narcissism, see John C. Welchman, "Peeping over the Wall: Narcissism in the 90s", chapter 5 of *Art After Appropriation: Essays on Art in the 1990s* Gordon & Breach, 2000.

2   See Werner Hofmann, "Intra Muros", in (ex. cat.) *Tàpies: els anys 80,* Ajuntament de Barcelona, Barcelona, 1988.

3   Octavio Paz, "Ten Lines for Antoni Tàpies", trans. Eliot Weinberger in *The Collected Poems of Octavio Paz*, New Directions, New York, 1987, p. 573.

4   Roland Penrose, *Tàpies,* Thames and Hudson, London, 1978, p. 24.

5   Pierre Restany, "Tàpies: Bigger than Life", *Cimaise*, vol. 41, nos. 231-232 (Sept.-Oct. 1994), p. 6.

6   Manuel Borja-Villel, "Art and Transgression in the Work of Antoni Tàpies" in (ex. cat.), *Tàpies: Extensiones de la Realitat,* Fundació Joan Miró, Barcelona, February—April, 1991, p. 210.

7   One of the most trenchant attacks on Tàpies' work arrived in a review at the conservative *The New Criterion* on the occasion of his retrospective exhibition at the Guggenheim in 1995, which was described as "not so much an exhibition of art as a display of ego". Mario Naves, "Serious Matters", *The New Criterion*, April 1995, p. 36.

8   *Ibid.*, p. 211.

9 Serge Guilbault, "Material for Reflection: The Walls of Antoni Tàpies", in (ex. cat.) *Tàpies: Comunicació sobre el mur,* Fundació Antoni Tàpies, Barcelona, 1992, p. 304.

10 See e.g. Francesc Vicens, "Antoni Tàpies, or the Scoffer at Diadems", in (ex. cat.) *Fotoscop: Lenguaje Visual,* Polígrafa, Barcelona, 1967, p. 17.

11 Deborah Wye, "The Language of Antoni Tàpies: Surface and Symbol in Prints and Illustrated Books", in (ex. cat.) *Antoni Tàpies in Print,* Museum of Modern Art/Abrams, New York, 1991, p. 39. Wye offers other formulations of this leading proposition: "Human presence", she writes, "can be expressed by a scratched mark, a written phrase, a fingerprint, or a fragment of the body", *ibid.,* p. 51.

12 Antoni Tàpies, *Mémoire: Autobiographie,* Editions Galilée, Paris, 1981, p. 53.

13 *Ibid.,* p. 96.

14 For example see *Federico García Lorca: Dibujos,* Caixa de Barcelona, Barcelona, 1986, esp. pp. 124-25 and passim.

15 See (ex. cat.) *Dau al Set,* Museu d'Art Contemporani, Barcelona, 1999.

16 Antoni Tàpies, *Mémoire, op. cit.,* p. 171.

17 Antoni Tàpies, *L'art contre l'esthétique,* trans. Edmond Raillard, Éditions Galilée, Paris, 1978, p. 149.

18 "From a first moment there were elements in my face to which I gave a special intensity, such as the eyes which I represented in a very detailed way, depicting even the veins." Antoni Tàpies, interview with Manuel Borja-Villel in Manuel Borja-Villel, *Antoni Tàpies: The "matter paintings,"* Ph.D dissertation, Graduate Center, City University of New York 1989, reprinted by U.M.I. Press, 1991, p. 226

19 Barbara Catoir, *Conversations with Antoni Tàpies,* Prestel, Munich, 1991, p. 94.

20 Antoni Tàpies, *Mémoire,* p. 171.

21 Antoni Tàpies, *Mémoire, op. cit.,* p. 189.

22 Manuel Borja-Villel, "Art and transgression in the work of Antoni Tàpies", *op. cit.,* p. 210.

23 Antonin Artaud, "Le visage humain..." text for the catalogue *Portraits et dessins par Antonin Artaud,* Galerie Pierre, Paris, 4-20 July 1947; trans. Roger McKeon in *Antonin Artaud: Works on Paper Museum* (ex. cat.), ed. Margit Rowell, Museum of Modern Art, New York (Oct. 1996–Jan. 1997), p. 94-97.

24 *Ibid.*

25 Antonin Artaud, "Van Gogh, The Man Suicided by Society," *op. cit.,* p. 155.

26 *Ibid.*

27 *Ibid.,* p. 153.

28 *Ibid.,* p. 141.

29 See, Antoni Tàpies, "Dalí, Peintre Officiel" in *La réalité comme art,* trans. Edmond Raillard, Lelong, Paris, 1989, p. 183-86.

30 Jean-Paul Sartre, "FACES, preceded by OFFICIAL PORTRAITS", trans. Anne P. Jones, in Maurice Natanson, ed., *Essays in Phenomenology,* Martinus Nijhoff, The Hague, 1966, p. 162. All citations that follow are from this source.

31 Manuel Borja-Villel, "A Note on Tàpies", *Artforum,* vol. XXIV no. 2, New York, October 1985, p. 113.

32 For a more complete list of the components of this "compendium", see Victoria Combalia, "Tàpies in the Eighties", in (ex. cat.) *Tàpies: els anys 80, op. cit.,* p. 239.

33 Jean Frémon, "The Inner Eye", in (ex. cat.) *Antoni Tàpies: Paintings, Sculptures, Drawings and Prints,* Annely Juda Fine Art, London, 22 April to 21 May, 1988.

34 See (ex. cat.) *Tàpies: Dessins, de profil et de face,* Galerie d'Art du Conseil Général des Bouches-du-Rhone, 17 July to 21 September, 1996.

35 Manuel Borja-Villel, "Art and Transgression in the Work of Antoni Tàpies" in *Tàpies, op. cit.,* p. 211.

36 Johann Gottfried Herder, cited by Martin Heidegger in "What Are Poets For?", *Poetry, Language, Thought,* trans. Albert Hofstadter, Harper & Row, New York, 1971, p. 139.

37 Antoni Tàpies, interview with Manuel Jose Borja in Manuel Jose Borja, *Antoni Tàpies: The "matter paintings," op. cit.,* p. 226.

38 Antoni Tàpies, cited in Manuel Borja-Villel, "By Way of Introduction: A Conversation with Antoni Tàpies" in *Antoni Tàpies: New Paintings,* (ex. cat.), Pace Wildenstein Gallery, New York, November 1995 to January 1996, p. 9.

39 Antoni Tàpies, interview with Philippe Dagen, *Le Monde* (February 28, 1988, p. 14); cited in Serge Guilbault, "Deliquescent Bodies with Eyelids: Conjuring Everyday Life in the 1980s" in *Tàpies: Obra Completa* vol. 5 1982-1985, Fundació Antoni Tàpies/Edicions Polígrafa, Barcelona, 1998, p. 23.

40 Antoni Tàpies, "Trois entretiens," in *L'art contre l'esthétique, op. cit.,* p. 173.

41 See Guy Habasque, "Confrontation international", *L'Oeil*, Paris, no. 56, September 1959, p. 24: "In Tàpies' art there is something of [an] informal Malevich, but the spatial structuring he proposes turns out to be different from the constructivists".

42 Alexandre Cirici, *Tàpies: Witness of Silence*, Tudor, New York, 1972, p. 62.

43 Antoni Tàpies, *Mémoire, op. cit.*, p. 191.

44 Donald Kuspit, review, *Artforum* vol. 74, September 1986, p. 145.

45 Catoir, *Conversations with Antoni Tàpies, op. cit.*, p. 77.

46 *Ibid.*

47 *Ibid.*

48 *Ibid.*, p. 79.

49 *Ibid.*

50 Antoni Tàpies, "Declarations" (1967), in *La pratique de l'art*, trans. Edmond Raillard, Gallimard, Paris, 1974, p. 89.

51 Catoir, *Conversations with Antoni Tàpies, op. cit.* p. 118.

52 Antoni Tàpies, interview with Borja-Villel, in Borja-Villel, *op. cit.*, *Antoni Tàpies: The "matter paintings,"* p. 226.

53 Jean Frémon, "Pictures of an Exhibition", in (ex. cat.) *Tàpies: peintures, encres et vernis 1982-1983*, Abbaye de Sénanque, Gordes, 1983, p. 73.

54 Peter Bürger, "A World of Similarities...", in (ex. cat.) *Tàpies : el tatuatge i el cos* Fundació Antoni Tàpies, Barcelona, 1998, p. 215

55 *Ibid.*

56 *Ibid.*, p. 214.

57 Serge Guilbault, "Material for Reflection: The Walls of Antoni Tàpies", *op. cit.*, p. 308.

58 Catoir, *Conversations with Antoni Tàpies, op. cit.*, p. 103.

59 *Ibid.*, p. 73.

60 See note 3.

61 Serge Guilbault, "Deliquescent Bodies", *op. cit.*, p. 25. Oddly, in the context of his introduction to a catalogue raisonné in which there are dozens of works featuring heads, faces, skulls and craniums, many explicitly titled after one or other of these forms, Guilbault suggests not only that in Tàpies' work "the body is... privileged over the head...", but that the head "never appears", *ibid*.

62 Antoni Tàpies, interview with Michael Peppiatt, *Art International*, Paris, no. 13, winter 1990, p. 35.

63 Salvador Dalí, "Tàpies, Tàpies, clàssic, clàssic", *ArtNews*, New York, May 1962. Dalí's article seems to have been unread, misread, and even repressed both by Tàpies and the majority of his critics and cataloguers. Catoir noted this in one of her interviews, when she asked Tàpies "the reason for this [article] always having been omitted from your bibliography?". Tàpies replied that "it was simply forgotten..., or perhaps I didn't ascribe much importance to it. It was [...] just a few lines..." (Catoir, *Conversations with Antoni Tàpies*, op. cit., p. 109). Conducting research in the Fundació Tàpies in November 1999, I pointed out to librarian Gloria Domenech that the piece was still not included in the most recent computerized bibliography —an "oversight" she undertook to repair! On the other hand, making this an appropriately double omission, "Tàpies, Tàpies, clàssic, clàssic" is also omitted from the recent anthology of Dalí's writings, *The Collected Writings of Salvador Dalí*, ed. and trans. Haim Finkelstein, University Press, Cambridge, 1998.

64 Pierre Restany, *Cimaise* (Paris), October-November, 1958; reprinted in Restany, "Tàpies: Bigger than Life", *Cimaise* vol. 41, nos. 231-232, September-October, 1994, p. 14.

65 See Manuel Jose Borja, *Antoni Tàpies: The "matter paintings, op. cit.*, chapter VI "Matter Painting and Surrealism", and sections on Dalí, p. 139ff.

66 Antoni Tàpies, cited in *Antoni Tàpies: The "matter paintings"*, *op. cit.*, p. 247. In an interview in 1990, Tàpies notes that "He [Dalí] was always very correct in his personal conduct with me. He appreciated my work, he went to my shows But he represented the opposite of what I thought. Not only politically, but also in religious and social tastes". Cited in Robin Cembalest, "Master of Matter", *ArtNews*, New York, Summer 1990, p. 146.

67 Salvador Dalí, "The King and the Queen Traversed by Swift Nudes", trans. Richard Howard, *ArtNews*, no. 58, New York, April 1959, p. 22-25; reprinted in *The Collected Writings of Salvador Dalí, op. cit.*, p. 368.

68 Antoni Tàpies, "Declarations" (1961), in *La pratique de l'art, op. cit.*, p. 74.

69 Antonin Artaud, letter to Jacques Rivière, editor of the *Nouvelle Revue Française*, June 5, 1923, in *Artaud Anthology*, ed. Jack Hirschman, City Lights, San Francisco, 1965, p. 7

70 Antonin Artaud, letter to Jacques Rivière, January 29, 1924, in *ibid.*, p. 11.

71   Antoni Tàpies, "Conjuger les idées (Critiques à une critique)", in *La réalié comme art, op. cit.*, p. 53.

72   See Antoni Tàpies, *La pratique de l'art, op. cit.*, p. 148, 150.

73   Antoni Tàpies, *Mémoire, op. cit.*, p. 228-29.

74   Antoni Tàpies, cited in cited in Borja-Villel, *Antoni Tàpies: The "matter paintings," op. cit.*, p. 230.

75   Antoni Tàpies, *La pratique de l'art, op. cit.*, p. 108-09.

76   Janis Kounellis, "A Note on Tàpies' Paintings", in (ex. cat.) *Tàpies,* Museo Pecci, Prato, 1997, p. 37.

77   Salvador Dalí, "De la beauté terrifiante et comestible de l'architecture modern style" ("Of the terrifying and edible beauty of Art Nouveau architecture"), *Minotaure,* Paris, nos. 3-4, 1933; reprinted in *The Collected Writings of Salvador Dalí, op. cit.*, p. 193-200.

78   Antoni Tàpies, cited in Borja-Villel, *Antoni Tàpies: The "matter paintings," op. cit.*, p. 211.

79   *Ibid.*, p. 241

80   Salvador Dalí, "Ma Révolution Culturelle" ("My Cultural Revolution"), in *The Collected Writings of Salvador Dalí, op. cit.*, pp. 375

81   Salvador Dalí, "Dalí Dalí!", first published in the catalogue for an exhibition at the Julien Levy Gallery, New York, March 22, 1939; reprinted in *The Collected Writings of Salvador Dalí, op. cit.*, p. 335.

82   Salvador Dalí, preface to Robert Descharnes and Clovis Prévost, *La vision religieuse de Gaudí* (Edita Lausanne, June 1969); reprinted in *Oui,* vol. 2, "l'archangélisme sciéntifique", Editions Denoel/Gonthier, Paris, 1971, p. 182. Trans. Yvonne Shafir.

83   All citations are from Dalí's essay, "Tàpies, Tàpies, clàssic, clàssic", *op. cit.*

84   Catoir, *Conversations with Antoni Tàpies, op. cit.*, p. 95.

85   *Ibid.*

86   Antoni Tàpies, "Communication sur le mur", *La pratique de l'art, op. cit.*, p. 209.

87   At the beginning of his career at least, Kandinsky, in particular, advocated for a creative blending of materials and pictorial signs. In one of the fuller accounts of Tàpies' material diversity, Werner Hofmann uses Kandinsky's thinking on this subject to account for the linkages he observes between the constitutive elements of Tàpies' "multimateriality", citing the earlier artist's commitment to "many combinations of the diverse harmonics between abstract and real things". Werner Hofmann, "Intra Muros", *op. cit.*, p. 265.

88   In 1961, Tàpies complained that "taken with the effervescence of received styles of international abstraction, very few of my compatriots remembered that we had to give our painting a different accent, one that accords with our situation", "Declarations", in *La pratique de l'art, op. cit.*, p. 73-74.

89   Antoni Tàpies, "Trois entretiens", in *L'art contre l'esthétique, op. cit.*, pp. 173-74.

90   Lawrence Alloway, foreword to *Antoni Tàpies* (ex. cat.), Solomon R. Guggenheim Museum, New York, 1962, n.p.

91   Antoni Tàpies, "La vocation et la forme", in *La pratique de l'art, op. cit.*, p. 64-65.

92   Antoni Tàpies, interview with Manuel Jose Borja, in Manuel Jose Borja, *Antoni Tàpies: The "matter paintings," op. cit.*, p. 218.

93   Antoni Tàpies, "Declarations", (1967), in *La pratique de l'art, op. cit.*, p. 86.

94   Antoni Tàpies, "Trois entretiens", in *L'art contre l'esthétique, op. cit.*, p. 175.

95   See interview with Michael Peppiatt, *op. cit.*

96   Antoni Tàpies, "Declarations", (1964), in *La pratique de l'art, op. cit.*, p. 78,

97   Antoni Tàpies, "Declarations" (1967, 1963), in *La pratique de l'art, op. cit.*, p. 92, 76. My translations. Another indication of the difference between Tàpies and Dubuffet is found in their views on how art connects with larger social or philosophical issues. Contrary to Tàpies' desire to engage "general and fundamental themes", Dubuffet favors what he terms "episodic coherence"; for "thought", he suggests, "is dimmed by its old aspiration to cover a very broad field, too broad a field, from a single perspective". Jean Dubuffet, "Asphyxiating Culture", in *Asphyxiating Culture and Other Writings*, trans. Carol Volk, Four Walls Eight Windows, New York, 1988, p. 42.

98   Antoni Tàpies, "Declarations" (1963), in *La pratique de l'art, op. cit.*, p. 77.

99   Antoni Tàpies, "La tradition et ses ennemies", *La pratique de l'art, op. cit.*, p. 117.

100 Donald Judd, "In the galleries—Antonio Tàpies", *Arts Magazine,* New York, December 1963; reprinted in *Donald Judd: The Complete Writings, 1959-1975,* Press of the Nova Scotia College of Art and Design, Halifax, 1975, p. 107. All citations are from this source.

101 Peter Bürger, "A World of Similarities...", in *Tàpies : el tatuatge i el cos, op. cit.*, p. 216.

102   Art & Language, "Remarks on Air-Conditioning 1966-67" was first published in *Arts Magazine* (November 1967). A note at the head of a re-print in *Art & Language*, Van Abbesmuseum, Eindhoven, 1980, p. 15, points out that it was the artist and writer Robert Smithson who "added the sub-title An Extravaganza of Blandness" when the piece was submitted to *Arts Magazine*.

103   *Ibid.*, p. 16.

104   See e.g. Serge Guilbault, "Deliquescent Bodies with Eyelids", *op. cit.*, p. 25: "At every turn of fashion, at every paradigmatic shift in cultural production, Tàpies has been able to rethink his intellectual and artistic position without losing his integrity as a painter, sometimes risking misunderstanding".

105   Clement Greenberg, "After Abstract Expressionism", *Art International*, Paris, 25 October 1962; reprinted in *ibid.*, p. 124.

106   *Ibid.*, p. 125.

107   *Ibid.*

108   Pierre Restany, "Tàpies: Bigger than Life", *op. cit.*, p. 12.

109   Antoni Tàpies, "La vocation et la forme", in *La pratique de l'art*, *op. cit.*, p. 65.

110   Barbara Catoir, *Conversations with Antoni Tàpies*, *op. cit.* p. /.

SURFACES

ALEXANDER GARCÍA DÜTTMAN

If all surfaces should be free of wrinkles in order to be surfaces, then the artist shows that there is no surface that is not a configuration of irregularities, the bottom of another surface. In painting everything is on the surface that is no longer a surface, and that is ultimately confused with it. Does the artist's work expose or provoke the passion of the surface? To the extent that it cannot be shown without concealing what is exposed, the exposure acts like the invisible surface of what is shown. However, a surface is always visible, since it is always uneven. Thus it is impossible to separate the passion of the surface from the subject that abandons or is imposed upon it. The surface doesn't show —it is shown.

poor and obvious like all axioms vain rescue attempt when no time remains to study and decipher the Catalan spirit your avid and wandering gaze hits the wood the cut wound of its tongue the four vertical stripes that conserve the design of the blood-covered hand and erase the fingerprint spirituality and materialism on leafing though one of your catalogues conclusion of a work that it contains instead of showing it overflying the impermeable and imperturbable surface of your pages scarcely rising to seek an obstacle to nourish your own surface the computer screen with the wound of the eye that grazes the rumpled terrain or crashes upon its elevations attracted in its blindness by the obfuscation you slip on the reproductions continual relay of images that flatten the reliefs and smother liberty by not letting the surface rise to the surface like a crumpled paper and folded rag that breaks the law of the museum hardbound truth of culture if there is a surface it won't be smooth since every surface exposes fractures unfolds multiplies surrenders to its folds and scars mingle with its hollows and rifts a never ending path a flight that never flies in the face of the quick work of the alchemartist his insistent and incisive exposition of the surface the translucent air space that comprises the element of the gaze is also made into a surface the eye exposed hole oval moon traversing turbulence and disturbance extremity of a body stuck to matter the weft of the writing wounds and exposes the surfaces binding then like cartons sewn with tangled cords twisted stairway of x's that text and texture can apply to the sore surface and cure it what a sign enamoured of its own script sanitary work so it's not a question of finding its place in the history of art or philosophy of adding an epoch a period a trend a chair of opening a door a window modifying the concept rather fabricating another surface of concocting another canvas linking it to yours if the surface is exhibited and if your exhibitionism comes off burnt skin a striking three-dimensional tattoo memory inlaid in the wall then it stops covering up an invisible depth *to go beyond* but not perforating the surface and reaching what it seems to conceal all in its grooves vestiges of bed here lies the truth

black and white photograph of the studio garage or loft light that penetrates an inside exposed to the outside empty ground how to know where begins and where ends the work rough surface of a map painting in relief on reduced scale it is attached to another painting covering it a staggered series of frames wall of paint and plastic treatment violent cliff steep craggy focused from a perspective that allows the lower part of the image to be invaded by a floor progressively spreading as if the camera were placed at ground level the photographer crouching of the two memories of New York mountainous region a bird's-eye view heading straight on and losing altitude the gaze lands on a pile of scattered sand bounces and precipitates into grains placed on the wood that keeps it from falling to the bottom the pile of gravel forms sterile angles cavities chiaroscuros valleys and summits limits the expansion of a plain a dusty field tracked sweeps with strands of straw and nails like a rubbing on which have been left the footprints of a subterranean world which runs headlong surface of the antipodes this is the enigma of its transmuting actions or expression matters is uncovered touched rolled up writing to itself affection and fiction passion and erosion its rage causes a catastrophe that turns it into a printing press marching of testamentary self-stimulation eruption of the volcano in the work study provocation petrifaction obsession fixation or perhaps it is he who manipulates the matter who trims scratches purges twists tortures the matter who torments the surface and records its exclamations pitiless inscription of its features of its illiterate mystical intention of the abrupt discharge repertoire imposed upon the object prostitution that enables him to recognise himself strolling through Buffalo where a gallery collects his works the sign has become cityscape the matter material thus to take possession of the Barcelona neighbourhoods where he found his quarry expropriated however by the culture of the global supermarket in French *grande surface* by the design representing the conformity against which he has rebelled vengeance imagined in a bed *a piece of contemporary archaeology* observed James Schuyler in 1957

paratactic language approaching logorrhoea arbitrary and therefore absolute dissemination of marks and brushstrokes are due to the quick gesture he prescribes it impossible to contemplate a drawing nailed to the wall of Can Pons you have to go from one element in a series to another let yourself be led by the harsh sense of surfaces that merge the blurry face as if before managing to reveal itself the evidence of its features had come undone too quick a step film between the extinction that makes it endure producing a primitive daguerreotype form of an ancestral Gaudí and the attempt to lend constancy producing a primitive angel form of Klee graffiti sketch incision scratches that tear the cardboard *cara i T* the naked body is covered with scribbles lost in the sinuous lines of a canvas insinuating itself and deleting itself from itself *imatges de llapis* perhaps the impatience of the gesture the need to face up to things to bury himself in the surface and grapple with a material that gives him no time the aversion to the knowledge that rules practice are the origins of his resistance to the political anthropomorphism of the surface theme exposed to the elements forgotten replaced by another figure superimposed with no alibi waged to immediate disappearance floating at once in the virtual memory of an archive a foundation a retrospective between the subversive intrusion of a spontaneity that does no clutch the sign or symbol and the freights of a private universal language the merchandise from the artist's factory hammer-blow of the inclined "T" the Spanish avant-garde fondled by fingers that can't be controlled or to implant to the dermal subject of a shin caressed beneath obscene legends wall celebrated tormented anonymous chafing prohibition of the feet papers suspended bottom that pees through the shutters a crossed out surface on a surface